Talent Development for
International Organizations
and Career Management

国际组织人才培养与职业生涯管理

姜秀珍 等编

中国社会科学出版社

图书在版编目（CIP）数据

　　国际组织人才培养与职业生涯管理 / 姜秀珍等编. --北京：中国社会科学出版社，2025. 4. --（国际组织人才培养理论与实践系列丛书）. -- ISBN 978-7-5227-5208-2

　　Ⅰ. D813；C961；C913.2

　　中国国家版本馆CIP数据核字第2025TD1719号

出 版 人	赵剑英	
责任编辑	李斯佳	
责任校对	周晓东	
责任印制	戴　宽	

出　　版	中国社会科学出版社
社　　址	北京鼓楼西大街甲158号
邮　　编	100720
网　　址	http://www.csspw.cn
发 行 部	010-84083685
门 市 部	010-84029450
经　　销	新华书店及其他书店
印　　刷	北京明恒达印务有限公司
装　　订	廊坊市广阳区广增装订厂
版　　次	2025年4月第1版
印　　次	2025年4月第1次印刷
开　　本	710×1000　1/16
印　　张	16
字　　数	272千字
定　　价	88.00元

凡购买中国社会科学出版社图书，如有质量问题请与本社营销中心联系调换
电话：010-84083683
版权所有　侵权必究

Preface

The United Nations (UN) serves manifold roles as a coordinator, mediator, and actor, in global affairs. Its endeavors include advocating for international peace and security, safeguarding global public health, facilitating educational and cultural exchanges, promoting and protecting human rights, strengthening South-South development cooperation and North-South dialogue, and proactively responding to climate change and the environmental crisis. The UN is committed to establishing a global ecosystem of multilateral cooperation, peace, security, sustainability, and inclusiveness, furthering the implementation of the sustainable development goals for all across the globe.

China actively engages in the initiatives of the UN and in other international organizations. Taking the United Nations Development Programme (UNDP) as an example, through technical assistance, financial support, and development consultancies, China and UNDP have implemented together more than 900 projects in value of more than USMYM 1 billion relating to poverty alleviation, agricultural development, industrial modernization and improvement of the public health system. In recent years, the focus of cooperation has shifted to green energy transition, gender equality, and sustainable procurement capacity enhancement.

China has become an essential and indispensable voice in international organizations. However, for a long time, China has been underrepresented in international organizations in the number of staff and lack of senior staff. From the distribution of UN employees, in 2022, the total number of UN employees was 125436, with only 1564 Chinese employees, accounting for 1.2 % of staff. The number of Chinese nationals in senior positions was limited, although China is the second largest contributor to the UN's regular budget and peace keeping account.

China can make a growing contribution to the work of the organization in multiple aspects. To meet the needs for understanding the competencies required for working in or with international organizations, this book "International Organization Talent Cultivation and Career Management" introduces a comprehensive theoretical framework for international organization talent cultivation and career management with appropriate analyses. This book presents the pathways for international organization talent cultivation from multiple perspectives. It also integrates coverage of career development planning and management in international organizations with reference to the competency model and the process of career development. It not only focuses on theory but also makes use of first-hand interviews to provide real-life references for practitioners.

Global governance will increasingly hinge on multilateral cooperation and the efficiency and effectiveness of international organizations. The cultivation of international organization talent and career management will also confront new challenges and opportunities. We believe that this book can enhance the understanding of international organizations for future generations, and motivate outstanding young talent to join international organizations. Furthermore, by nurturing the global competence of Chinese youth, China will be able to make a greater contribution to the work of international organizations and in particular to better advance global peace, human rights, and sustainable development.

Fabrizio Hochschild
Under-Secretary-General of the UN (Former)
Dec. 26, 2024

序　言

党的十八大以来，习近平总书记对中国参与全球治理极为重视。2016年提出，要加强全球治理人才队伍建设，突破人才"瓶颈"，做好人才储备，为中国参与全球治理提供有力人才支撑。党的二十大报告指出，中国要积极参与全球治理体系改革和建设，践行共商、共建、共享的全球治理观，加大具有全球胜任力的人才培养力度。国际组织作为促进国际交流、制定国际规则、协调多边事务、分配国际资源的重要平台，是实施全球治理的重要阵地，也是中国积极参与国际事务、体现自身主张、推动构建"人类命运共同体"的重要渠道之一。未来，中国在国际组织和全球治理体系中的作用将更加突出。

尽管中国一直致力于推动优秀人才在国际组织任职，但从总体上看，中国在国际组织的代表性仍不足，具体表现在国际组织中，中国职员人数偏少、职务偏低、结构失衡。当前中国的国际组织人才储备相对不足，难以有效支撑国家高水平对外开放和参与全球治理的战略性需求。中国要通过国际组织更好地参与全球治理，关键是要有一大批全面发展、精通外语、既能立足中国实践又能与世界对话、既有国际视野又适应跨文化交流、通晓国际规则且精通国际谈判的专业人才，需要加大对具有全球胜任力的高素质国际组织人才的培养力度。对于人才培育来说，有目标的职业规划与科学的职业生涯管理有助于将人才成长与国家整体战略相结合，保障人才在国际组织中的价值体现，为中国在全球事务中持续发挥影响力提供有力支撑。

《国际组织人才培养与职业生涯管理》恰逢其时地归纳了从国际组织人才培养到其职业生涯管理的全过程。通过系统地介绍国际组织人才培养的胜任力模型、培养过程与路径、职业生涯发展规划与管理方法，形成了国际组织职员从入门到进阶的完整框架。除了理论层面的深入探讨，本教材还提供了一些加入国际组织的策略并提供了详细的从"进得去"

到"站得稳"的发展路径，兼具学术性与现实可操作性。本教材凝练的理论、方法、策略与技巧将为中国年轻一代的国际组织人才提供思想指导与行动指南。我也期待本教材能带动更多的青年才俊加入国际组织，推动全球可持续发展，为中国梦的实现贡献力量。

冯长根

2024 年 12 月 29 日

目　　录

第一章　引言 ·· 1
　　第一节　国际组织及其在全球治理中的重要性 ······················ 1
　　第二节　国际组织人才的战略地位 ····································· 28
　　第三节　国际组织对人才的需求及趋势变化 ························ 34
　　第四节　国际组织人才与中国角色 ····································· 40

第二章　国际组织人才培养概述 ··· 47
　　第一节　国际组织人才培养的相关概念 ······························ 47
　　第二节　国际组织人才培养的相关理论 ······························ 52
　　第三节　国际组织人才培养的典型模式与国际比较 ··············· 57
　　第四节　国际组织人才培养的中国实践 ······························ 64

第三章　国际组织人才培养的胜任力/素质模型 ························ 74
　　第一节　国际组织人才全球胜任力模型构建 ························ 74
　　第二节　国际组织人才通用素质标准 ································· 84
　　第三节　国际组织人才核心素质标准 ································· 85
　　第四节　各国际组织人才胜任力模型 ································· 109

第四章　国际组织人才培养过程与路径分析 ····························· 128
　　第一节　国际组织人才培养关键过程与路径 ······················· 128
　　第二节　高校国际组织人才培养路径与方法 ······················· 130
　　第三节　智库国际组织人才培养路径与方法 ······················· 138
　　第四节　联合国国际组织人才培养路径与方法 ···················· 142

第五章　国际组织人才的个体职业生涯规划 145

第一节　国际组织职业生涯规划概述 146
第二节　国际组织职业生涯规划流程 151
第三节　国际组织职业生涯规划方法 159
第四节　国际组织分阶段职业生涯规划 171

第六章　国际组织人才的职业生涯管理 181

第一节　国际组织职业生涯管理概述 181
第二节　国际组织职业生涯管理流程 186
第三节　国际组织职业生涯管理方法 191
第四节　国际组织分阶段职业生涯管理 197

第七章　联合国职业发展策略：实践机会与资源支持 205

第一节　实习项目 205
第二节　志愿者服务 213
第三节　网络资源 219

第八章　国际组织人才培养与职业生涯管理发展趋势 221

第一节　全球治理变化下国际组织人才培养与职业生涯管理发展趋势 221
第二节　新兴技术变革下国际组织人才培养与职业生涯管理发展趋势 226

附　录 232

一　联合国系统简介 232
二　全球胜任力测评 236

参考文献 240

后　记 247

第一章 引言

第一节 国际组织及其在全球治理中的重要性

一 国际组织概述

（一）国际组织的概念

由于国际组织的类型多样且涵盖领域广泛，国内外学者对这一基础理论概念的认知存在较大差异，难以给出一个精确且公认的定义。部分学者从其核心构成要素入手，提出国际组织（International Organization）是跨越国界的一种多国机构，是国家间为了实现特定的目的和任务、根据共同允诺的国际条约而成立的常设性组织。[①]

同时，考虑到不同应用尺度和范畴，国际组织的定义还被分为广义与狭义两类。

从广义上看，国际组织是指两个或两个以上的主权国家、政府或其他国际行为体基于共同的目标，通过签订国际条约或协定，按照特定的规则和程序，建立并运作的具有持久性和制度化特征的跨国性机构。国际组织通常具有明确的法律地位和治理结构，以促进成员国之间的合作、协调和决策，共同应对全球性或跨国性问题，如和平与安全、经济发展、社会进步、环境保护和人权保障等。[②]

就狭义而言，国际组织是指在国际法框架下建立的组织，且专指政府间的机构。根据《国际组织年鉴》的定义，国际组织是由多个国家政

[①] 颜声毅：《当代国际关系》，复旦大学出版社1996年版，第254页。
[②] 宋允孚：《国际公务员与国际组织任职》，中国人民大学出版社2016年版，第1—2页；陈宝剑：《高校毕业生到国际组织实习任职入门》，北京大学出版社2019年版，第7页。

府通过签署符合国际法的条约或协定组成的国家联合体。① 这类组织拥有常设机构与体系，其核心目的是通过各成员国间的协同来实现共同的目标。

根据既有研究的不同定义方式可以看出，国际组织需具备多边性、制度化、合法性、合作与协调、持久性等特征，即国际组织应由多个国家或行为体组成，具有跨国性质，以条约或协定为行为基础，具备长期、有效、稳定的机构设置和运行机制，并获得国际社会的认可，享有一定的法律地位和行为规范，旨在通过多边合作机制来解决国际或地区性问题，推动成员之间的协调与共同行动。

（二）国际组织的分类

由于国际组织数量众多、形式各异，学术界对国际组织类型的划分也有不同的类别和标准。当前，最主要的划分方法是按照主体构成情况和成员的法律地位，将国际组织划分为政府间国际组织和非政府间国际组织。

政府间国际组织（Intergovernmental Organizations，IGOs）是指由两个或多个主权国家通过正式的国际条约或协定创建的，旨在促进国际合作、协调成员国之间的政策和行动的机构。② 这类组织的成员由国家政府构成，其决策和活动代表国家利益，涵盖国家政治、安全、经济、文化等领域。同时，该类组织建立在国家法基础上，通过多边条约或协定成立，具有法律约束力，通常遵循协商一致或投票制度，成员国在组织中具有平等的发言权，通过多边合作解决跨国问题。典型的政府间国际组织包括联合国（United Nations）、非联合国系统的世界贸易组织（World Trade Organization，WTO），分别负责全球性的政治和安全组织，维护国际和平与安全；规范国际贸易关系，促进自由贸易和经济合作。此外，还存在部分非正式的政府间国际组织，如七国集团（G7）、二十国集团（G20）、金砖国家（BRICs）等。

非政府间国际组织（Non-Governmental Organizations，NGOs）是指由私人个体或团体建立的跨国组织，例如，民间的社会、宗教、经济等组织的国际联合独立于国家政府，③ 旨在解决全球或地区性问题。该类组织

---

① 葛静静：《全球治理视野下的国际组织》，时事出版社2019年版，第16页。
② 陈宝剑：《高校毕业生到国际组织实习任职入门》，北京大学出版社2019年版，第7页。
③ 《国际组织》编写组编：《国际组织》，高等教育出版社2017年版，第20页。

的成员主要为个人、非政府组织、民间团体或企业等,通常聚焦人权、环境保护、公共健康、教育等社会和人道主义领域。该类组织独立于政府,通常不受国家政府的直接控制和影响,具有非国家性质,具备灵活性与自主性,能迅速响应全球性挑战,① 如绿色和平组织(Greenpeace),致力于全球环境保护和可持续发展。

相较之下,政府间国际组织由主权国家政府构成,具有国际法律地位;非政府间国际组织则由民间团体或个人发起,法律地位较为灵活。在决策方式方面,政府间国际组织依赖成员国的共识与谈判,通常遵循国家利益,而非政府间国际组织的决策相对独立,以实现社会公益或特定目标为导向。在影响力领域方面,政府间国际组织通常在全球政治、经济和安全事务中扮演着重要角色;非政府间国际组织更多关注特定的社会问题,并通过民间力量进行倡导和行动。②

尽管二者在性质和运行方式上有所不同,但在全球治理背景下,政府间国际组织与非政府间国际组织可以相互补充,共同应对跨国挑战。

除了政府间国际组织与非政府间国际组织,国际上还有其他划分国际组织类别的方法与标准。例如,按照地域不同,可分为全球性国际组织和区域性国际组织,其典型案例如世界卫生组织(World Health Organization, WHO)和亚太经济合作组织(Asia-Pacific Economic Cooperation, APEC);按照性质不同,可分为政治性国际组织和专业性国际组织,如联合国和国际图书馆协会联合会(International Federation of Library Associations and Institutions),其中,专业性国际组织又可分为专业性政府间国际组织和专业性非政府间国际组织;根据组织成员的构成范围,可分为普遍性国际组织与封闭性国际组织;根据组织形态,可分为传统的协定性国际组织与论坛性国际组织。

(三)国际组织的运行

1. 国际组织中的机构构成

国际组织的运作依赖于内部不同类型的机构,其中,决策机构、执行机构、司法机构、管理机构和辅助机构共同发挥作用,如图1-1所示,

---

① 黄超、吴飞:《全球治理中政府间组织和非政府组织的软实力传播:发展现状与战略选择》,《中国地质大学学报》(社会科学版)2013年第3期。

② 周华荣:《论国际组织的类型——以政府间国际组织和非政府间国际组织类型为视角》,《重庆科技学院学报》(社会科学版)2008年第11期。

确保组织能够在全球事务中有效运行。

```
                    国际组织的机构构成
                          │
      ┌───────────┬───────┴───────┬───────────┐
   决策机构      执行机构        管理机构     辅助机构
                 司法机构
```

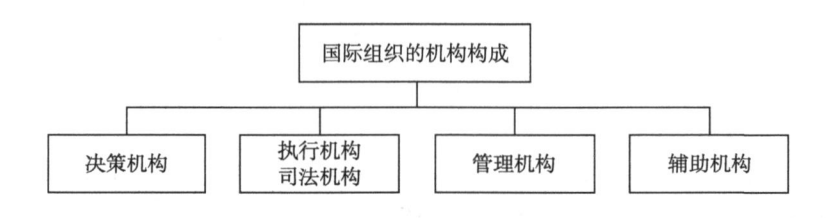

图 1-1　国际组织的机构构成

资料来源：葛静静：《全球治理视野下的国际组织》，时事出版社 2019 年版，第 7—9 页。

决策机构是国际组织的核心机构，主要负责制定组织的整体政策和战略方向，并监督其执行情况。决策机构通常由成员代表组成，通过表决或协商一致的方式作出重大决策，涵盖组织的目标、政策、预算等关键议题。例如，联合国大会（United Nations General Assembly）为联合国的主要决策机构，拥有 193 个成员国，负责讨论并通过重要的国际问题决议，包括和平、安全、经济和社会发展等；世界卫生大会（World Health Assembly）即世界卫生组织的最高决策机构，负责制定全球卫生政策，审议并批准组织的工作计划和预算。

执行机构主要负责执行决策机构通过的政策和决议，通过监督政策的执行，确保日常管理与组织目标的实施，其成员通常是由各成员选举产生或指派的。例如，联合国安理会（United Nations Security Council）为联合国的主要执行机构，负责国际和平与安全的维护，拥有 15 个成员，包括 5 个常任理事国和 10 个非常任理事国。

司法机构负责仲裁和解决国际组织内部及其成员之间的法律争议，确保国际法在成员间的公正执行。例如，国际法院（International Court of Justice，ICJ）即联合国的主要司法机构，负责解决国家之间的法律纠纷，并就国际法问题提供咨询意见。

管理机构负责国际组织的日常行政管理，处理财务、文书、人事等事务，协调组织各部门的工作，并为决策机构与执行机构提供支持，确保组织正常运作。秘书处是管理机构的典型形式，由秘书长或执行长官领导。秘书处下设多个部门，负责不同领域的事务管理。例如，联合国秘书处（United Nations Secretariat）由联合国秘书长领导，负责协调联合国系统内的各机构并处理日常行政事务,并推动联合国大会及安理会通过的决议实施。例如,世界贸易组织秘书处(WTO Secretariat)由秘书长领导,负责管理世界贸易组织的日常运营,支持成员国之间的贸易谈判和争端解决。

辅助机构是为支持国际组织核心任务而设立的技术性或专门机构,具备专业性和技术性,为决策机构和执行机制提供在特定领域的技术支持与咨询建议,协助决策和执行机构实现组织的目标。例如,联合国儿童基金会(UNICEF)是联合国的辅助机构之一,致力于全球儿童的福祉,通过教育、卫生和紧急救助等项目,促进儿童权益的保障;国际原子能机构(IAEA)作为联合国的附属机构,负责促进和平利用核能、核安全和核技术的发展,监督核不扩散条约的执行。

2. 国际组织的运行机制

如图1-2所示,本书从国际组织的决策机制、会议制度、人事制度、资金管理四个方面介绍国际组织的运行机制。

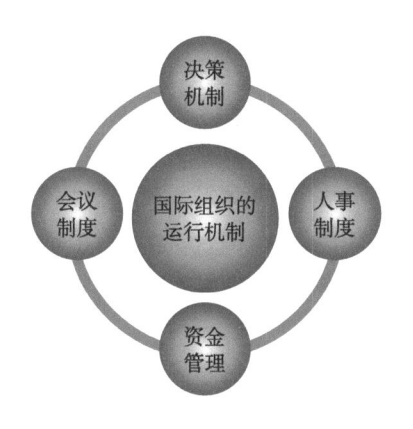

图1-2 国际组织的运行机制

资料来源:葛静静:《全球治理视野下的国际组织》,时事出版社2019年版,第10—14页。

(1)决策机制

国际组织的决策机制是其正常运作的核心,关系到组织目标的实现、成员国之间的协调与合作以及全球议题的应对方式。由于国际组织的性质、宗旨和成员构成不同,其决策机制在设计和实施上具有多样性。然而,所有国际组织的决策机制通常围绕决策主体、决策程序、表决规则、决策权分配与决策约束机制等关键要素展开。

国际组织的决策主体通常是由成员国代表组成的机构，通过大会、理事会、部长级会议等形式进行。具体的决策程序包括议题的提出、讨论、协商、表决和通过等环节。在大多数情况下，议题由成员国或组织内部的机构提议，经过讨论和修订后进入投票表决阶段。不同组织根据自身的制度设定了不同的决策程序。

国际组织的表决规则因组织性质和议题的重要性而有所不同，通常分为简单多数、绝对多数、2/3 多数或一致同意等形式。[①] 简单多数是指决策仅需要超过半数的票数即可通过，这种形式通常用于较为普通的议题。在更为重要的议题上，尤其是涉及组织结构变化或重大国际议题时，常采用 2/3 多数投票通过。例如，联合国大会在处理预算等重大问题时需要 2/3 多数支持。一些国际组织强调所有成员国的共识，以确保每个成员都能接受决策结果。这种机制能够减少决策的矛盾与冲突，但往往也导致决策过程的复杂化和拖延。

决策权分配是国际组织决策机制中的核心问题，通常涉及成员国间权利的平衡、票权的分配以及不同机构之间的职能划分。决策权一般分为平等投票权和加权投票权。平等投票权是指采取"每个成员一票"的原则，确保无论成员规模大小和经济实力，所有成员在决策中享有平等的发言权，联合国大会就是这种模式。加权投票权是指投票权的分配依据成员国的经济贡献或其他因素加权。国际货币基金组织（IMF）和世界银行根据成员国的出资份额分配投票权，使经济实力较强的国家在决策过程中具有更大的影响力。

国际组织还设有决策约束机制、透明问责机制。决策约束机制是指国际组织的决策通常受章程、国际法以及内部规定的约束，决策通过相应的执行和监督机制，确保落实。监督机制能够确保组织的决策得到有效执行，并能够应对成员国的违规行为或未能履行义务的情况。决策的透明度体现在决策程序公开、决议内容公开以及各成员国在决策中的立场公开等方面，通过决策过程的公开透明，提高国际组织的合法性与公信力。问责机制则确保决策错误或执行问题能够得到及时纠正。

---

① 陈海明、仲霞：《国际组织的投票表决与协商一致决策机制》，《长安大学学报》（社会科学版）2012 年第 1 期。

(2) 会议制度

国际组织的会议制度是其决策和协调工作的核心机制，旨在通过正式的会议和商讨程序推动组织目标的实现。会议制度的设计和实施对于国际组织有效运作至关重要，既为成员国提供了一个讨论和协商的平台，又为国际组织的政策和行动提供了合法性与透明度。以下将从会议类型、议程设置等方面对国际组织的会议制度进行介绍。

国际组织的会议类型多种多样，通常根据其职能和议题的不同划分为定期会议、特别会议和专题会议等。这些会议确保国际组织能够在不同情境下处理复杂问题、推动多边合作。定期会议是指国际组织每年或每隔一定时期举行一次例行会议，以总结工作进展并制定未来的政策方针。例如，联合国大会每年召开一次，讨论全球政治、经济、社会等重要议题。当出现紧急或突发问题时，国际组织可以根据需要召集特别会议。联合国安理会经常召开特别会议处理全球安全威胁，如冲突、战争和人道主义危机。专题会议是指为了处理特定领域的议题，国际组织定期或不定期召开的会议，如 WHO 召开国际卫生会议讨论全球卫生政策与突发公共卫生事件。

议程设置是会议制度中至关重要的环节，决定了会议讨论的核心议题和进程。议程的内容通常由国际组织秘书处或相关委员会拟定，成员国可以提出修改或新增议题。具体流程包括议程初拟、议程通过、议题修改等。议程初拟通常在会议召开前，秘书处根据国际形势、成员国关切及组织内需处理的事务，草拟会议议程。议程通过是指议程草案会在大会或委员会开始时由全体成员表决通过。一旦通过，议程即成为会议的讨论基础。以联合国大会为例，议程通常包括国际安全、发展、社会事务等多个领域的议题。议题修改是指成员国或委员会可以要求对议程进行修改，以加入新的讨论项目。例如，当某些突发事件发生时，如战争或重大自然灾害，联合国安理会可能在现有议程上添加紧急讨论事项。

会议制度为国际组织提供了一个透明的、多边的协商平台，并使各成员国或委员会的利益和观点得到表达，不仅是政策制定的核心机制与政策实施的重要路径，通过确保过程的公正合法性，会议制度还促进了国际协调与合作。

(3) 人事制度

国际组织的人事制度是其正常运转和实现其目标的重要支撑体系。

涵盖国际组织的人员选拔、聘任、培训、晋升、监督与问责等各个方面。由于国际组织具有多边性和跨国性，其人事制度与各成员国的利益密切相关，既需要确保全球化背景下的多元性与公平性，又需要维持高效的组织运作。以下将从人事制度的基本原则、分类、薪酬三个方面介绍国际组织的人事制度。

国际组织的人事制度通常遵循地域多样性、专业能力与绩效、中立与独立等基本原则，以确保人员管理的公平性和专业性。地域多样性原则是指国际组织的人事管理需确保不同成员国在组织的各个职位上有广泛代表。[1] 这一原则旨在避免特定国家或地区在机构内部形成主导地位，确保组织的国际性。例如，联合国在人员录用时要求来自不同地区的人员均衡分布，以保证全球事务的公平性与多样性。专业能力与绩效原则是指国际组织要求其人员具有高水平的专业能力，并通过绩效考核决定其升迁和续聘。例如，世界银行通过严格的能力评估和绩效考核来保障人员素质，以推动金融和发展项目的高效执行。中立与独立原则是指国际组织的工作人员被要求具备超越国家利益的独立性与中立性，避免任何成员国对其产生不正当影响。工作人员的主要职责是服务于整个国际社会，而非代表任何一国利益。

国际组织根据工作职能、专业背景、管理层级和聘任性质对其工作人员进行分类，通常可分为国际职员、地方职员、专家与顾问等类别。[2] 国际职员（International Staff）是指全球范围内公开选拔的人员，通常任职于决策层或技术岗位。这类人员不受单一成员国约束，服务于国际组织整体利益。例如，联合国系统的P等级（专业职员）和D等级（高级职员）岗位，专门负责政策制定、项目管理及跨国协调等高级别工作。这些职员享有全球流动性，并根据其职级享受相应的国际薪酬和福利待遇。地方职员（Local Staff）主要负责国际组织在特定国家或地区办事处的日常行政和后勤工作，他们通常受雇于该办事处所在国，且薪酬和福利基于当地市场标准而定。例如，世界卫生组织（WHO）和世界银行（WB）的地方办事处，通常雇用本地职员从事行政、财务或其他支持

---

[1] 熊缨、王伊、王秋蕾：《国际职员选拔和输送的国际经验——美、法、瑞、日、韩五国经验借鉴》，《中国人事科学》2022年第4期。

[2] 罗德隆、陈映桥、朱雅兰：《国际组织人才培养推送经验与启示——以ITER组织为例》，《中国科技人才》2022年第2期。

性工作，薪酬水平根据当地生活成本而定，且不享有国际职员的跨国流动待遇。专家与顾问（Experts and Consultants）是国际组织短期雇用的专业人才，通常从事技术性、项目性或评估性工作，服务期限根据具体项目需求确定。这类人员并不属于常规编制，但其专业知识和经验对国际组织的运作至关重要。以联合国开发计划署（UNDP）为例，顾问的职责包括技术咨询、政策研究和能力建设，合同期限和薪酬根据项目复杂程度和顾问资历而定。

国际组织的薪酬制度因其全球化运作背景而具有独特的设计，[1] 通常包括基本工资、附加津贴和福利三个主要部分，确保员工的薪酬待遇与其职责、经验和国际生活成本相匹配。国际职员的基本工资基于其职级、资历和职责而设定。国际组织通常依据全球薪酬标准，参考私人部门、国家政府的薪酬水平设定不同职级的基本工资。例如，在联合国的薪酬表中，P 等级职员的基本工资按国际市场薪资水平确定，不同职级的工资差距较大，随着职级的提升而增加。为了弥补国际职员的跨国流动性及其在外派过程中可能面临的生活不便，国际组织通常提供各种附加津贴。常见的津贴包括居住津贴（Post Adjustment Allowance）、搬迁津贴（Relocation Allowance）、家庭津贴（Family Allowance）等。国际组织通常为职员提供丰富的福利计划，确保其长期的职业发展和生活保障。常见的福利包括医疗保险、养老金、年假及育儿假等。例如，联合国为职员提供全球医疗保险，覆盖职员本人及其家属的医疗开支；同时，职员还享有国际养老金计划，确保其退休后的生活保障。职员具体的薪酬标准还受到职级职责、地理位置、工作风险与特殊工作条件等因素的影响。

（4）资金管理

国际组织的资金管理是确保其有效运作与实现战略目标的关键环节。由于国际组织通常依赖于多边合作，资金来源、预算编制、支出控制及审计监督等环节都具有复杂性和多层次性。以下从资金来源、预算编制、支出管理与审计监督四个方面介绍国际组织的资金管理。

国际组织的资金来源通常具有多样性，既包括成员国的会费，又包括来自其他公共或私营部门的自愿捐助。此外，部分国际组织也通过自

---

[1] 李伊：《国际组织薪酬体系设计研究——以世界银行和经合组织为例》，《现代营销》（经营版）2021 年第 31 期。

身的经济活动或投资获得一定的收入。大多数国际组织的基本资金来源是其成员国缴纳的会费，这些会费通常根据成员国的经济实力或GDP规模按比例分摊。以联合国为例，其预算的最大部分来自成员国的会费缴纳。联合国的会费分摊比例由联合国大会依据各国的经济指标（如国民收入、人口等）每三年调整一次。除了强制性会费，一些国际组织还接受来自成员国、非成员国、私营部门、国际基金会或个人的自愿捐款。这类资金通常被用于特定项目或领域。比如，联合国开发计划署（UNDP）的很多项目资金来源于各国政府和企业的自愿捐助，重点用于扶贫、灾害应对、气候变化等特定领域。国际组织也会设立专项基金或信托基金，专门用于支持特定的全球性事务或紧急任务。比如，世界银行通过信托基金管理各类发展援助资金，集中用于减贫、卫生、教育等领域。此外，一些国际组织还从事有限的投资活动，通过对项目和资产进行投资来增加其收入。

国际组织的预算编制过程是一项高度复杂且多层次的程序，通常需要综合考虑资金来源、成员国的需求、组织的战略目标及全球政治经济环境。许多国际组织采用多年度预算体系，即每两年或每三年编制一次预算。例如，联合国采用两年度的计划编制和预算周期（Biennium Budget Cycle），有助于确保资金的持续性与项目的稳定性。预算编制先由各部门提交需求报告，然后由秘书处或相应的财政委员会审议，最后提交联合国大会批准。在预算编制过程中，国际组织往往通过设定优先项目和领域，确保有限的资金能够有效地分配到最需要的地方。例如，世界卫生组织会根据全球公共卫生形势设定特定的优先事项，如应对新发传染病的防控项目等，确保资金分配的合理性和科学性。国际组织的预算编制过程通常需要与成员国进行广泛磋商与协调，以确保资金使用符合大多数成员国的利益和国际组织的整体战略目标。[1] 例如，国际劳工组织（ILO）的预算编制过程要求成员国、劳工代表和雇主代表共同讨论资金分配方案，确保预算安排的多方代表性。

支出管理是国际组织确保资金使用有效性与透明度的核心部分。通过严格的财务管理与支出控制，国际组织能够确保资金按照既定预算和

---

[1] 马蔡琛、赵笛：《国际组织预算绩效评价的比较及启示》，《河北大学学报》（哲学社会科学版）2019年第4期。

项目目标执行。

国际组织通常设有专门的财务管理部门,负责资金的分配与控制。每个部门和项目的支出都需要按照预定预算执行,任何超出预算的支出必须经过高级管理层或理事会的特别批准。例如,联合国内部设有严格的财务审批程序,每一笔支出都需要提交详细的预算说明与申请,并经过多级审批方能执行。为确保资金的高效使用,许多国际组织会定期对项目绩效进行评估,并根据评估结果调整资金分配。以联合国开发计划署为例,其项目管理团队定期监控资金使用情况,并对项目的绩效进行量化评估,确保每一笔资金都能产生预期的效果。国际组织在资金使用方面非常重视透明度,尤其是在自愿捐款和专项基金的使用上,国际组织通常会定期向捐助者报告资金的使用情况,并对外发布年度财务报告。例如,世界银行每年发布详细的财务报告,列出其信托基金的收入、支出及项目绩效评估。

为了确保资金管理的规范性和合法性,国际组织通常设有内部审计、外部审计、问责机制等制度安排,通过独立审计和评估来保障资金的合理使用与管理的透明性。内部审计是指国际组织的内部审计部门负责对资金使用进行常规的内部监督,以确保各项支出符合规定。比如,联合国内部监督事务厅(OIOS)负责对联合国系统的财务运作、项目实施进行内部审计,确保资金分配和使用符合既定政策。外部审计是对国际组织财务管理透明度与问责机制的重要补充。通常情况下,国际组织会聘请独立的外部审计机构对其年度财务状况进行全面审查。例如,联合国定期聘请外部审计师对其全球预算和支出情况进行独立审计,并将审计结果向成员国公开。一旦审计发现资金管理方面的任何问题,国际组织会通过内部调查和问责机制进行处理。严重的违规行为可能导致相关人员受到惩处,甚至移交司法机构处理。以世界卫生组织为例,其内部设有专门的问责委员会,负责处理与资金管理相关的投诉和调查,确保任何财务问题都能够得到及时解决。

二 变化中的国际组织

国际政治形势的变化与经济社会的发展催生了国际组织。以国际关系的变化为基础,国际组织的形成和发展体现出历史的纵深性与过程性,并与关键性的历史事件深度耦合。如图1-3所示,19世纪,欧洲协调机制、国际行政联盟及海牙体系的形成为国际组织发展奠定了基础。进入

20世纪，两次世界大战促成了国际联盟与联合国的建立，标志性的事件推动了国际组织的发展进程。[1] 现如今，随着国际活动的丰富、各国之间联系的密切，国际组织的数量也不断增加，并覆盖应对全球气候变化、生态保护与修复、裁军与军控、维和救灾、疾病防控、教育科技、人权维护等多个重要领域。凭借不可替代的影响力，国际组织降低了无政府状态下的集体行动失灵困境，促进了国际合作与行动的有效性。

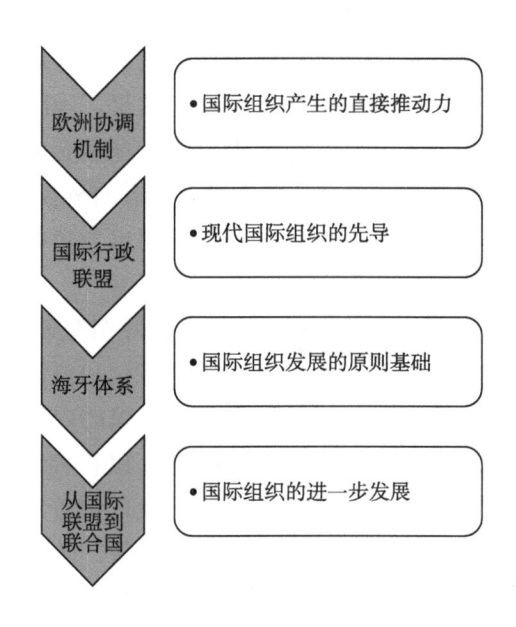

```
欧洲协调机制  → • 国际组织产生的直接推动力
国际行政联盟  → • 现代国际组织的先导
海牙体系      → • 国际组织发展的原则基础
从国际联盟到联合国 → • 国际组织的进一步发展
```

图 1-3　国际组织的发展历程与标志性事件

资料来源：葛静静：《全球治理视野下的国际组织》，时事出版社 2019 年版。

（一）欧洲协调机制——国际组织产生的直接推动力

欧洲协调机制（Concert of Europe）诞生于 1815 年维也纳会议后，旨在维护战后的欧洲和平与稳定。[2] 其背景根植于拿破仑战争的结束，各国希望通过外交手段避免类似的冲突再次爆发。在封建君主制面临新兴民族主义与自由主义挑战的背景下，列强认识到传统的双边军事对抗无法持久，因此寻求通过多边机制来实现权力平衡。作为一种非正式的多边

---

[1]　张丽华：《国际组织的历史演进》，《东北师大学报》2003 年第 5 期。
[2]　杨泽伟：《欧洲协作及其对国际组织形成与发展的影响》，《湖南社会科学》1996 年第 2 期。

外交合作，欧洲协调机制主要通过定期的外交会议解决各国在欧洲事务中的分歧，维持区域和平。其核心是列强之间的协商与协调，防止局部冲突扩散成为更大的危机。该机制的参与国包括奥地利、英国、法国、普鲁士和俄罗斯，五国通过谈判避免单方面采取军事行动，从而维护势力均衡。

欧洲协调机制的决策原则主要包括势力均衡（Balance of Power）、协商一致（Consensus-Based Decision-Making）、维护现状（Preservation of the Status Quo）、多边干预（Multilateral Intervention）、灵活性与非正式性（Flexibility and Informality）。欧洲协调机制最为核心的原则是势力均衡。列强一致认同，通过维持欧洲各大国之间的力量平衡，能够有效防止某一国独占优势，进而避免单极霸权的出现。该原则的宗旨在于通过防止权力的过度集中来减少冲突的风险。这不仅是欧洲协调的基础，也是整个19世纪欧洲外交的主导思想，确保了各大国在处理国际事务时能够彼此牵制，以维护区域稳定。欧洲协调机制强调通过协商一致的方式做出决策。列强在涉及重大国际问题时，遵循多边磋商的原则，确保所有参与国在决策过程中都拥有发言权。协商一致不仅保障了列强间的利益平衡，还为各国提供了通过和平手段解决争端的渠道，防止局部冲突演变为大规模战争。每一项重要的决定都需在外交会议上通过协商讨论，以达成各国间的共识。维护现状，包括既有的政治与领土格局，是欧洲协调机制的另一重要原则。该机制旨在防止任何形式的革命、领土扩张或国家内政的剧烈变动，认为这些变动将对欧洲的整体稳定构成威胁。这一原则在19世纪中叶的欧洲革命期间尤为重要，列强普遍认为，维护现有秩序是避免无政府状态与混乱的有效手段。欧洲协调机制赋予列强通过集体干预防止或解决区域危机的权力。在应对潜在的冲突或革命运动时，列强可以联合采取行动，阻止局部不稳定局势升级为国际危机。多边干预的实施往往是为了维护整个欧洲的和平与安全，而不仅仅是维护某一国的利益。通过这种联合行动，列强能够迅速应对动荡局势，有效地控制和解决危机，确保地区的整体稳定。欧洲协调机制没有一套正式的法律或制度框架，其非正式性为列强在处理复杂国际问题时提供了极大的灵活性。该机制允许列强根据具体的政治局势灵活调整策略，既可以定期召开会议讨论，也可以在紧急情况下迅速磋商。正是这种灵活性，使欧洲协调机制能够有效应对19世纪上半叶的国际挑战，减少了僵化的制度约束所带来的决策迟缓问题。

欧洲协调机制在19世纪上半叶发挥了重要的作用。它成功维持了维也纳会议后的欧洲和平，防止了大规模战争的爆发，并在某些重大危机时刻（如19世纪20年代的西班牙革命和希腊独立战争）通过列强协商进行干预。然而，它的影响力随着欧洲内部民族主义和自由主义浪潮的兴起而逐渐减弱，尤其是1848年欧洲革命和1853年克里米亚战争标志着该机制的功能性衰退。尽管如此，欧洲协调机制被视为国际多边合作的早期尝试，为后续的国际组织与多边外交提供了经验和借鉴。欧洲协调机制不仅反映了19世纪欧洲列强维持和平的努力，也为现代国际组织提供了历史参照，尤其是在如何通过多边协商和势力均衡来维护区域和全球秩序方面具有深远影响。

（二）国际行政联盟——现代国际组织的先导

19世纪后期，伴随着工业革命的深化和全球化进程的推进，跨国合作需求显著增加。各国在通信、交通和贸易等领域的标准差异，阻碍了国际事务的顺利运作。为应对这一挑战，国家间逐渐认识到建立统一的跨国协调机制的必要性，推动了国际行政联盟（International Administrative Union）的诞生，其宗旨是通过政府间合作，规范特定领域的国际事务，确保跨国活动的顺畅运行。典型的国际行政联盟包括万国邮政联盟（1874年成立）、国际电报联盟（1865年成立）等。这些联盟通过协调各成员国之间的政策和标准，保障国际领域内的顺畅沟通与合作。

国际行政联盟有以下几点典型特征。第一，它们通常是专门领域的国际组织，针对特定的跨国问题提供协调与治理。第二，这些联盟是通过国家间签署条约或协议成立的，体现了政府间合作的性质。与传统的政治或军事联盟不同，国际行政联盟的主要任务在于技术性、行政性的国际事务管理，其活动范围往往较为具体而有限。第三，这些组织具有较强的制度化特征，通常设有常设秘书处和技术委员会，负责日常的管理与监督。此外，国际行政联盟注重标准化，通过统一规则和技术标准的制定，使跨国事务能够更加有效和便捷地运行。

国际行政联盟为现代国际组织的形成奠定了基础，标志着现代国际组织雏形的形成，尤其是在技术领域和公共事务管理方面，为后来的国际多边合作提供了早期的制度性框架，并为20世纪国际组织，包括联合国体系内的专门机构（如国际电信联盟、世界卫生组织等）的形成提供了先例和范式。国际行政联盟通过在全球范围内制定标准，不仅减少了各国在通信、交通、贸易等领域的摩擦与冲突，促进了国际技术合作与信息交流，还为解决跨国挑战提供了多边合作的平台，推动了现代全球治理的发展。

（三）海牙体系——国际组织发展的原则基础

海牙体系（Hague System）起源于19世纪末20世纪初国际社会对战争与和平问题的深刻反思。[①] 伴随着工业化的进程，战争技术的迅速发展带来了空前的毁灭性后果，各国越发意识到通过国际法律手段约束战争行为、规范国家间关系的重要性。1899年和1907年，两次海牙国际和平会议先后召开，聚集了全球主要国家，旨在通过多边讨论，建立维护国际和平与安全的规则体系。这是人类历史上首次大规模的国际法和国际制度的系统化尝试，标志着国际社会试图通过法律手段预防冲突、促进和平的努力正式开始。

海牙体系的法律框架主要集中在两个方面：战争法与和平解决争端的机制。首先，在战争法领域，海牙会议通过了若干条约和公约，确立了战时行为的基本规范，特别是限制战争手段和保护平民的原则。其次，在和平解决争端的机制方面，如设立常设仲裁法院，提供了和平解决国家间冲突的制度框架。这些内容表明海牙体系旨在通过国际法的力量，限制战争的暴力性，并为国家间提供非军事手段解决争端的路径。

海牙体系最显著的特点在于通过法律手段规范战争和冲突的行为。首先，海牙体系是全球早期的多边法律协定，标志着国际法制度的形成。其次，海牙体系广泛吸纳了当时主要国家的参与，具有较强的包容性和开放性，促进了多边协商与合作。海牙体系承认各国主权的平等地位，强调国家在国际法下的平等权利与义务。无论国家大小，各国均有权参与海牙体系的多边协商和决策，推动了国家之间基于法律而非武力的平等对话。此外，海牙体系通过常设仲裁法院等机制，推动以仲裁代替战争的国际争端解决方式。这一特点使海牙体系成为国际法在实践中的重要体现，推动了战争行为的规范化和法律化进程。

尽管海牙体系未能阻止第一次世界大战的爆发，但其在战争法与和平解决争端的机制、成员国之间的平等性等方面的创新对后续国际组织

[①] 胡正良：《〈海牙规则〉之回顾与启示》，《中国海商法研究》2024年第3期。

发展和全球治理产生了深远影响。海牙战争中的人道主义规范，为后来《日内瓦公约》的制定奠定了基础。常设仲裁法院为国家间提供了和平解决争端的渠道，这一机制为后来的国际法院提供了实践依据。海牙体系的多边主义和法律化理念为后续国际组织的发展原则、制度建设提供了基础。

（四）从国际联盟到联合国——国际组织的进一步发展

国际联盟成立于1920年，是对第一次世界大战后全球治理需求的回应。[1] 第一次世界大战后世界各国深感战争的破坏性，并意识到建立一个多边国际组织以防止战争再次爆发的重要性。美国总统伍德罗·威尔逊在"十四点计划"中首次提出这一构想，旨在通过集体安全体系和多边合作来维护国际和平。作为《凡尔赛和约》的一部分，国际联盟的创建标志着现代国际组织的起步，试图通过集体安全机制化解国家间的冲突与紧张局势。

国际联盟机构包括全体大会、理事会、常设秘书处、常设国际法院。全体大会由所有成员国组成，每个成员国都有一票表决权，是讨论和决策国际联盟事务的最高权力机构。理事会是联盟的核心执行机构，最初由四个常任理事国和若干非常任理事国组成，负责处理紧急事务和解决国际争端。常设秘书处负责执行大会和理事会的决策以及处理日常行政事务。常设国际法院负责解决国家间的法律争端，确保联盟成员遵守国际法。

国际联盟作为第一个全球性国际组织，以多边主义和集体安全为基础，依赖成员国的一致同意来做出重大决策，为现代国际关系提供了一个集体安全的理论和实践框架。尽管每个成员国在大会中都有平等的投票权，但在理事会中，常任理事国具有更大的决策权，强制执行机制的缺失也导致其权威性的削弱，并最终导致该联盟解散。但国际联盟在国际法的发展和多边合作的探索方面具有开创性意义，为后来联合国的成立以及国际和平解决争端机制的演进提供了宝贵经验。

联合国成立于1945年，是第二次世界大战中反法西斯战争胜利的结果。与国际联盟不同，联合国的成立背景更加紧迫，世界各国认识到必须创建一个更具约束力和执行力的全球性组织，以防止类似的全球冲突

---

[1] 王弛：《美国南部支持美国加入国际联盟的原因》，《西部学刊》2022年第3期。

重演。在旧金山会议上，50多个国家通过了《联合国宪章》，为联合国的成立奠定了法律基础。联合国的核心目标是通过集体安全、国际法、多边合作和发展援助，促进国际和平与安全。

联合国包括联合国大会、安全理事会、国际法院、秘书处、经济及社会理事会等主要机构。其中，联合国大会由所有成员国组成，每个国家都有平等的投票权，是联合国的主要审议机构，负责讨论全球性问题。安全理事会由五个常任理事国（美国、英国、法国、俄罗斯、中国）和十个非常任理事国组成，负责维护国际和平与安全。常任理事国拥有否决权，决定联合国的强制措施和维和行动。国际法院处理国家间的法律争端，解释和执行国际法。秘书处由联合国秘书长领导，负责管理联合国的日常事务，确保各机构间的协调与合作。经济及社会理事会负责推动全球的经济、社会和环境议题，协调各国在发展领域的合作。

联合国依照《联合国宪章》运行，依赖于成员国的协商与合作。联合国大会的决策以多数投票为原则，但安全理事会的决策必须得到五个常任理事国的一致同意，否决权制度确保了常任理事国在维护全球和平方面的主导地位。此外，联合国具有强制执行能力，可以通过安理会授权使用武力或实施经济制裁。

联合国在战后国际秩序的重建和维护全球和平方面具有深远的历史意义。作为第二次世界大战后最重要的全球性组织，联合国不仅在预防大规模冲突和协调国际关系方面发挥了关键作用，还通过多边合作在环境保护、社会发展和人权保护等领域作出了重大贡献。联合国成功推动了去殖民化进程，并在全球维和行动中扮演了核心角色。尽管面对挑战，但联合国依然是全球治理体系中不可替代的支柱，象征着战后国际法治和多边主义的核心理念。

（五）当下与未来：国际组织现状与面临的新形势

国际组织在全球治理中扮演着越来越重要的角色。随着全球化的深入发展，各类国际组织在促进国家间合作、解决跨国问题和维护国际秩序方面发挥着关键作用。根据相关统计，全球已成立超过70000个国际组织，涵盖经济、政治、社会、环境等多个领域，形成了多层次、多领域的国际合作体系。

近年来，国际组织的数量和类型不断增加，尤其是区域性和功能性组织的兴起。例如，亚太经合组织（APEC）、东南亚国家联盟

（ASEAN）和非洲联盟（AU）等区域组织在促进地区经济一体化与安全合作方面发挥了显著作用。此外，世界贸易组织（WTO）、国际货币基金组织（IMF）等全球性组织则在经济治理和金融稳定方面起到了重要的支撑作用。

在职能与作用方面，国际组织也不断扩展。除传统的经济和政治合作外，越来越多的国际组织开始关注人道主义援助、环境保护和可持续发展等议题。例如，联合国可持续发展目标（SDGs）明确了2030年可持续发展的全球议程，推动各国在经济、社会和环境领域实现协调发展。与此同时，国际组织在应对气候变化、公共卫生危机（如新冠疫情）等全球性挑战方面也展现出了更强的协调与响应能力。

尽管国际组织取得了一定的发展，但其在应对新形势与挑战方面仍面临诸多困难。首先，全球治理的多边主义面临挑战，单边主义和民族主义倾向日益增强。部分国家对国际组织的信任度下降，认为其决策机制和治理模式无法有效应对国家间的利益冲突，导致部分国际合作项目的停滞或被削弱。这种现象在气候变化、贸易政策等领域表现得尤为明显。

其次，科技进步带来的数字化、信息化转型对国际组织的运作方式提出了新的要求。如何在全球数字经济迅速发展的背景下，推动国际组织适应新技术的应用，提高决策的科学性与透明度，成为当前亟须解决的问题。同时，网络安全、信息隐私等新兴议题也需要国际组织在法律与政策上进行创新与适应。

最后，全球不平等与发展不均衡问题仍然突出。尽管国际组织在减贫、教育、卫生等领域发挥了积极作用，但全球范围内的发展差距仍然显著，尤其是在疫苗接种、经济复苏等方面，发达国家与发展中国家的差异依然明显。如何通过国际合作实现更加公正与可持续的发展，是当前国际组织面临的重要课题。

三 全球治理概述

（一）全球治理的提出与发展

全球治理（Global Governance）是一个涉及国际关系、经济、社会和环境等多个领域的重要概念，旨在通过国际合作与协调，解决全球性问题，促进可持续发展与人类福祉。[①] 自20世纪90年代以来，全球治理逐渐成为国际关系研究的重要议题，并得到了学术界与政策制定者的广泛关注。

全球治理的概念最早于1990年被正式提出。随着全球化进程的加速，国家间的相互依存性不断增强，传统的国家主权观念受到了挑战。全球性问题如气候变化、恐怖主义、经济危机、传染病等日益凸显，单一国家的力量难以应对，迫切需要国际社会的合作与协调。因此，全球治理的概念应运而生，强调在全球范围内通过多层次、多元化的治理机制来应对复杂的全球性挑战。

全球治理的发展历程可分为早期阶段、转型阶段与深化阶段三个阶段。在早期阶段（20世纪90年代前），全球治理的基础主要是国际法和国际组织。第二次世界大战后，联合国的成立标志着国际合作的新起点，国际法的建立为国家间的交往提供了规范。然而，早期的国际治理更多关注国家间的政治和军事安全，经济和社会问题的国际化程度相对较低。在转型阶段（20世纪90年代），随着全球化的深入，经济、社会和环境问题日益成为国际关注的焦点。国际社会开始认识到，单靠国家间的传统外交手段无法有效解决全球性问题。在这一背景下，全球治理的框架逐渐拓展，涉及多边机制、区域合作以及非政府组织等多个主体的参与。1992年联合国环境与发展大会（"地球峰会"）上的"可持续发展"议程标志着全球治理向经济、社会与环境的综合协调迈出了重要一步。在深化阶段（21世纪初至今），全球治理面临新的挑战和机遇。恐怖主义、气候变化、网络安全等新问题的出现，促使全球治理的深化与创新。2000年联合国千年发展目标（MDGs）的制定，标志着国际社会在全球贫困、教育、健康等领域的合作迈出了新步伐。2015年，联合国可持续发展目标（SDGs）的推出，进一步推动了全球治理的全面深化，强调经济增长、社会包容和环境保护的协调发展。

（二）全球治理的内涵

全球治理的概念最早可以追溯到20世纪80年代，但其系统性阐述则是在冷战结束后得以广泛讨论和采用的。全球化进程的加速、国家间相

[①] 景璟：《中国参与全球治理的施动性分析——基于双向互动的逻辑》，《社会科学战线》2024年第10期。

互依存关系的深化以及日益凸显的跨国问题（如环境危机、经济波动、传染病等），使传统以国家为中心的治理模式难以应对。在该背景下，全球治理的概念被引入，用于描述和规范国际社会如何共同解决全球性问题。

学者已从不同视角展开了对全球治理的讨论，基欧汉和奈合在《权力与相互依赖》（Power and Interdependence）中提出了复杂相互依赖理论，为全球治理的学术讨论奠定了基础。[1] 他们认为，随着全球化的推进，国家之间的相互依存度日益提高，非国家行为体（如国际组织、跨国公司等）在国际事务中扮演重要角色。全球治理的核心在于这些多元行为体如何通过合作来管理相互依赖的领域。该理论为全球治理讨论中的多主体参与提供了理论依据。罗森瑙在20世纪90年代提出了全球治理的多中心性（Polycentrism），指出国际社会治理不再由单一国家或组织主导，而是通过多中心、分散的机制进行管理。这种观点与全球化带来的权力分散趋势相契合，反映了全球治理的一个核心特点——通过多个行为体的互动来实现全球事务的管理。[2] 斯劳特在其研究中提出了跨国网络治理（Transnational Network Governance）的理论，认为全球治理不仅通过正式的国际组织进行，还包括跨国政府网络（如国际法院、监管机构等）在全球治理中的重要作用。这一观点拓展了全球治理的内涵，将治理过程中的非正式网络和多边合作视为解决全球性问题的重要机制。[3] 赫尔德的研究主要聚焦于全球治理的民主化问题。他提出，全球治理的核心挑战之一在于如何实现治理过程的民主化和合法性。在全球化背景下，全球治理不应只是国家和国际组织的事务，还需要确保社会公民的广泛参与，以保证治理的透明度和公平性。[4] 赫尔德的贡献在于强调全球治理中的民主赤字问题，并倡导通过全球公民社会的参与来弥补这一不足。

1995年，联合国秘书长安南提出了全球治理的定义，指出"全球治理是指管理全球事务的广泛活动，这些活动通过政府、国际组织、私营部门、民间社会等多层次行为体共同推动"。还有学者将全球治理理解为

---

[1] 钟龙彪：《相互依赖理论的变迁及批判》，《天津行政学院学报》2009年第5期。
[2] 景璟：《全球治理理论的批判及其重塑》，博士学位论文，吉林大学，2022年。
[3] 刘慧：《跨国网络治理分析》，《中州学刊》2011年第6期。
[4] 李途、谭树林：《戴维·赫尔德的全球社会民主理论：价值取向与路径选择》，《当代世界与社会主义》2014年第2期。

"以实现全球社会经济的可持续发展和环境保护为目标,在公平、公正的平台上利用国际规则协调和管理国际事务"①。

尽管不同定义之间有所出入,但对全球治理的核心内涵理解相对统一,主要体现在以下几个方面。

第一,多主体参与。全球治理的一个重要特征是多元主体的参与。全球问题往往涉及国家、国际组织、私营部门、非政府组织、社会公民等多个行为体。他们通过合作、协商与协调,共同制定和实施治理机制。这一特征反映了权力在全球化背景下的多极化和分散化。

第二,跨国界问题的管理。全球治理旨在解决那些单一国家难以应对的全球性挑战,如气候变化、金融危机、恐怖主义、公共卫生、移民危机等。这些问题超越国界,影响范围广泛,因而需要全球范围内的合作与协调来应对。

第三,全球公共物品的管理与提供。全球治理关乎全球公共物品(Global Public Goods)的管理与提供,如全球气候安全、国际贸易秩序、跨国金融稳定等。国家和国际组织通过合作,建立相应的规则和机制,以确保全球公共物品的公平提供和有效管理。

第四,规则与制度的建构。全球治理不仅关乎行动和协作,还涉及全球规则、规范和制度的建构。通过国际协定、全球公约和全球规范的制定,各类行为主体共同形成一套稳定、普遍适用的全球规则,以应对全球性问题。

第五,合法性与问责机制。全球治理的合法性与问责机制问题是其核心挑战之一。由于全球治理过程中的行为主体复杂,如何确保治理过程的透明性、代表性和公平性成为亟须解决的难题。全球治理强调民主化和透明度,以避免"民主赤字",并确保治理机制具有广泛的合法性。

(三)全球治理的要素

如图1-4所示,全球治理的要素可以从多个维度进行分析,主要包括全球治理的价值、规则、主体、客体以及效果。② 这些要素共同构成了全球治理的理论与实践框架,并为全球性问题的解决奠定了基础。

---

① 何昌垂:《国际公务员实务概论》,北京大学出版社2021年版,第5页。
② 何昌垂:《国际公务员实务概论》,北京大学出版社2021年版,第5—6页。

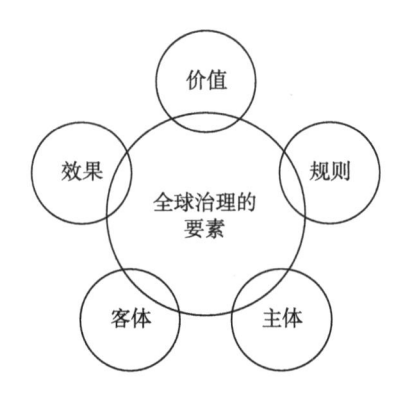

图 1-4　全球治理的要素

资料来源：何昌垂：《国际公务员实务概论》，北京大学出版社 2021 年版，第 5—6 页。

1. 全球治理的价值

全球治理的价值体现在它所追求的共同目标和基本原则上，旨在为国际社会提供稳定、公平和可持续的公共物品。其核心价值包括以下几个方面。

第一，和平与安全。全球治理的首要目标是维护国际和平与安全，减少国家间和非国家行为体间的冲突与暴力。联合国等国际组织通过集体安全机制和维持和平行动，在全球治理框架中扮演着重要角色。

第二，发展与繁荣。全球治理关注经济发展、减贫、缩小国家间和地区间的差距。联合国可持续发展目标（SDGs）反映了全球治理在经济、社会和环境维度追求共同进步的价值。

第三，正义与人权。全球治理承载着促进全球正义和普遍人权的价值观，强调国家和非国家行为体在全球事务中应遵循公平和道德的原则。国际刑事法院（ICC）等机构体现了全球治理在正义与法律领域的实践。

第四，环境保护与可持续性。全球治理的价值还包括全球环境的可持续性，确保全球生态系统的健康与稳定。国际社会通过《巴黎协定》等框架合作应对气候变化，体现了全球治理对环境的重视。

2. 全球治理的规则

全球治理中的规则是指在全球层面约束和规范行为体的行为的制度和规范，这些规则通过协商、条约、国际惯例等方式产生，确保治理过程的秩序和合法性。全球治理的规则主要包括以下几个方面。

第一，国际法与条约体系。全球治理依赖于一系列国际条约和法律文件，如《联合国宪章》《国际人权公约》《气候变化协议》等。这些规则为全球治理提供了法律基础和制度保障。

第二，多边合作机制。全球治理强调通过多边机制来制定和实施全球规则，如世界贸易组织（WTO）规则体系、国际货币基金组织（IMF）运营机制等，确保全球贸易、金融等领域的协调运作。

第三，国际标准与规范。全球治理还包括技术、环境、社会等方面的国际标准和规范，这些规则为国际社会在技术创新、环境保护、劳动权利等领域提供了行为指南。

3. 全球治理的主体

全球治理的主体是指在全球治理过程中参与并发挥作用的各类行为体，包括但不限于国家、国际组织、非国家行为体等。[①] 这些主体在全球事务中共同构成治理体系的核心。

第一，国家。作为传统的主权行为体，国家依然是全球治理的主要参与者，特别是在安全、外交、经济等核心领域。各国通过外交谈判、签订条约等方式在全球治理中发挥主导作用。

第二，国际组织。包括联合国、世界银行、国际货币基金组织（IMF）等在内的国际组织在全球治理中扮演着协调和规则制定的角色，促成各方合作，管理全球公共事务。

第三，非国家行为体。非政府组织（NGOs）、跨国公司和公民社会等行为体也在全球治理中日益重要，尤其是在推动环境保护、全球卫生和人权等问题上。非国家行为体通过影响政策、提供技术支持和动员资源，丰富了全球治理的多样性。

4. 全球治理的客体

全球治理的客体是全球治理所应对的对象，即全球性问题或全球公共物品的管理。这些问题超越了国家的边界，具有跨国性、复杂性和广泛影响。

第一，全球公共物品。全球治理中的客体主要是全球公共物品，如国际和平、全球环境、全球贸易体系、公共卫生和跨境金融稳定。这些领域需要通过国际合作进行管理和保护。

第二，跨国问题。全球治理还针对跨国问题，如气候变化、恐怖主

---

① 古荣荣：《新时代全球治理多元主体分析》，《国际公关》2023年第4期。

义、网络安全、移民危机和传染病等。全球治理机制通过合作与协调，解决这些超出单一国家能力的全球性挑战。

5. 全球治理的效果

全球治理的效果是指全球治理机制是否达到预期目标，解决了全球性问题，并推动全球秩序的稳定与繁荣。全球治理效果的评估可以从以下几个方面展开。

第一，有效性。全球治理机制的有效性在于能否协调多方行为体应对全球挑战，推动全球公共物品的提供与管理。比如，世界卫生组织（WHO）在全球卫生治理中的协调作用，特别是在全球疫情防控中的效果，是其有效性的体现。

第二，合法性与问责性。全球治理的合法性体现在决策过程的透明度、公平性和代表性上。全球治理的问责性确保各方行为体对其行动负责，特别是在国际组织中，确保决策的民主性和公正性是至关重要的。

第三，可持续性。全球治理还需关注治理成果的长期可持续性。例如，全球气候治理中的《巴黎协定》及其后续落实进展，反映了全球治理机制在气候变化领域的可持续效果。

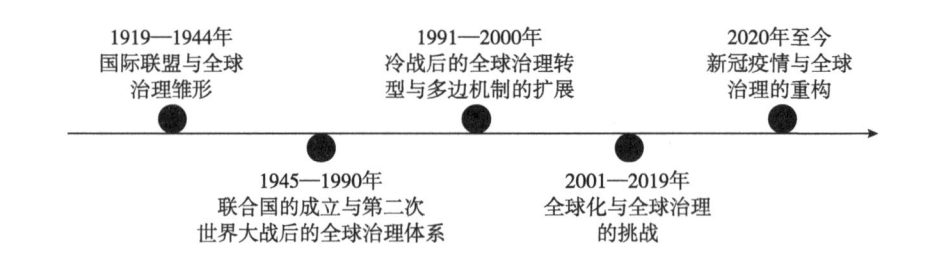

（四）全球治理体系的演化

全球治理体系的演化过程是一个复杂且多维的历史进程，随着全球化进程的推进和国际格局的变化而不断发展。从17世纪的威斯特伐利亚体系到19世纪的维也纳体系，再到第一次世界大战之后的凡尔赛—华盛顿体系以及第二次世界大战后的联合国系统，全球治理体系不断发展与成长。本书以第一次世界大战为开始的时间节点，介绍100年以来全球治理体系的关键演化阶段（见图1-5）。

图 1-5　全球治理体系的演化阶段

资料来源：笔者自绘。

1. 国际联盟与全球治理雏形（1919—1944 年）

全球治理体系的初步构建可以追溯到第一次世界大战结束后的国际联盟（League of Nations）的成立。国际联盟是第一个尝试通过国际协作维护全球和平与安全的多边机制，旨在防止战争、促进通过外交解决争端并推动全球性合作。虽然国际联盟因其自身的局限性和大国的不参与（如美国）未能有效阻止第二次世界大战的爆发，但它为全球治理体系的形成奠定了初步基础，尤其是引入了国际协作和集体安全的概念。这一时期的全球治理虽未能解决根本问题，但为后来联合国的成立提供了重要经验借鉴。

2. 联合国的成立与第二次世界大战后的全球治理体系（1945—1990 年）

1945 年联合国的成立标志着全球治理体系迈入新的历史阶段。联合国作为一个全球性的国际组织，集全球和平、安全、发展与人权的多重功能于一体，成为全球治理的核心机制。其成立标志着国际社会在经历了两次世界大战后对国际合作与集体安全机制的重新思考与构建。

在此期间，全球治理体系围绕以下几个关键要素展开。

第一，联合国的集体安全机制。联合国安全理事会通过安理会常任理事国的机制，试图调节全球冲突、维护国际和平与安全。

第二，国际法的进一步发展。第二次世界大战后国际法体系得以健全，诸如《联合国宪章》《日内瓦公约》等重要国际法文件确立了各国在战争、和平、发展中的行为规范。

第三，布雷顿森林体系的建立。布雷顿森林会议建立了世界银行和国际货币基金组织（IMF），为全球经济治理提供了制度框架，奠定了以国际金融和经济合作为核心的全球治理新格局。

第四，冷战时期的全球治理挑战。冷战时期，全球治理体系受限于美苏对立的国际格局，东西方阵营分别通过不同的国际组织体系（如北约与华约）寻求权力平衡，全球治理的进程在冷战时期受到政治与军事的严重制约。

3. 冷战后的全球治理转型与多边机制的扩展（1991—2000 年）

冷战结束后，全球治理体系迎来了新的发展机遇。20 世纪 90 年代是全球治理多边机制扩展和深化时期。此时的全球治理不再局限于国家之间的合作，还涵盖更多的非国家行为体，如国际组织、非政府组织

（NGO）、跨国公司和公民社会。

第一，多边主义的兴起。冷战的结束为多边主义合作创造了空间。世界贸易组织（WTO）在1995年的成立标志着全球经济治理的多边化进程进一步深化。WTO作为全球贸易规则的制定者和执行者，成为全球经济治理的重要机制之一。

第二，国际组织角色的扩大。联合国和其他国际组织的角色在冷战后得到了扩展。例如，联合国维和行动在20世纪90年代显著增加，反映了全球对通过多边合作解决冲突的期望。

第三，全球环境治理的兴起。冷战结束后，国际社会开始更加重视环境问题，诸如《联合国气候变化框架公约》（1992年）和《京都议定书》（1997年）为全球气候治理提供了法律框架，推动了环境保护在全球治理议程中的地位提升。

4. 全球化与全球治理的挑战（2001—2019年）

21世纪初的全球治理体系面临着多重挑战。全球化的加速带来了国家间更加紧密的经济、技术和信息联系，但同时也引发了全球不平等的加剧、跨国问题（如恐怖主义、金融危机、气候变化等）的加深。

第一，"9·11"事件与全球安全治理。2001年发生的"9·11"事件引发了全球对恐怖主义威胁的重新认识。全球治理体系在安全问题上的重心从国家间战争转向了应对非国家行为体的威胁。美国发起的"反恐战争"成为全球安全治理的重要议题。

第二，国际金融危机与全球经济治理。2008年国际金融危机暴露了全球经济治理体系的漏洞，尤其是国际金融体系的监管不足。G20峰会在国际金融危机中崛起，成为全球经济治理的重要多边机制，超越了传统的G7机制，推动了全球金融改革和经济复苏。

第三，气候变化与可持续发展。21世纪以来，全球环境问题加剧，气候变化成为全球治理的重要议题。2015年签署的《巴黎协定》成为全球气候治理的里程碑，标志着全球社会在应对气候变化方面的集体行动进入新阶段。

5. 新冠疫情与全球治理的重构（2020年至今）

2020年新冠疫情的暴发对全球治理体系提出了新的挑战，也促使国际社会重新审视全球治理的模式和机制。全球卫生治理成为当下全球治理的重要领域，世界卫生组织（WHO）在协调全球新冠疫情应对中发挥了重要作用，但同时也暴露了全球治理体系在跨国危机管理中的不足。

第一，全球卫生治理的再思考。新冠疫情暴露了全球公共卫生治理体系的脆弱性，特别是全球医疗资源分配不均、疫苗公平性问题以及各国应对措施的分歧，使国际社会重新思考如何构建更加有效和公平的全球卫生治理机制。

第二，全球供应链与经济治理的挑战。新冠疫情冲击了全球供应链，导致全球经济治理体系面临重新调整，国际社会呼吁建立更具韧性和可持续性的全球经济合作框架。

四　国际组织在全球治理中的重要性

国际组织在全球治理中的作用至关重要，国际组织通过推动国际合作、协调国家间的利益冲突，帮助应对全球性问题，在政治、经济、社会和环境等领域扮演着不可替代的角色。

（一）政治维度的重要性

国际组织在全球治理的政治层面发挥了关键作用，主要体现在促进国际合作与多边主义、推动和平与安全以及维护国际秩序的稳定上。联合国及其安理会在维护全球和平与安全方面具有核心地位，通过集体安全机制，有效解决了多个国家间的冲突和争端。此外，国际组织还为全球政策的制定提供了一个重要平台，例如，联合国大会、欧盟和非洲联盟等，促成了各国通过对话和谈判解决全球性的政治挑战。

（二）经济维度的重要性

在经济全球化的背景下，国际组织在推动全球经济协调与发展方面的作用越发显著。世界贸易组织（WTO）在促进全球贸易自由化、减少贸易壁垒方面发挥了关键作用，而国际货币基金组织（IMF）和世界银行则在金融稳定和发展援助领域提供了重要支持。通过提供规则框架和协调机制，帮助减少全球经济的不平衡现象，并确保国际经济体系的稳定运行。

（三）社会维度的重要性

在社会层面，国际组织通过促进人权、教育、卫生等社会议题，改善全球社会福祉。例如，联合国教科文组织（UNESCO）通过促进教育和文化的普及，推动全球知识共享和社会进步；世界卫生组织（WHO）在全球健康治理中，通过协调各国卫生政策，积极应对全球疾病挑战，如新冠疫情等。通过制定国际标准和开展全球合作，改善全球社会的公平

（四）环境维度的重要性

国际组织在应对环境危机方面扮演了至关重要的角色。联合国环境规划署（UNEP）通过制定全球环境政策和推动国际合作，应对气候变化、生物多样性保护和生态系统修复等全球性环境挑战。联合国气候变化框架公约（UNFCCC）在推动全球气候谈判和制定减排目标方面具有重要影响，促成了《巴黎协定》等关键性国际协议的制定，展示了国际组织在全球环境治理中不可或缺的地位。

综上所述，国际组织在全球治理的各个方面都发挥了核心作用，提供了多边合作的平台和机制，推动了全球问题的解决。在政治上，维护了国际和平与安全；在经济上，促进了全球经济稳定与发展；在社会上，推动了社会福利的提升；在环境上，领导了全球生态保护和气候行动。通过这些多元化的贡献，国际组织巩固了其在全球治理体系中的重要性，并成为应对全球挑战的关键力量。

第二节　国际组织人才的战略地位

一　什么是国际组织人才

国际组织人才是指具备全球视野、跨文化沟通能力、专业知识以及高度的责任感和合作精神，能够胜任国际组织工作、推动全球公共事务管理和全球治理的人才。这类人才不仅在特定的专业领域具备深厚的学术和实践背景，还能够应对跨国、跨领域的复杂挑战，并在国际组织中展现出较强的协调、沟通与决策能力。[1]

鉴于国际组织人才日益重要的作用，不同领域的专家、领导人纷纷对该概念进行了定义与解释。

学者指出，国际组织人才不仅需要具备外交技能和跨文化交际能力，还要能够在全球治理的复杂环境中开展协调工作。国际组织人才应当具备全球视野、多边协作能力，并能够适应国际组织中的官僚结构和运作

---

[1] 段世飞、娜迪拉·阿不拉江：《国际组织人才为何？国际组织人才何为？——国际组织人才研究的回顾与前瞻》，《区域与全球发展》2022 年第 5 期。

模式。① 国际组织人才应当具备高度的全球胜任力（Global Competence），即能够在不同的文化、政治和经济背景下有效工作。同时，国际组织需要能够理解和应对全球化带来的复杂挑战并能与各国政府、私营部门和民间组织有效互动的人才。② 国际组织人才还需要具备跨领域的专业能力，且必须有敏锐的政策理解力和决策能力。③ 国际组织人才不仅是领域专家，更是能够推动全球性政策议程和管理多方利益的协调者。

联合国机构表明，国际组织人才应具备强烈的全球责任意识和公共服务精神，不仅要在具体领域中发挥技术作用，还要充当全球和平与发展的使者，能够理解并应对复杂的全球问题，其核心素质在于解决全球性危机的能力。④ 国际组织人才不仅需要处理传统的政治、经济事务，还必须能够快速应对如气候危机、全球健康问题等新兴挑战。国际组织人才需要具备灵活的应变能力和创新思维，以便在全球性危机中为国际社会提供有效的解决方案。

中国一直十分重视培养具有全球视野、能够参与全球治理的高素质人才。同时，国际组织人才应具有国际化专业能力、跨文化沟通能力，并能够在国际组织中为全球和平与发展贡献力量。因此，要加强中国青年在国际组织中的参与程度，以推动国际社会对中国方案的理解与支持。

由此可以看出，各界人士对国际组织人才概念的理解具有一定的相似性，主要体现在以下几个方面（见图1-6）。

第一，全球视野与跨文化能力。国际组织人才必须具备理解和应对全球性挑战的能力，并能在多文化、多国情境下有效工作。

第二，专业能力与政策理解。在专业领域内具备扎实的知识基础，能够理解并应用国际政策、法律框架以及国际组织的运作机制，熟悉全

---

① 赵源、李博轩：《国际组织人才需求与履职能力研究》，《中国行政管理》2024年第7期。
② 张慧玉、柯瑶：《全球治理背景下国际组织的人才需求特征分析及其启示》，《外语界》2024年第2期。
③ 刘浩宇：《日本国际组织人才培养与输送体系建构研究》，《中国人事科学》2023年第8期。
④ 何昌垂：《加强国际胜任力培养 应对全球治理变局》，《神州学人》2023年第1期。

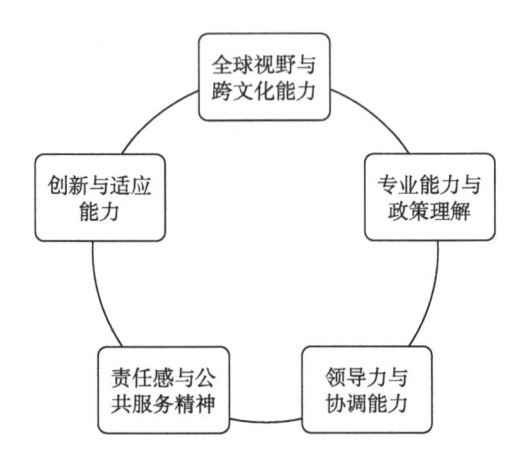

图 1-6 政界与学术界对国际组织人才认识的共通之处

资料来源：笔者自绘。

球性议题和国际组织的职能。

第三，领导力与协调能力。具备跨机构、跨国界的协调与管理能力，能够领导或参与国际合作项目，协调多方利益，推动全球性问题的解决。

第四，责任感与公共服务精神。拥有强烈的全球责任意识和公共服务精神，致力于通过国际合作推动全球社会、经济、环境等问题的解决，实现国际社会的共同利益。

第五，创新与适应能力。面对全球性挑战，能够运用创新思维和多元化的方法论，在快速变化的国际环境中调整战略和工作方式，适应全球政治、经济、技术等领域的变革。

二 国际组织人才的分类与角色

（一）按职务分类

国际组织人才的职务通常分为行政、技术、管理、专业和支持类职位，如图1-7所示。每类职务对应不同的工作职责和在组织运作中的具体作用。

第一，高级管理人员（Senior Management），如总干事、执行董事、助理秘书长、常务副秘书长等。高级管理人员是国际组织的决策层，负责总体战略规划、政策制定、外部关系管理以及资源的分配。他们通过高层次的管理和外交活动引导组织朝着目标迈进。高级管理人员通常代表组织与成员国、其他国际组织和非政府组织进行协调与合作。

图 1-7　国际组织人才职务分类

资料来源：何昌垂：《国际公务员实务概论》，北京大学出版社 2021 年版。

第二，专业人员（Professional Staff），如项目官员、政策分析师、法律顾问、经济学家、技术专家等。专业人员承担国际组织的核心业务职能，如政策分析、项目执行、技术支持和方案开发等。专业人员根据其专业背景为组织提供特定领域的知识和技能支持，在政策执行和技术援助方面发挥重要作用。

第三，行政与支持人员（General Services and Support Staff），如行政助理、文员、会计、后勤人员等。行政与支持人员为国际组织的日常运营提供后勤和技术支持，负责文书、档案管理、预算跟踪、后勤保障等任务，确保组织内的管理流程顺畅。

第四，技术专家（Technical Experts），如环境专家、卫生顾问、工程师、信息技术专家等。技术专家为国际组织提供具体领域的技术解决方案与建议，帮助组织在特定问题领域制定专业策略和执行方案。他们在项目开发和技术援助等领域具有重要作用。

第五，项目与运营人员（Project and Operations Staff），如项目经理、运营协调员、项目执行官等。项目与运营人员负责国际组织中的项目设计、实施和管理，确保项目按计划执行并达到预期目标。他们需要协调多方利益相关者，管理资源和项目团队。

（二）按职级分类

在国际组织人才的职级系统中，以"P"开头代表不同专业职位的级别，以"D"开头表示高级职务，以"G"开头表示普通服务职务。不同职级的人才在组织中的职责和影响范围有所不同。

1. P 等级（Professional Grade）

第一，P-1 到 P-2：初级专业职位，通常要求具有相关领域的学术背景和 1—3 年的相关工作经验。初级专业人员从事政策分析、技术支持或初级项目管理工作。

第二，P-3 到 P-4：中级专业职位，要求较多工作经验和管理能力。该等级的工作人员通常负责项目执行、政策制定及与其他利益相关方的协调工作。

第三，P-5：高级专业职位，要求 10 年以上的经验和更高的管理能力。该等级的工作人员通常承担国际组织中的政策领导、部门管理或重要项目的战略规划工作。

2. D 等级（Director Grade）

D-1 到 D-2：该职级对应国际组织的中高级管理层。D 等级职位持有人通常是部门负责人、区域或国家办事处主任，负责监督部门运作并与外部利益相关者进行高层对话和协调。

3. G 等级（General Services Grade）

第一，G-1 到 G-2：普通行政助理，负责办公室的日常文书工作，如文件管理、会议安排等；执行行政支持任务，确保文件管理和信息交流畅通。

第二，G-3 到 G-4：高级行政主体，负责支持高层管理人员的日常工作，如组织会议、准备简报和协调项目资源，并协助高级管理人员处理组织的日常运作，提供行政支持。

第三，G-5 到 G-6：技术支持专家，提供技术支持，负责技术项目的后勤保障和技术操作，确保组织的技术项目顺利实施。

第四，G-7：高级技术专家/行政主管，负责高复杂度的技术工作，通常直接协助监督技术项目的实施、提供技术指导并确保项目合规。

4. 不叙级人员（Ungraded staff）

国际组织中的不叙级人员指的是在国际组织体系中不属于正式职级框架的工作人员。这类人员不受标准的职级序列（如 P 等级、D 等级、G 等级）的约束，而是基于特定的项目、任务或时间限制受聘，通常涉及高级别或特殊职责的履行。这些人员的选拔和任命通常基于其在某一专业领域内的卓越贡献或独特的技能和经验。国际组织为了灵活应对全球治理中的复杂问题，通常依赖于不叙级人员的专业能力，以补充和支持正式职员队伍的工作。如联合国秘书长特别代表、世界卫生组织的紧急卫生行动负责人等，这些人员通常是处理复杂政治、人道危机、突发事件的国际高级官员。

三 培养国际组织人才的战略意义

在当前中国的国际和国内发展背景下，国际组织人才培养具有重大的战略意义。此种培养不仅关乎国家的发展目标和国际影响力的提升，也在个人层面为中国人才提供了重要的职业发展机遇。国际组织人才培养的战略意义体现在以下几个方面。

（一）国际发展层面

国际组织是全球治理体系的重要组成部分，承载着处理跨国挑战的关键任务，如气候变化、公共卫生、国际安全等。因此，培养国际组织人才是中国积极参与全球治理的重要战略举措之一。

在全球化日益深入的背景下，中国需要通过参与国际组织，以更多元化的方式贡献全球公共产品，确保在多边合作中的发声权和话语权。通过培养和输送具有国际视野和全球胜任力的专业人才，中国能够更好地参与联合国、世界银行、国际货币基金组织等重要国际组织的治理与决策，进而推动国际规则的形成和调整，使之更加包容和公平。特别是在全球性挑战频繁发生的背景下，如新冠疫情、能源危机和全球经济动荡，中国通过国际组织人才的参与，可以在这些全球议题上发挥更大的领导作用，提升国际影响力。

（二）国家发展层面

从国家发展层面看，国际组织人才的培养对中国的国家发展战略具有双重意义。[1]

首先，国际组织人才的培养是中国推进共建"一带一路"倡议、构建人类命运共同体、提升国际话语权的重要支撑。中国在全球事务中的角色越来越重要，培养更多了解国际规则、熟悉多边机制、具备国际谈判能力的专业人才，能够帮助中国在全球事务中发挥更积极的作用。这

---

[1] 张海滨、刘莲莲：《服务国家战略，积极推进中国国际组织人才培养——2019年北京大学国际组织人才培养论坛综述》，《国际政治研究》2019年第6期。

些人才不仅能在国际舞台上代表中国,也能更有效地把国际经验带回中国,促进中国各领域的现代化建设。

其次,国际组织人才的培养可以助力中国的软实力建设。通过向国际组织输送优秀的中国人才,中国不仅可以扩大在国际组织中的影响力,还可以通过这些人才的工作,展示中国的责任担当与贡献,增强中国在国际社会中的文化影响力和国家形象,对于提升中国的国际地位、推动构建更加公正合理的国际秩序具有重要意义。

(三)个人发展层面

从个人发展的角度来看,加入国际组织为中国人才提供了广阔的职业发展空间和独特的成长机遇。国际组织为人才提供了一个展示个人能力、拓展国际视野、提升全球胜任力的广阔平台。通过在国际组织中工作,中国人才可以参与国际重要议题的决策与执行,积累丰富的国际经验,并与世界各国的优秀人才进行深度交流与合作。这不仅能够帮助个人成长为具有全球视野的专业领导者,还为他们在未来的职业生涯中开辟更多的可能性。

同时,国际组织的多元文化氛围与跨国合作环境有助于个人在解决复杂问题、管理多元团队等方面获得宝贵经验,并提升跨文化沟通能力。这些能力不仅在国际组织中具有核心竞争力,也对个人在国内外的职业发展具有重要的助推作用。

国际组织人才的培养具有全局性和长远性的战略意义。对于中国而言,国际组织人才的培养不仅是融入和影响全球治理的重要途径,也对中国的国际形象塑造和发展战略具有积极的推动作用。在国际组织中活跃的中国人才,不仅提升了中国在全球治理中的存在感和话语权,还为中国经济社会发展注入了国际经验与先进理念。通过这种多层次的培养,中国的人才储备将更加多样化、国际化,为中国在新时代实现全面现代化和国际影响力的提升奠定坚实的人才基础。

第三节 国际组织对人才的需求及趋势变化

一 人才需求数量稳步增加

根据《国际组织年鉴》的统计,截至 2020 年,全球存在超过 75000

个国际组织①，包括政府间国际组织（IGOs）和非政府间国际组织（NGOs）。这些组织每年通过不同渠道（如社会招聘、实习项目、志愿者计划等）大量吸纳全球各地的人才。以联合国系统为例，联合国系统约有5万名员工，遍布全球190多个国家，分布在秘书处、各个专门机构和相关基金组织中。而联合国开发计划署（UNDP）是联合国系统中最大的单一机构之一，雇员总数约为7000名，工作地点遍布全球。在维和领域，1948年以来，由200多万名军警和文职人员参与维和行动，如今仍有7万名维和人员效力于全球各地，②从事职位包括政治事务官员、法律顾问、人权专家、翻译、医疗专业人员等，显示出国际组织对人力资源的庞大需求。

从联合国系统近年来的招聘需求来看，国际组织对人才的需求仍不断增加。③如图1-8所示，2021年，联合国秘书处共招聘了1000名新员工，2022年共招聘了1140名新员工。联合国开发计划署在2021年招聘了450名新员工，2022年招聘了470名新员工。联合国儿童基金会的需求量也在不断增加，2022年达到了620名。国际劳工组织与联合国难民事务高级专员公署对人才的需求也在2022年分别达到了220名与520名。

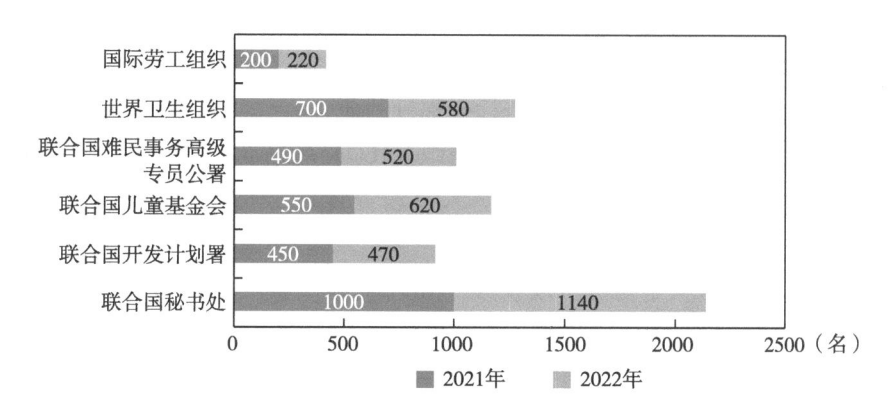

图1-8 2021年和2022年联合国系统招聘需求

资料来源：UN System Chief Executives Board for Coordination，"UN System HR Statistics Report-2022"，https：//unsceb.org/un-system-hr-statistics-report-2022，2023.

---

① 国际组织联盟：《国际组织年鉴》，https：//uia.org/yearbook，2022年。
② United Nations，"International Day of UN Peacekeepers 29 May-Fit for the future, building better together"，https：//www.un.org/en/observances/peacekeepers-day，2024.
③ UN System Chief Executives Board for Coordination，"UN System HR Statistics Report-2022"，https：//unsceb.org/un-system-hr-statistics-report-2022，2023.

总体来看,在全球化、技术变革和跨国问题背景不断突出的背景下,国际组织仍存在人才需求的缺口。但由于外部环境、发展目标等存在差异,不同细分机构对人才的需求量存在差异。

二 交叉的专业背景成主流

以联合国系统为例,其任职人员通常具有多样化的专业背景,反映了国际组织在全球范围内所面临的复杂问题和多样化需求。根据联合国的招聘标准,许多职位要求候选人具备以下几类专业背景。

第一,国际关系与政治学。政治事务和安全领域的职位倾向于招聘具备国际关系、政治学、外交或相关领域的专业人士,负责危机管理、国际安全与合作等工作。

第二,经济与发展学。针对发展目标和经济政策的职务,特别是在联合国开发计划署(UNDP)和其他经济相关机构,经济学、发展研究、社会学等专业的人才占据重要地位。这类人才通常在社会经济分析、政策制定及实施方面有丰富经验。

第三,公共卫生与社会服务。在涉及卫生、教育及社会服务的部门,如世界卫生组织(WHO)和联合国儿童基金会(UNICEF)中,公共卫生、社会工作和心理学等背景的人才被广泛需求。这些专业背景使候选人具备应对全球卫生危机和促进社会福祉的能力。

第四,法律与人权。国际劳工组织(ILO)和联合国人权理事会等部门倾向于招聘具备法律、国际法、人权法等背景的人才,以确保在工作中贯彻相关法律框架和标准。

第五,环境科学与可持续发展。在环境和气候变化相关的机构,如联合国环境规划署(UNEP)中,环境科学、生态学、可持续发展等专业的人才较为抢手。这些人才能够为应对气候变化和推动可持续发展提供专业支持。

基于以上差异化的专业背景要求不难看出,不同专业对应着不同部门的选择偏好。以UNDP为例,其工作人员大都来自经济学、发展学、政治学、项目管理等专业,从而负责制定发展政策和评估项目对国家和地方经济的影响、确保发展项目有效落地,推动社会平等等目标实现。世界卫生组织的工作重点是全球健康,因此,其职工背景主要集中在医学和公共卫生领域,囊括流行病学、公共卫生、医药学等专业背景;联合国儿童基金会的任务主要是改善儿童的生存、发展和保护,因此,需要具备儿童心理学、教育学、社会工作以及国际法等专业背景的职工；联合国环境规划署专注于全球环境保护和可持续发展问题，其职工多来自环境相关学科，如环境科学与生态学、可持续发展、环境法等。

此外，由于国际组织问题具有多主体、跨领域等特征，其任职人员在具有高度专业性的同时，还需具有跨学科的背景，尤其是与该组织业务相关联的各类知识。例如，世界卫生组织在招聘会计时，除了拥有基本的经济学学位，还要求应聘者拥有国民卫生总费用核算方法等方面的知识。[①] 在应对全球卫生危机时，不仅需要公共卫生专家，还需要数据科学家、心理健康专家等跨学科团队来制定全面的应对方案。类似地，联合国环境规划署也正吸引兼具环境科学、经济学、管理学、大数据科学的复合型人才，以推动可持续发展目标的实现。

总的来看，国际组织内各部门的专业背景差异是其任务和工作领域不同的结果。这些差异反映了国际组织多样化的职能需求，并决定了其招聘人才的不同取向与要求。

三 高学历多经验更具竞争力

各国际组织对求职者的学历和工作经验要求存在一定的差异，主要依据组织的任务、领域和工作性质而定。但基本来看，学历方面通常要求硕士学位，部分技术性或研究职位要求博士学位。在工作经验方面，初级职位一般要求2—5年工作经验，而中高级职位通常要求5—10年的相关领域工作经验。现以联合国系统为例，结合不同部门的实际情况展开介绍。

第一，联合国开发计划署（UNDP）。在学历方面，一般要求至少拥有硕士学位，特别是与开发、经济学、国际关系、公共政策或相关领域相关的学科背景。部分职位可能接受学士学位，但需有丰富的工作经验。在工作经验方面，通常中高级职位要求有5年以上相关工作经验，较高级别的职位（如P-4等级或P-5等级）可能要求有10年以上工作经验，尤其是涉及项目管理、政策分析或国际发展项目实施的经验。对于典型职位，例如，2022年招聘的"发展政策顾问"职位要求有8年以上的经济发展领域工作经验，并强调有在发展中国家或跨国工作经验。

---

① 滕珺：《国际组织需要什么样的人——联合国系统人才标准及中国教育对策研究》，上海教育出版社2018年版，第156页。

第二,世界卫生组织(WHO)。多职位要求拥有医学、公共卫生、流行病学等相关领域的硕士或博士学位,尤其是在公共卫生、药物管理或流行病学研究等技术性较强的领域。其中,中级职位(如P-3等级)通常要求有5年以上的工作经验,而高级职位可能要求有10年以上工作经验,特别是在全球健康政策制定和实施方面。2021年新冠疫情期间,WHO招聘流行病学家,要求有5年以上公共卫生领域工作经验,特别是与流行病监测和应对相关的工作经验。

第三,联合国儿童基金会(UNICEF)。联合国儿童基金会通常要求拥有教育学、社会学、心理学、国际关系或公共卫生相关领域的硕士学位。一些与管理相关的职位可能还会要求拥有MBA或其他管理学硕士学位。大多数职位要求有至少5年相关领域的工作经验,尤其是在发展项目、儿童保护或教育项目管理方面。高级职位可能要求有10年以上国际项目管理经验。2022年,UNICEF招聘"教育项目主任"职位,要求有5年以上在儿童教育项目的实施和管理方面的工作经验。

第四,联合国环境规划署(UNEP)。一般来说,拥有环境科学、气候研究、生态学等领域的硕士学位是基本要求。高级职位可能要求候选人拥有博士学位,尤其是涉及气候变化政策、生态保护和可持续发展领域。中级职位一般要求有5年以上的相关工作经验,而高级职位(如P-5等级)则需10年以上,特别是在国际环境政策的制定和实施领域。UNEP在2021年招聘气候政策分析师,要求有8年以上环境领域经验,且在气候变化政策分析和环境规划方面有显著的业绩纪录。

第五,国际劳工组织(ILO)。通常要求拥有劳动法、国际法、经济学或社会政策领域的硕士学位,劳动标准与政策制定相关的高级职位可能要求拥有博士学位。ILO的许多职位要求有5—7年在社会保障、劳工权利或就业政策相关领域的工作经验。高级职位要求有更多工作经验,特别是与政策制定和国际谈判相关的工作经验。

第六,联合国难民事务高级专员公署(UNHCR)。要求拥有社会科学、国际法、公共管理或相关领域的硕士学位,尤其是在人道主义援助或难民问题领域。初级职位要求有2—3年的相关工作经验,而中高级职位则需有5—10年以上的人道主义援助、难民救助等领域的工作经验。2021年,UNHCR招聘"难民保护官员",要求候选人具备国际法背景,且有3年以上国际难民保护相关工作经验。

四　多国语言成必需

语言能力在国际组织的人才招聘中占据重要地位，不仅影响着求职者的申请成功率，还决定了其在组织内的职业发展。不同国际组织根据其职能、地域和职位需求，对语言能力提出了具体且多样化的要求。

大多数国际组织，如联合国系统、世界卫生组织（WHO）、联合国儿童基金会（UNICEF）等，通常规定应聘者需掌握至少一种官方工作语言，通常为英语或法语。其他组织，如国际货币基金组织（IMF）、世界银行等，也要求流利的英语作为基本语言能力。此外，许多国际组织也在强调多语言能力，尤其是当工作涉及特定地区时。

国际组织的官方语言通常包括英语、法语、阿拉伯语、中文、俄语和西班牙语。这六种语言为联合国的官方语言，但在日常工作中，英语和法语是最常用的工作语言。在一些国际组织中，特别是那些总部设在多语言地区（如瑞士日内瓦的国际劳工组织或总部设在法国巴黎的联合国教科文组织），法语的重要性相对较高。

多语言能力在许多国际组织中是竞争优势，特别是对于在多语言地区或特定国家开展的项目而言。例如，联合国难民事务高级专员公署（UNHCR）往往要求在非洲、拉丁美洲和中东工作的岗位候选人掌握阿拉伯语、西班牙语或法语。联合国开发计划署（UNDP）也优先考虑能够流利使用联合国工作语言以外语言的候选人，特别是在项目实施地使用本地语言的能力（如葡萄牙语、斯瓦希里语等）。

许多国际组织对于应聘者的语言能力有明确的等级要求。例如，联合国系统通常要求应聘者在其工作语言中达到"流利"或"精通"的水平，这意味着候选人必须能够有效地在正式和非正式场合使用语言进行口头和书面交流。一些国际组织还可能要求应聘者提供正式语言能力测试的证明，如托福（TOEFL）或法语能力测试（DELF/DALF）。

此外，根据工作地点和任务性质，不同国际组织对语言的具体要求也存在差异。例如，世界粮食计划署（WFP）往往要求非洲和中东地区的工作岗位应聘者掌握当地主要语言，如阿拉伯语、斯瓦希里语或葡萄牙语。类似地，国际移民组织（IOM）可能在招聘涉及南美洲或西班牙语国家的岗位时，要求具备西班牙语能力。国际组织对语言的要求是与其全球化使命相一致的。应聘者不仅需要具备一门官方语言的流利使用能力，还需根据岗位和地区，展示多语言能力的优势。掌握多种语言的应聘者在国际组织中的竞争力明显提升,尤其是在全球合作、谈判和跨文化交流中,多语言能力至关重要。

总的来看,国际组织的人才需求呈现出以下趋势:一是人才需求的整体数量稳步增长,反映出国际组织职能的扩展;二是跨学科交叉专业背景的人才需求增加,适应全球化与复杂事务的需要;三是高学历,尤其是硕士及以上学历的人才成为主流;四是要求在多语言和高水平跨文化沟通方面进一步强化。未来,随着全球事务复杂度的增加,国际组织将更加注重多领域专业背景及多语言能力兼具的复合型人才。基于这些趋势,国际组织正在吸引更具全球胜任力的高级专业人员,以更好地应对全球性挑战并推动国际合作的发展。

第四节 国际组织人才与中国角色

一 中国加入国际组织的起源与发展

按照时间维度发展,中国与国际组织的关系发展历程可以分为六个关键时期,展现了中国在不同历史阶段与国际体系互动的变化与转型,如图1-9所示。

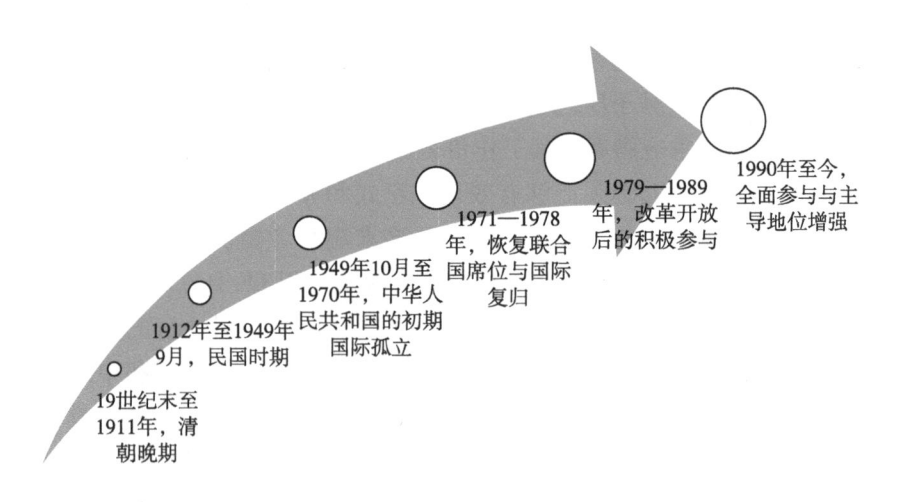

图1-9 中国与国际组织的关系发展历程

资料来源:笔者自绘。

(一) 19 世纪末至 1911 年：清朝晚期

中国与国际组织的最初接触可追溯到 19 世纪末，当时的清政府开始被迫与西方列强签订一系列不平等条约，逐步被纳入国际体系。1896 年，清政府首次加入万国邮政联盟（UPU），这是中国参与国际组织的早期尝试。清朝晚期的国际组织多由西方国家主导，带有强烈的帝国主义色彩，清政府的参与也受到外国势力的影响，反映了中国在国际事务中的被动地位。同时，此次加入也标志着清政府开始被纳入国际体系。万国邮政联盟是一个促进国际邮政合作和标准化的组织，中国的加入反映了其在全球通信和贸易体系中的逐步参与。此外，1904 年，清政府加入万国电报联盟，这是在通信领域的又一重要举措。通过加入该组织，中国开始参与全球通信网络的发展。

(二) 1912 年至 1949 年 9 月：民国时期

国民政府成立后，中国积极参加国际组织，试图通过外交途径提高其国际地位。1919 年，作为第一次世界大战战胜国的中国代表参加了巴黎和会，并成为国际联盟（League of Nations）的创始成员之一。然而，由于巴黎和会上对山东问题的处理，中国的国际地位并未得到提升，反而激起了国内的强烈抗议（五四运动）。20 世纪 20—40 年代，中国还加入了国际劳工组织（ILO）等多个国际组织。1945 年第二次世界大战结束，中国作为同盟国之一，成为联合国创始成员。这一事件标志着中国成为全球治理体系的核心一员。1948 年，世界卫生组织成立，中国是创始国之一。

(三) 1949 年 10 月至 1970 年：中华人民共和国的初期国际孤立

1949 年中华人民共和国成立后，由于冷战背景下的意识形态对立，中国在国际体系中一度处于孤立状态，尤其是在西方主导的国际组织中。中华人民共和国最早提出的外交政策是"另起炉灶"，与苏联等社会主义国家为主的阵营结盟。1949 年后，中国主要加入了一些以苏联为首的社会主义国家主导的国际组织，如经济互助委员会（COMECON）。然而，随着中苏关系的破裂，中国在国际事务中的地位更加边缘化。因此，1970 年前，中国几乎完全被排除在多数西方主导的国际组织之外，尤其是联合国。此外，1964 年，中国成功研制原子弹，对中国在国际事务中的地位产生了重大影响。

（四）1971—1978年：恢复联合国席位与国际复归

1971年是中国外交史上的重大转折点。第26届联合国大会决定恢复中国在联合国的合法席位，标志着中国在国际组织中的崛起，重新进入全球政治体系，开启了中国全面参与国际事务的新时期，并在联合国中拥有了话语权。1972年，美国总统尼克松访华，标志着中美关系正常化，并进一步促进了中国与国际社会的接触。此后，中国逐渐加入多个联合国专门机构和其他国际组织，并在冷战期间尝试采取较为独立的外交政策，推动第三世界国家的合作与发展。

（五）1979—1989年：改革开放后的积极参与

1978年，中国实施改革开放政策，推动了中国与国际组织更为广泛和深入的互动。中国积极融入世界经济体系，加入了国际货币基金组织（IMF）和世界银行（World Bank）等国际金融机构，标志着中国在全球经济体系中的正式参与，并为国内经济改革和现代化提供了外部支持。与此同时，中国还参与了联合国的各类机构，并逐渐承担更多的国际责任。例如，中国在1980年成为世界知识产权组织（WIPO）的成员，标志着中国开始参与全球知识产权保护体系，推动了技术引进和经济发展。1988年邓小平提出"和平与发展"的外交方针，进一步明确了中国在国际体系中的定位，为积极参与全球治理奠定了基础。

（六）1990年至今：全面参与与主导地位增强

冷战结束后，中国加速融入全球治理体系，特别是在2001年加入世界贸易组织（WTO）后，中国的全球经济角色得到大幅提升，这是中国融入全球经济的重要里程碑，标志着中国市场的对外开放以及对国际贸易规则的认可。中国的加入不仅推动了国内经济的增长，也大大增加了其在国际经济事务中的话语权。近年来，中国不仅成为国际组织的重要成员，还开始在一些多边机制中发挥主导作用。例如，中国是亚洲基础设施投资银行（AIIB）的创始成员和主要推动者。2007—2010年，中国在大连、天津轮流承办夏季达沃斯论坛，与会者有国家元首、政府首脑、政要名流、政府部长、国际组织高官、知名企业高管，被称为"非官方国际经济峰会"。2006年确定举办夏季论坛，成立北京代表处，这是其在亚洲第一个代表机构。2013年，习近平主席提出"一带一路"倡议，旨在通过基础设施建设、贸易与投资等手段加强与世界各国的合作。这一倡议获得了联合国等多个国际组织的支持，体现了中国在全球治理中的新角色。2016年，中国推动气候变化《巴黎协定》的落实，显示出其在环境治理中的全球责任感和领导力。2020年，中国积极参与新冠疫情全球合作，通过向世界卫生组织及其他国际组织提供支持，参与全球抗疫合作，进一步显示其在全球公共卫生治理中的关键作用。此外，习近平主席提出的"人类命运共同体"理念进一步强化了中国在国际组织中的影响力。

总体来看，中国与国际组织的关系历经从晚清时期的被动参与、民国时期的有限参与、1949年后的国际孤立，到1971年恢复联合国席位、改革开放后的广泛参与以及21世纪的积极贡献，见证了中国国家地位的转变与全球治理角色的提升。

二 国际组织中中国籍职员的任职现状及原因分析

（一）国际组织中中国籍职员的任职现状

国际组织逐步形成了一个庞大的权力与行动者网络，影响力已深深地渗透到成员国的核心利益领域。成员国的重要国家战略往往需要通过与国际组织的协作才能有效实施。日本等国家积极选拔和推荐本国公民在国际组织任职，日本籍国际公务员数量已显著增加。

中国也在推动国际组织人才的培养方面做出了大量努力。一方面，中国通过提供资金支持加强与国际组织的合作。例如，2012年，中国与联合国教科文组织签署了800万美元的信托基金协议，旨在支持非洲国家提高教师教育质量。2015年，在习近平主席访问联合国期间，宣布了一系列促进联合国发展的政策，包括投入两亿美元设立和平与发展基金。

另一方面，越来越多的中国人走入国际组织并担任重要职务。[1] 例如，赵厚麟自1998年起担任国际电信联盟标准化局局长，2014年当选为该联盟秘书长；陈冯富珍于2006年当选为世界卫生组织总干事，并在2012年连任，任期至2017年；李勇于2013年当选为联合国工业发展组织总干事。这些实例显示了中国籍职员在国际组织中崭露头角。

尽管中国籍职员的数量有所增加，但是西方国家依然主导着许多国际组织。[2] 到2022年，联合国系统内中国籍职员共1564名，仅占总数的

---

[1] 郦莉：《国际组织人才培养的国际经验及中国的培养机制》，《比较教育研究》2018年第4期。

[2] 王俊菊：《新时代背景下的国际组织人才培养研究》，《中国外语》2024年第5期。

1.2%，① 相较之下，美国籍职员多达5642人。尽管中国籍职员在一些技术性机构中拥有较高的代表性，但在政治、法律等核心决策部门中的比重依然较低，且在高级管理层中的参与度未能充分体现中国在全球事务中的重要地位。这与中国日益提升的国际影响力形成了一定的反差。中国仍欠缺可以胜任国际公务员的高素质人才，尽管有大量语言类学生毕业，但由于缺乏实际外交锻炼和对国际规则比较生疏，难以在国际组织职员招聘中脱颖而出。②

（二）原因分析

国际组织人才占比不足的原因可以从历史背景、语言差异、文化差异、国际组织人才培养机制以及政策支持等方面进行分析。

第一，历史背景。中国在国际组织中的参与历史相对较短，尤其是在1971年恢复联合国合法席位后，才逐渐开始正式参与国际事务。相较于西方国家，中国较晚开始有系统地向国际组织输送人才。因此，中国籍人员在国际组织中的网络、经验和影响力相对薄弱，未能充分融入国际组织的人才体系。与西方发达国家多年来在国际组织中长期积累的经验相比，中国籍人才缺乏类似的深厚基础。

第二，语言差异。国际组织通常使用英语、法语、西班牙语等作为工作语言，特别是在高级管理职位中，语言能力是关键考量因素之一。虽然近年来越来越多的中国籍候选人具备较强的英语能力，但仍有相当一部分候选人在语言运用上表现欠佳，尤其是在法律、外交等需要高度精准语言表达的领域。语言的局限不仅影响了中国籍人员与其他同事的沟通，还在一定程度上制约了他们在高级别会议和决策过程中表达意见。

第三，文化差异。文化差异也是影响中国籍人员在国际组织中进一步发展和晋升的一个重要因素。国际组织的运行机制和工作文化往往与西方的治理理念和行为规范相结合，这与中国的文化背景有一定的差异。中国人才在参与多边谈判、决策讨论时，可能会面临价值观、沟通方式等方面的挑战。此外，国际组织中强调的"多元文化"和"全球视野"

---

① UN System Chief Executives Board for Coordination, "Human Resources Statistics—Personnel By Nationality", https://unsceb.org/hr-nationality, 2023.

② 饶戈平：《全球化进程中的国际组织》，北京大学出版社2005年版；《港刊：中国应向国际组织输送更多人员增强话语权》，新华网，http://news.xinhuanet.com/world/2011-09/21/c_122068250.htm。

要求，也使中国籍人才在文化适应上面临挑战。

第四，国际组织人才培养机制。国际组织通常要求候选人具备广泛的国际工作经验、跨国背景以及多国合作经历。相比之下，许多中国籍人才的职业生涯发展路径更多集中于国内，这种经验的局限性不利于他们申请国际组织职位。此外，中国籍人员缺乏在国际组织的内部晋升渠道，导致他们在与其他国家的候选人竞争高级职位时处于劣势。

第五，政策支持不足。尽管中国政府近年来逐步加大了对国际组织人才培养的政策支持，但整体机制仍然不够完善。例如，人才输送的战略性布局尚未完全成型，政府和高校对国际组织职位的重视和引导仍有待加强。此外，与西方发达国家相比，中国缺乏一套系统化的国际组织人才培养体系，尤其是在早期职业发展、实习和国际经验获取方面的政策支持力度不够。

总的来看，中国籍国际组织人才的占比不足是多重因素共同作用的结果。历史上的相对较晚参与、语言和文化的差异、人才培养机制的局限以及政策支持的不足，都是中国籍人才在国际组织中缺乏代表性的重要原因。随着中国在国际事务中的角色不断提升，政府、教育机构和社会各界对国际组织人才的培养将日益受到重视，这一现状有望得到逐步改善。

三 中国为推进国际组织人才培养作出的努力

中国一直致力于国际组织人才的培养与输送。2010年后，国家出台了一系列专项政策，逐步构建起有系统、有规划的国际组织人才培养体系。① 政策不仅涵盖选拔、培训等环节，还开始加强国内外合作。例如，2010年发布的《国家中长期人才发展规划纲要（2010—2020年）》提出，要培养和输送一批能够胜任国际组织和多边机制工作的高端人才。2015年，中央政治局第27次集体学习中指出，要加大战略投入，强化能力建设及对全球治理理论的探索与研究，重视全球治理人才的培养。2016年，中共中央办公厅、国务院办公厅印发《关于做好新时期教育对外开放工作的若干意见》，明确提出"通过提升发展中国家在全球教育治理中的发言权和代表性，选拔推荐优秀人才到国际组织任职，完善金砖

---

① 谢卉：《中国近年来国际组织人才培养工作的成绩与建议》，《国际公关》2022年第13期。

国家教育合作体系，拓展有关国际组织的教育合作空间，积极参与全球教育治理"。

随着中国在国际舞台上扮演越来越重要的角色，国家在国际组织人才培养方面采取了更加积极的政策，进一步推动人才培养与输送的制度化与战略化。此外，明确提出要加大国际化人才的培养力度，特别是国际组织中担任职务的人才，强调要为他们提供系统化的支持，包括职业发展、语言培训等。同时，鼓励高校加强国际组织相关学科的建设，增设跨学科专业，注重提升学生的全球治理能力。

此外，部分大学也成立了相应的国际公务员实验班，该实验班实行本硕连读制，本科阶段至少精通两门外语，通过修读专业选修课通晓国际规则及其运行制度；研究生阶段进一步深入研习金融、法律、新闻等专业课程，旨在培养一批符合国际需求的中国籍国际组织高端人才。

总体来看，中国关于国际组织人才培养的政策逐步从无到有、从探索到系统布局，形成了多层次的培养体系。特别是近年来，国家的战略布局更加清晰，强调通过政策支持、教育体系改革等手段培养出具备全球视野和国际竞争力的优秀人才。这一趋势预计将继续加强，以进一步提高中国在国际事务中的影响力。

第二章 国际组织人才培养概述

当前，国际组织在维护全球和平、促进国际合作、应对跨国挑战等方面扮演着越来越重要的角色。从组织行为学和管理学角度出发，人才是组织功能得到良好发挥的关键要素，因此，有必要了解什么是国际组织人才、如何培养国际组织人才。本章将围绕这两个问题展开概述，详细解释国际组织人才培养的相关概念、相关理论，对当前各个国家较为典型的国际组织人才培养模式进行对比分析，最终落脚到中国的国际组织人才培养的具体实践，为读者提供一个全面、深入的国际组织人才培养知识体系，同时紧跟时代趋势，反映国际组织人才培养的最新发展和未来方向。

第一节 国际组织人才培养的相关概念

一 国际组织人才与国际组织人才培养

当今世界正经历百年未有之大变局、全球发展面临越来越多的风险挑战，全球治理处于时代和历史的十字路口，在这样的情境下，国际组织日益成为国际交流合作的重要舞台，日益成为国际活动的重要参与者，在国际社会中发挥着不可忽视的关键作用。同时，国际组织的出现也为广大发展中国家和第三世界国家提供了在由西方发达资本主义国家主导的世界体系下，维护国家利益、提升国际话语权的重要平台。因此，各国都将培养能参与国际事务和国际竞争的国际人才提升为本国的战略举措。[1]

---

[1] 赵源、李博轩：《国际组织人才需求与履职能力研究》，《中国行政管理》2024年第7期。

国际组织人才（International Organization Talent）通常是指那些在国际组织中担任职务、参与全球治理和国际合作的专业人员。针对国际组织人才的定义和理解，不同的学者提出了不同的见解。例如，王俊菊从人才参与的国际组织角度出发，认为"国际组织人才主要包括在国际组织任职的国际公务员、非政府间国际组织人员、国际组织后备人才、各国政府派驻联合国和国际组织工作的官员和职员、国际组织志愿者和实习生、从国际组织离职和退休的人员"，并对不同的国际组织进行了举例说明。[1] 有些学者则从国际组织人才需要具备的素养和能力出发，认为"国际组织人才属于典型的跨学科复合型人才，涉及政治、经济、法律、文化、科技等多个领域"[2]，"国际组织人才要求其能力和素质具有综合性和全面性"[3]，"全球治理人才是懂政策、知国情、视野广、外语强、晓规则、会沟通的综合型复合型专业人才"[4]。

综合学者观点，本书认为，对国际组织人才的理解可以从以下几个方面出发。第一，工作环境和工作目标。国际组织人才是指那些在国际组织中服务的专业人员，他们为了国际社会的共同利益，在国际条约成立的组织中工作，致力于实现所在组织的宗旨和目标。[1]第二，能力素质与任职要求。国际组织人才需要扎实的外语基本功、丰富的专业知识、广博的全球视野、通晓国际规则以及出色的跨文化交流和沟通能力等。[4]需要注意的是，在中国情境下，中国国际组织人才还必须具备深厚的家国情怀，始终保持"中国心"，在国际组织中贡献中国智慧、提出中国方案。

在了解国际组织人才的基础上，国际组织人才培养即为国际组织输送专业人才，培养能够在国际舞台上代表国家利益、推动全球议程并参与国际规则制定的高级人才的行为和过程，是指一个国家或机构通过教育、培训、实践等方式，系统地提升个人或群体在国际组织工作所需的专业知识、技能、语言能力、跨文化交流能力、全球视野和国际规则运

---

[1] 王俊菊：《新时代背景下的国际组织人才培养研究》，《中国外语》2024年第5期。
[2] 张海滨、郑如青、张园园：《为中国参与全球治理提供人才支撑》，《神州学人》2021年第10期。
[3] 刘洪东：《新文科理念下高校国际组织人才培养的思考》，《中国大学教学》2020年第9期。
[4] 刘俊彦、何土凤：《我国全球治理人才培养的境况、问题与对策》，《中国青年社会科学》2021年第2期。

用能力等，以使他们能够在国际组织中胜任工作，有效参与国际事务和全球治理。① 当前，国际组织人才培养更加需要直接面向全球治理中的紧缺人才需求，培养并输送符合国际组织及其下属机构职能要求、胜任岗位工作的国际公务员。②

二 国际组织人才培养的历史沿革

国际组织人才培养的历史沿革可以追溯到第二次世界大战后国际组织的兴起。随着联合国和其他国际组织的成立，对于具有国际视野的专业人才的需求日益增加。各国开始意识到，为了在国际事务中发挥更大的作用，必须培养能够理解并推动全球议程的人才，而从20世纪70年代开始，国际组织人才的培养逐渐成为各国教育和外交政策的一部分，重要性和关注度再次提升，而在全球化加速的背景下，这一需求变得更加迫切，急需推动国际组织人才培养持续发展。第二次世界大战以来，国际组织和国际组织人才培养早已发生了深刻变化，而了解国际组织人才培养发展的历史沿革将有助于我们更加深入理解国际组织人才，更好地开展未来的国际组织人才培养。国际组织人才培养的历史沿革可以分为国际和国内两个视角。

从国际视角看，国际组织人才培养的历史最早可以追溯到1816年莱茵河中央航运委员会的建立，自此国际组织对于国家和机构的人才培养便产生了深远影响。表2-1详细展示了全球国际组织人才培养发展历程。

表2-1　　　　　　　　全球国际组织人才培养发展历程

发展阶段	事件
萌芽阶段：19世纪	工业革命和近代国际格局形成，欧洲出现了世界上第一批国际组织。自此国际组织开始出现，国际组织人才培养进入萌芽阶段
发展阶段：19世纪末和20世纪初	海牙会议为国际组织发展提供了奠基意义的原则基础，国际组织发展逐步进入制度化阶段，国际组织人才培养进入发展阶段
成熟阶段：第二次世界大战后	第二次世界大战后联合国等具有国际意义的国际组织成立，国际组织人才培养进入成熟阶段

---

① 张贵洪：《国际组织人才培养的模式与方法》，《中国社会科学报》2023年7月13日第7版。
② 张慧玉、柯瑶：《全球治理背景下国际组织的人才需求特征分析及其启示》，《外语界》2024年第2期。

续表

发展阶段	事件
系统化培养阶段：21世纪初	进入21世纪，国际组织人才培养逐渐系统化。国际组织开始与高等教育机构合作，开设相关的课程和项目，以培养未来的国际组织人才
强调全球胜任力阶段：21世纪10年代	近年来，国际组织人才培养开始强调全球胜任力的培养，各方面理论和实践都得到了长足发展

资料来源：葛静静：《全球治理视野下的国际组织》，时事出版社2019年版，第14—20页；张小波：《国际组织研究的发展脉络和理论流派争鸣》，《社会科学》2016年第3期。

受到各类历史原因的影响，中国国际组织人才培养起步晚且发展较为缓慢。中国国际组织人才培养起步于1971年中华人民共和国恢复在联合国的合法席位。经过半个多世纪的发展，中国国际组织人才培养已取得显著进展。表2-2详细展示了中国国际组织人才培养发展历程。

表2-2 中国国际组织人才培养发展历程

发展阶段	事件
起步阶段：1971年	中华人民共和国恢复了在联合国的合法席位，随后在联合国秘书处工作的中国籍国际公务员有所增加，但这一时期主要增加的是中文翻译人员
推进阶段：改革开放后	随着改革开放的不断深入，中国对国际组织人才的培养和输送逐渐增加
政策支持阶段：1986年	中国在《关于第七个五年计划的报告》中首次明确提出积极参加联合国及其各专门机构的活动，广泛参加各种国际组织并开展积极的多边外交活动
战略规划阶段：2010年	《国家中长期教育改革和发展规划纲要（2010—2020年）》提出培养具有国际视野、通晓国际规则、能够参与国际事务与国际竞争的国际化人才
全面推进阶段：2015年和2016年	习近平总书记在中央政治局集体学习时强调了在全球治理方面人才培养的重要性，标志着中国国际组织人才培养进入全面推进的新阶段
实践与问题阶段：近年	中国高校在国际组织人才培养方面取得了显著成效，但也面临一些挑战，如专业能力、国际组织胜任力等不足。鉴于此，中国在国际组织人才培养方面也开始借鉴国际经验

资料来源：贾烈英：《国际组织人才培养模式及借鉴》，https://www.cssn.cn/skgz/202212/t20221215_5570670.shtml。

总体来看，无论是国际还是国内，国际组织人才培养的发展都是一个随着国际形势变化和全球治理需求以及国际组织发展变化而不断演进的过程。因此，只有把握好世界发展大势和国际组织发展变化，才能更有效地开展国际组织人才培养。

三 国际化人才与国际组织人才

与国际组织人才高度相关的概念是国际化人才（International Talent）。关于国际化人才的定义，不同的学者和机构从不同的角度进行了阐述，但普遍强调应具备国际视野、熟悉国际规则、能够参与国际事务与国际竞争等核心特征。赵富强等认为："国际化人才培养应强调学生专业理论知识、跨文化沟通能力、国际视野以及参与国际事务的能力的培养。"[1] 陈海燕认为："国际组织人才应通晓国际规则，了解国际政治、经济和文化的专业知识。"[2] 另外，李成明等根据"上海构筑国际化人才资源高地"的报告，将国际化人才定义为"具有较高学历、懂得国际通行规则、熟悉现代管理理念，同时具有丰富的专业知识和较强的创新能力及跨文化沟通能力的人才"[3]。

综合多位学者的观点，本书给出了一个国际化人才的理论定义，即具备国际视野、熟悉国际规则、能够参与国际事务与国际竞争，并具备专业知识和跨文化沟通能力的人才。由此可以发现，国际化人才与国际组织人才无论在理论研究还是在实践应用中都具有较高的相似度，故部分学者并未对这两个概念进行严格区分，往往相互替代使用。但是本书认为，国际组织人才是国际化人才范畴内的一个特殊群体，在不同情境下，二者有必要进行区分，以更好地指导人才培养。

第一，在工作环境和任职机构上，国际化人才可以在多种国际环境和机构中工作，包括国际组织、跨国公司、国际非政府组织、国际教育和研究机构等。而国际组织人才则特指那些在国际组织中服务，具备专业知识、国际视野、跨文化交流能力以及全球治理参与能力的专业人员。

第二，在培养方式和培养方向上，国际化人才更侧重于提升个人的国际竞争力和跨文化交流能力。而国际组织人才更侧重于提升个人的专

---

[1] 赵富强等：《高校人力资源管理国际化人才培养模式优化研究》，《当代经济管理》2018年第2期。
[2] 陈海燕：《"一带一路"战略实施与新型国际化人才培养》，《中国高教研究》2017年第6期。
[3] 李成明等：《对国际化人才培养过程中若干问题的思考》，《中国高等教育》2013年第6期。

业能力和对国际组织的理解以及如何在国际组织中发挥作用,并要求具备全球价值观。

第三,在专业能力和知识的要求上,国际化人才强调在更广泛的领域具有专业知识和技能,能够在国际环境中发挥作用。而国际组织人才则强调掌握与国际组织工作密切相关的专业知识,并且需要具备对国际事务的高度敏感性、对国际政策的分析解读能力等。

综上所述,国际化人才和国际组织人才都是全球化背景下推动国际合作和全球治理的重要人力资源,都需要予以高度重视并妥善开发利用。

第二节 国际组织人才培养的相关理论

国际组织人才培养最早可以追溯到第二次世界大战时期,经过半个多世纪的发展,不同的专家学者从不同视角提出了丰富的理论,如胜任力理论、全球胜任力理论、跨文化理论、国际关系理论等,形成了完善的国际组织人才研究理论框架。本书梳理了现有的国际组织人才培养相关理论,重点介绍了当前最受学者关注的五种理论,并对其他理论做简要概述。

一 胜任力理论

胜任力理论是人力资源管理领域的重要理论,1973 年,美国哈佛大学 McClelland 教授发表了文章 "*Testing for Competence Rather than for Intelligence*",首次提出胜任力(Competence)这一概念,指出胜任力是与工作、工作绩效或生活中其他重要成果直接相似或相联系的知识、技能、能力、特质或动机。McClelland 认为,胜任力可分为基准性胜任力和鉴别性胜任力。基准性胜任力是指较容易通过教育、培训来发展的知识和技能,是对任职者的基本要求;鉴别性胜任力则是指在短期内较难改变和发展的特质、动机、自我概念、态度、价值观等,能够将绩效平平者与绩效优异者区分开。[①] 这一理论在使用过程中往往设计成胜任力素质模型,广泛应用于人才选拔与培养方面。

在国际组织人才培养中,胜任力理论也得到了广泛和深度的应用,

---

① 代郑重、安力彬:《胜任力理论在人力资源管理中的应用》,《软科学》2013 年第 7 期。

这一理论被用来设计和实施人才培养计划，以确保人才具备在国际组织中取得成功所需的关键能力。胜任力理论为全球胜任力理论提供了可靠的参考，国际环境下的全球胜任力更加强调各种特质的国际化应用。从个人角度看，胜任力理论与全球胜任力理论共同明确了个体发展和提升国际竞争力的方向和路径。

二 全球胜任力理论

全球胜任力理论（Global Competence Theory）最早源于西方跨国公司人力资源管理研究，在发展中经历了三种逻辑的层层演进，即模块要素逻辑、主客关系逻辑、行动程序逻辑。三种逻辑的更新迭代将全球胜任力逐渐由理论变为实践。[1]

模块要素逻辑主要延续了人力资源管理领域中有关"胜任力"的研究思路和研究方法，旨在提炼出"全球胜任力"包含的模块和要素，被誉为"全球胜任力"教育之父的理查德·兰伯特指出，全球胜任力包含五大要素，即知识、同理心、支持、外语能力、工作表现。后续研究中美国学者加入了更多的实证研究，2004 年，美国里海大学教授威廉姆·亨特基于对国际教育工作者和跨国公司人力资源总监开展问卷调查，提出了全球胜任力包含的 17 个指标，构成了第一个实证研究成果；2009 年，美国威斯康辛大学麦迪逊分校的大卫·施博尔和乔治·欧文在亨特的研究基础上提出了一个包括知识、态度、技能三个维度共 22 项指标的"全球胜任力"指标体系。

主客关系逻辑的主要研究成果是美国全球卓越领导力公司提出的"全球胜任力"模型，该模型打破了之前的维度划分思维模式，提出了一个由 4 个同心圆组成的全新框架体系，由内到外分别是个人特质、开放思维、全球意识、跨文化能力，共同构成一个有机整体。

行动程序逻辑的主要成果是美国亚洲协会"全球胜任力"指标体系，该体系由 4 个指标构成，即"调查自身之外的世界""了解自己与他人观点的能力""与不同的人有效交流自己的观点""将自己的观点付诸恰当的行动以改进现状"。该体系具有较高的实践价值，为美国亚洲协会进行国际组织人才培养提供了强大的理论指导。

---

[1] 滕珺：《国际组织需要什么样的人——联合国系统人才标准及中国教育对策研究》，上海教育出版社 2018 年版，第 265—275 页。

2017年，经济合作与发展组织与哈佛大学联合发布了《PLSA全球胜任力框架》，融合了不同逻辑下的研究成果，成为当前最受关注和使用最为广泛的全球胜任力框架。《PLSA全球胜任力框架》将全球胜任力定义为："个体能够分析本土、全球和跨文化问题，理解和欣赏他人的观点和世界观，与不同文化背景的人进行开放、得体和有效的互动，并能够为集体福祉和可持续发展采取行动"的能力。由此可见，这一框架主要有四个维度，这四个维度相互依存、相互衔接，共同构成一个完整的全球胜任力框架。

全球胜任力是国际组织人才培养的核心理论，也是对国际组织人才进行评估的关键概念，这一理论框架广泛运用在指导教育和培训项目设置与开发方面，以确保人才能够在全球舞台上有效发挥作用。

三 跨文化理论

跨文化理论（Cross Cultural Theory）是由全球胜任力理论衍生出来的在国际组织人才培养中另一个起到重要作用的理论。目前研究方向是跨文化能力，国内外学者从不同视角进行了广泛的研究。

跨文化能力是与不同文化背景的个体有效地进行跨文化沟通的能力。这一定义强调了跨文化能力在沟通中的重要性以及在不同文化背景下进行有效交流的能力。Bennett 提出了"Intercultural Sensitivity"概念和跨文化敏感性发展模型（DMIS），强调个体对不同文化的敏感性和适应能力。Hammer 等开发了跨文化发展量表（IDI），为测量和评估跨文化能力提供了工具。联合国教科文组织将跨文化能力定义为："与那些在语言和文化背景下与自己不同的人进行有效和适当互动所需的复杂技能。"[1]

综上所述，跨文化理论关注不同文化背景下的交流和合作能力，帮助个体理解、尊重并适应不同文化中差异化的价值观念和行为习惯，以使处在跨文化环境中的不同个体能够有效交流和合作。跨文化理论为培养国际组织人才提供了理解和适应多元文化环境的理论基础，对于国际组织的成功以及共同解决当前面临的全球问题起到至关重要的作用。

四 国际关系理论

国际关系理论（International Relations Theories）提供了分析国际组织和全球治理的系统性研究框架，旨在解释和理解国家间互动的复杂性，

---

[1] 李加军、顾力行：《国际跨文化能力研究：现状与展望》，《外语界》2024年第4期。

预测全球舞台中的行为模式和趋势，涵盖从现实主义到自由主义再到建构主义等多种理论视角。国际关系理论现实主义作为国际关系中的传统理论，强调权力政治和国家安全，认为国家在无政府状态下追求自身利益和权力；自由主义则关注国际制度和合作的可能性，认为国家间可以通过共享利益和国际法来实现合作；建构主义则强调国际体系中行为体的身份和利益是如何通过社会互动构建的。①

国际关系理论有助于国际组织人才理解国际政治经济的复杂性，理解国际舞台上的多元行为体及其互动，帮助国际组织人才在多变的国际环境中维护全球和国家利益、推动全球议程、促进国际合作，能够有效地预测和应对国际危机，促进国际秩序的稳定与发展。国际关系理论提供了理解国际组织在国际政治和经济中作用的框架，有助于培养国际组织人才对国际规则和全球治理结构的深刻理解，培养他们分析国际问题和解决冲突的能力。通过学习国际关系理论，国际组织人才能够更好地理解国际组织的运作环境和其在全球事务中的角色。②

五　新制度主义理论

新制度主义理论（New Institutionalism Theory）强调制度塑造政治、经济和社会以及对个体行为和决策的影响，③认为制度是一系列规则、组织结构、文化、规范和认知框架等的综合体，强调制度规则、规范和程序在塑造行为者行为中的作用。④ 新制度主义是一种多元的思想，涵盖理性选择、历史、社会学以及规范等不同观点，旨在探索更加完善的制度结构。以下四个流派为理解个体行为改变和组织结构、功能变迁提供了不同的视角：理性选择制度主义关注个体在制度环境中的策略性行为；历史制度主义强调制度发展过程中的路径依赖和权力非对称性；社会学制度主义探讨制度如何影响个体的基本偏好和身份认同；规范制度主义则研究制度化的价值和规范如何引导行为。

新制度主义理论实际上为国际组织人才培养提供了一个理解和分析

---

① 秦亚青：《现代国际关系理论的沿革》，《教学与研究》2004年第7期。
② 秦亚青：《现代国际关系理论的沿革》，《教学与研究》2004年第7期。
③ North, D. C., *Institutions, Institutional Change and Economic Performance*, Cambridge: Cambridge University Press, 1990.
④ Hall, P. A., Taylor, R. C. R., "Political science and the three new institutionalisms", Political Studies, 1996, 44 (5): 936-957.

制度环境、审视多层次制度要求、适应规范与文化价值以及制度动态变化的框架，有助于理解国际组织和国家行为在全球化背景下的互动模式，有助于培养人才对国际组织如何影响全球治理的理解，并使学生能够认识到国际组织运作的规则和程序的重要性，并学会如何在这些框架内有效工作。采用新制度主义的思维方式，人们可以更加深刻地认识到国际组织的影响力，并且充分发挥其在全球治理中的关键作用。[①] 通过这一理论，可以更有效地设计和实施人才培养策略，以满足国际组织当前和未来的需求。

六　其他相关理论综述

在详细介绍了学者使用较多的五种理论后，表2-3简要介绍了与国际组织人才培养相关的其他四种理论，以帮助读者形成更加完整的国际组织人才培养相关理论体系。

表2-3　　　　　　　　　　其他相关理论总结

理论	具体内容
多边主义理论（Multilateralism Theory）	强调多国合作的重要性，对于理解国际组织在国际事务中的作用和人才培养的要求具有重要意义
全球治理理论（Global Governance Theory）	关注跨国界问题的处理，强调多元行为体的参与，对于培养能够在多元利益相关者环境中工作的国际组织人才至关重要
国际组织行为理论（International Organizational Behavior Theory）	探讨个体和群体在国际组织中的行为模式，包括动机、领导、决策、团队动力等，有助于理解在国际组织环境中工作时可能面临的挑战
国际组织法理论（International Organization Law Theory）	研究国际组织的法律地位、职能和运作原则，对于培养了解和能够运用国际法律框架来指导国际组织工作的人才非常重要

资料来源：来梦婕：《新时代全球治理人才培养模式探索与思考》，《神州学人》2021年第1期；覃云云、李鼙妍、吴岳欣：《2006—2020年国际组织人才培养与输送研究述评》，《世界教育信息》2022年第9期；刘莲莲：《国际组织研究：议题、方法与理论》，《国际政治研究》2021年第2期。

本书关于国际组织人才培养的相关理论的介绍，为国际组织人才培养提供了全面的理论视角，能够极大地帮助国际组织人才理解国际组织

---

① 郦莉：《国际组织人才培养的国际经验及中国的培养机制》，《比较教育研究》2018年第4期。

的复杂性和多样性以及在全球化背景下国际组织工作的重要性和挑战。通过这些理论的学习，有助于培养出具有扎实理论基础、跨学科知识和实践能力的国际组织人才。需要注意的是，各种理论并不是孤立地起作用，需要用系统的观点加以看待和运用。后续研究可以关注到是否有其他理论可以运用以及对现有理论展开更深层次的研究，以期培养出更高水平的国际组织人才，从而更好地促进国际问题的解决，推动全球发展。

第三节　国际组织人才培养的典型模式与国际比较

随着全球化的发展，国际组织作为一个重要的国际治理平台，对专业人才的需求日益增加，因此，世界各国纷纷加大投资，探索多样化的国际组织人才培养模式和策略，本书选取了部分典型国家和地区的国际组织人才培养模式进行介绍。

一　美国国际组织人才培养模式

美国在国际组织人才培养上具有相当丰富的经验可供借鉴。在国际组织人才培养模式上，"美国是人才导向模式的典型，将高校作为国际组织人才培养和推送的主阵地，向国际组织输出了一大批高质量人才"。[1] 美国通过结合价值教育、领导力培养、跨学科学习、实践经验、顶尖师资、校园文化和职业发展支持，形成了一个全面且具有竞争力的国际组织人才培养体系。

首先，培养公共服务价值取向。以美国顶尖大学哈佛大学肯尼迪政府学院为例，在国际组织人才培养中强调公共服务的价值取向，重视培养学生对公共利益的承诺和服务精神，[2] 这样的价值取向和服务精神契合国际组织对于人才的要求和需求，得到了良好的反馈。

其次，建设一流师资力量。美国高层次国际组织人才培养主要聚集在顶尖高校，这些高校拥有由经验丰富的政策制定者、学者和实践者组

---

[1] 张思思:《美国高校国际组织人才推送研究——基于社会资本理论的视角》，硕士学位论文，上海师范大学，2023年。

[2] 徐梦杰、张民选:《美国大学国际组织高层次人才培养研究——以哈佛大学肯尼迪政府学院为例》，《比较教育研究》2018年第5期。

成的教师团队,[①]他们不仅具有相关专业的学科背景,而且具有丰富的国际组织经验。[①]

再次,精心设计培养课程。在课程设置上注重领导力的培养和构建跨学科的课程体系。通过实践和理论相结合的方式,加强学生的决策能力和领导技能;[②]通过提供跨学科的课程,结合国际关系、政治学、经济学等多个学科领域,培养具有全面视野的国际组织人才。[③]另外,校园文化和各类专业活动,如模拟联合国、国际研讨会等[①]实践活动与理论课程紧密结合,共同培养了具有竞争力的国际组织人才。

最后,提供实践和实习机会。一方面,美国以其固有优势,与各类国际组织紧密合作,为其人才提供大量的实习机会;另一方面,大力提供职业发展支持服务,包括职业规划、求职指导和资源提供,这些服务帮助学生了解国际组织的职业路径,提高他们的就业竞争力。美国还将引入社会资本,建立强大的关系网络,提供丰富的信息资源、能力发展资源以及环境资源。[①]

综上所述,美国的人才培养模式强调价值取向和实践能力。美国高校通过与国际组织的紧密合作,提高国际化程度,不仅为学生提供了广泛的国际经验和全球视角[②],也为学生提供了丰富的实习和就业机会。据此,美国构建了在国际组织人才培养方面全面和系统的方法,使其在全球范围内保持领先地位。

二 欧洲国际组织人才培养模式

欧洲作为国际组织的发源地,在国际组织人才培养上也积累了丰富的经验。本书选取当前研究较为广泛的英国、德国、法国、瑞士作为代表,介绍欧洲的国际组织人才培养相关情况。

英国的国际组织人才培养模式主要体现为教育国际化。"作为高等教育国际化的先锋,英国高校培养的毕业生既拥有国际知识,又拥有国际眼光和国际交往能力,很多学生毕业后进入国际组织工作,承担国际组织的各级各类职务,以自身所学所长投身于国际事务的治理与服务之中",凸显了英国高等教育的国际化倾向。同时,英国高校注重学科组织

---

① 闫温乐、张民选:《美国高校国际组织人才培养经验及启示——以美国10所大学国际关系专业硕士课程为例》,《比较教育研究》2016年第10期。

② 徐梦杰、张民选:《美国大学国际组织高层次人才培养研究——以哈佛大学肯尼迪政府学院为例》,《比较教育研究》2018年第5期。

形态的优化，在学科设置上充分考虑跨学科的属性，符合当前国际组织对人才的跨学科要求。此外，英国将自身打造为全球智库，积极为国际组织提供服务，"英国是较早开展国际援助事业、参与国际组织建设与发展的国家之一。它在国际援助和国际组织建设过程中，经常扮演着'教师'或'示范者'的角色"，通过支持国际组织的建设和发展，与众多国际组织建立了良好的合作关系，为英国学生开辟了丰富的国际组织实习机会。而在人才培养目标上，英国与美国存在相似之处，即"注重培养具有领导力和决策力的领袖型人才、具有专业研究和专业分析能力的研究型人才、具有跨学科知识与技能处理事务的复合型人才"①。

德国的国际组织人才培养模式主要体现为独特的"螺旋"模式。"德国政府在国际组织人才发展上秉持一种长期导向的'螺旋'理念，并在实践中形成了特色鲜明的国际组织人才螺旋发展模式。"② 这一模式将德国的国际组织人才培养划分为四个相互连接的阶段，且每个阶段都有其独特的特点和做法。第一阶段为人才孵化阶段，德国政府主要为其国内人才提供国际组织相关信息，吸引公民参与国际组织，对于申请者提供职业规划和培训服务以及多层次的资助项目。第二阶段为派出历练阶段，德国政府主要通过与国际组织展开合作，为国内人才提供国际组织工作机会，并且高度关注国际组织人才需求，从而及时调整人才培养战略，提高人才参与国际竞争的竞争力。第三阶段为回巢哺育阶段，德国政府通过修改法案、鼓励行政部门接纳国际组织回归人员等措施，完善国际组织人才派遣管理体系和保障机制，为国际组织人才解决后顾之忧，并通过"对'回巢'人员进行'再哺育'，将其在国际组织积累的知识和经验带回国内机构"，③形成了知识与经验的良性积累。第四阶段为晋升联结阶段，为国际组织人才向更高职位发展提供了支持。

法国的国际组织人才培养模式主要体现为贯穿于国民教育体系、培育"世界公民"。"法国对国际组织人才的培养贯穿于国民教育体系的各个层次。"③法国在基础教育阶段就注重培养"世界公民"价值观，让学

---

① 郭婧：《英国高校国际组织人才培养与输送研究》，《比较教育研究》2019年第2期。
② 陆娇娇、贾文键：《德国国际组织人才培养与输送的"螺旋模式"研究》，《比较教育研究》2021年第12期。
③ 阚阅、王瑜婷：《以国际组织捍卫法国利益——法国国际组织人才发展支持体系研究》，《清华大学教育研究》2023年第6期。

生从小就树立国际公务员的职业理想，在高等教育阶段为学生提供系统的国际组织工作基础能力和专业知识学习。而在语言与跨文化交际能力方面，法国则"同时提供至少两门外语的语言学习环境"。[④]另外，法国将国际组织视为维护国家利益的手段，鼓励其国际公务员进行信息和情报收集工作，并作为"法国国际公务员代表团的首要工作目标"。[①]

瑞士的国际组织人才培养模式主要体现为发挥其驻地优势。瑞士以其驻地优势和人才能力建设而著称，立足于其中立国优势，形成了以政府战略为主导、多方联动参与的国际组织人才培养模式。以政府战略为主导主要体现在以下几个方面。首先，瑞士政府在外交政策上将国际组织视为国家外交利益的重要组成部分，积极主办国际会议，派遣专家团成员，以增强国家在国际组织中的影响力；其次，从战略层面制订有针对性的国际组织人才培养计划，积极向国际组织输送本国人才，如"国际组织青年职员培训计划"，同时主导提供相关信息、个别辅导、实习机会等支持措施；最后，积极鼓励本国相关部门竞争国际组织理事会要职和高层关键岗位，并积极推荐本国具有国际影响力的人士和优秀专家到国际组织高层任职，从而提高了瑞士在各类国际组织中的话语权。[②]多方联动参与主要体现为瑞士的国际组织人才培养模式强调政府、高校、民间机构和社会组织的上下联动，形成了一个多层次的支持体系。瑞士的高校与国际组织紧密合作，开设对口专业，培养多样化的人才，确保学生能够在国际组织中发挥作用；通过授权民间机构和社会机构提供国际组织就业指导服务，充分利用社会资源，增强人才培养的多样性和灵活性。

三 亚洲国际组织人才培养模式

日本政府在亚洲范围内较早地布局了国际组织人才培养，主要采取自上而下的培养策略，政府在人才培养和输送方面扮演了重要角色，目前在国际舞台上的外交能力和议题设置能力上均拥有优势地位。日本强调政府与高等教育机构的紧密合作，通过政府主办的派遣项目、设立专门机构、高等教育国际化改革和多元化宣传做好人才储备，向国际组织输送大量具有全球视野和专业能力的人才。

---

① 阚阅、王瑜婷：《以国际组织捍卫法国利益——法国国际组织人才发展支持体系研究》，《清华大学教育研究》2023年第6期。

② 覃云云、李鎣妍、吴岳欣：《2006—2020年国际组织人才培养与输送研究述评》，《世界教育信息》2022年第9期。

第一，效果显著的"JPO 计划"。日本外务省国际机构人事中心于 1974 年正式实施了"初级专业人员计划"（Junior Professional Programme，JPO 计划），旨在选拔出特定专业的优秀人才，并派到相应的国际组织工作两年，其间薪酬由国家承担。通过这一做法为 35 岁以下的日本青年赴国际机构工作创造了条件。① 研究显示，"JPO 计划"效果显著，1974—2014 年，日本政府通过"JPO 计划"向国际组织累计派遣 1400 名实习人员。② 随着世界形势和格局的变化，2010 年，日本政府对"JPO 计划"进行了全面改革，如将派遣时间由两年改为三年，开始向 P-2 等级以上职位派遣人才以及针对特定职位选派人才，这些措施的实施将日本通过"JPO 计划"获得国际组织职位的成功率提升至 70% 左右，被视为日本政府加强国际组织人事布局最为切实有效的方法，④进一步提升了日本培养和输送国际组织人才的能力。

第二，设立专门机构，瞄准更高级别国际岗位。日本政府设立了专门的国际公务员事务处以及瞄准国际组织干部岗位的选举对策委员会。国际公务员事务处主要负责制订人才培养计划，协调国内外相关政策，负责国际组织人才宣传、推广、选拔和推荐工作以及为有意向加入国际组织的人才提供职业发展支持；针对临时发布的国际组织岗位，日本通过设立选举对策委员会建立了强有力的国际组织选举应对机制，积极利用国际组织负责人访日机会，积极向国际组织推荐合适的干部人选，提前建立相应的人脉关系网络，提高了对临时发布岗位的竞争力。④

第三，高等教育国际化改革。日本将国际组织人才的培养战略纳入其高等教育发展新规划中，推动高等教育国际化改革。日本高校国际化人才培养教学活动可以分为以"通专结合"的课程设置为主的认知教学和以海外实习为主的实践教学。③ 例如，入选日本文部科学省"超级国际化大学计划"A 类顶尖高校的京都大学采用通识教育来培养国际化人才；广岛大学则通过与国际组织合作设立专门项目来提供实践教学，形成了从学校到国际组织的畅通道路，为高校学生提供了大量的实习机会。另

---

① 郦莉：《国际组织人才培养的国际经验及中国的培养机制》，《比较教育研究》2018 年第 4 期。
② 王玲：《日本在国际组织中的人事布局分析》，《全球科技经济瞭望》2015 年第 12 期。
③ 刘浩宇：《日本国际组织人才培养与输送体系建构研究》，《中国人事科学》2023 年第 8 期。

外，日本有部分专科院校也开设了国际公务员专业，致力于培养具有国际竞争力的人才。①

第四，多元化的宣传与人才储备。日本通过多元化的宣传策略，建立了充足的人才储备。首先，通过官方网站和各种媒体渠道，如制作录像资料、小册子等，对国际组织工作进行全方位的宣传。其次，日本政府举办各种层次的国际组织就职说明会，提高了学生对国际组织工作的认识和就职意愿。最后，鉴于国际组织性别平等要求，日本也注重吸引国内优秀女性的参与。基于日本"内向型青年"这一特殊国情，日本外务省灵活运用多种途径开展了大量的宣传工作，充分调动青年人才加入国际组织的意愿。在人才储备方面，日本外务省于2002年开始实施电子化人才登记管理，将条件适合的青年人才择优录入后备人才库，②为向国际组织输送人才储备了大量的优质人才。

日本通过将国际组织人才培养纳入外交战略，实施"JPO计划"，选拔优秀人才到国际组织工作，并提供政策、资金支持。积极在国际事务中"跑动"，从"赔偿外交"开始逐步实现其外交目标，在国际组织中站稳脚跟，掌握充足的话语权。

韩国与日本类似，同样采取"自上而下"的国际组织人才培养模式，并在多个方面具有相似性，如依靠"JPO计划"进行国际组织人才选拔和输送、制定选拔和输送的中长期目标、相对完备的工作机制和人才事务管理体系、建立人才库等。② 值得一提的是，韩国政府将国际组织人才培养与其外交努力相结合。韩国政府还通过积极组织国际组织论坛、积极参与国际经济组织活动、在G20国家中表现活跃等，展现了韩国政府在国际组织人才培养上的积极态度。③

四　国际组织人才培养模式的国际比较

综上所述，本节对美国、欧洲、亚洲等重点国家和地区的国际组织人才培养进行了介绍。为了更好地学习借鉴不同国家模式的优势和劣势，有必要对不同国家进行国际比较。表2-4从主要培养模式、方法特点、优势和挑战四个方面进行了对比。

---

① 王玲:《日本在国际组织中的人事布局分析》,《全球科技经济瞭望》2015年第12期。
② 朴光海:《韩国培养和输送国际组织人才的策略及启示》,《对外传播》2019年第3期。
③ 钮松:《韩国的中东经济外交:国际组织与论坛的视角》,《亚太经济》2012年第3期。

表 2-4　　　　　　　各国国际组织人才培养模式对比

国家	主要培养模式	方法特点	优势	挑战
美国	自下而上，人才导向	• 结合价值教育、领导力培养、跨学科学习、实践经验 • 顶尖师资 • 校园文化和职业发展支持 • 社会资本的引入	• 全面且具有竞争力的人才培养体系 • 丰富的实习和就业机会 • 国际经验和全球视角	• 保持全球领先地位的压力 • 持续维持高质量人才培养的挑战
英国	自下而上，教育国际化	• 学科组织形态优化 • 全球智库服务功能 • 培养具有领导力和决策力的人才	• 高等教育的国际化倾向 • 跨学科要求 • 与国际组织的合作关系	• 面临脱欧后的影响，需加强国际合作
德国	长期导向，螺旋模式	• 人才孵化、派出历练、回巢哺育、晋升与联结 • 国际组织交流联系平台	• 长期导向的人才培养 • 知识与经验的良性积累 • 国际组织人才的晋升支持	• 实施"螺旋"模式的复杂性 • 适应国际组织需求的变化
法国	国民教育体系，培养世界"公民"	• 培养"世界公民"价值观 • 重视语言与跨文化交际能力 • 国际公务员代表团	• 基础教育阶段的国际视野 • 跨学科知识和技能 • 国际组织内的人脉网络	• 维护国家利益的挑战 • 国际组织中的代表性和影响力
瑞士	驻地优势和人才能力建设	• 政府战略主导 • 多方联动参与 • 国际组织青年职员培训计划	• 中立国优势 • 高质量的人才培养 • 国际组织的合作与支持	• 维持中立性与国际合作的平衡 • 国际组织竞争中保持优势
日本	自上而下，JPO计划	• "JPO计划" • 设立专门机构 • 高等教育国际化改革 • 多元化的宣传与人才储备	• 政府与高等教育机构紧密合作 • 国际组织人才培养的早期布局	• 适应国际形势变化 • 提升国际组织中的竞争力
韩国	自上而下，高级官员推动	• "JPO计划" • 制定中长期目标 • 工作机制和人才事务管理体系 • 人才库建立	• 政府主导的人才培养 • 与外交努力结合 • 国际组织人才的选拔和输送	• 对特定人物依赖性较强 • 缺乏长期效应

资料来源：覃云云、李鋆妍、吴岳欣：《2006—2020 年国际组织人才培养与输送研究述评》，《世界教育信息》2022 年第 9 期。

通过国际比较可以看到不同国家在人才培养模式上的独特之处和成功经验，并结合中国具体实际创造出更加优化的国际组织人才培养模式。

第四节 国际组织人才培养的中国实践

近年来，中国政府对国际组织人才培养给予了高度重视，将其上升为国家战略并出台了一系列相关政策以推动其发展。例如，2010年，中共中央、国务院印发的《国家中长期人才发展规划纲要（2010—2020年）》明确提出，要"积极支持和推荐优秀人才到国际组织任职"。在国家层面的推动下，中国国际组织人才培养取得了显著进展。一方面，越来越多的中国籍人员开始在国际组织中担任重要职务，提升了中国的国际话语权；另一方面，通过与国际组织的合作与交流，中国也积累了丰富的国际事务处理经验。

然而，从整体上看，中国国际组织人才培养仍面临一些挑战。一方面，中国在国际组织中的任职人数虽然有所增长，但是代表性仍然不足，尤其是在高级职务方面；另一方面，实战性、应战型国际组织人才供给还远远不能满足国家需求。[①] 本书将详细介绍中国的国际组织人才培养现状，从政府、高校、社会三个层面的不同实践，指出当前中国国际组织人才培养中存在的问题及面临的挑战并提出可行的建议。

一 中国国际组织人才培养的现状分析

当前，中国在国际组织人才培养方面已经取得了显著进展，但与国际社会的期望和需求相比，仍有一定的差距。截至2018年年底，联合国秘书处的专业和更高级别的工作岗位的中国籍职员的适当范围为169—229名，而实际的工作人员却只有89名。这一数据显示，尽管中国在全球治理中的作用日益增强，但在国际组织中的代表性仍有待提升。2019年数据显示，国际货币基金组织（IMF）中中国籍雇员仅占总人数的5.2%，且多从事服务性和非决策性工作，中高层管理人员相对不足。随着时代的发展，中国在国际舞台上的重要作用日益凸显，因此，应当积极推动国家级国际组织人才培养、选拔及输送工作，以提升中国的国际影响力。总的来看，当前中国国际组织人才培养现状包括以下几个方面。

第一，国际人才教育体系与培训机制基本形成。中国已基本形成

---

① 王俊菊：《新时代背景下的国际组织人才培养研究》，《中国外语》2024年第5期。

"政府—高校—社会"三方合力的培养模式。政府发挥主导作用，高校作为主要阵地，社会各界提供支持和参与。[①] 建立了青年国际公务员的考试选拔机制。

第二，人才培养规模与国际需求之间仍存在较大差距。虽然已经形成了相对完善的培养模式，但是还没有形成规模效应，无论是数量上还是结构上，都与当前国际组织对人才的需求存在较大差距。

第三，在职国际组织人员数量与分布代表性不足，与中国国际地位不匹配。中国在国际组织中的代表性不足、职位结构不平衡，并且与中国国际地位以及会费缴纳数额差距显著，从而导致中国在国际组织中的总体影响力有限，国家利益难以得到充分维护。[②]

第四，培养结果与国际组织需求之间有一定程度的脱节。中国高校现行的学科专业分类标准和人才培养模式，还不能适应国际组织对复合型人才的需求，主要体现为国际视野和跨文化交流能力的不足，国际组织人才需要具备全球视野、专业知识、跨文化沟通能力等，目前这些能力在人才培养中尚显不足。

第五，培养模式和机制与发达国家甚至部分发展中国家相比依然存在差距。中国的国际组织人才培养发展起步较晚，在模式和机制上依然还有很大的进步空间，需要更多相关领域的理论研究和实践探索。

综上所述，加强中国国际组织人才培养建设已经刻不容缓。只有培养和输送更多的国际组织人才，才能实现中国推动全球治理体系改革、构建人类命运共同体的宏观愿景。

二 中国国际组织人才培养具体实践

（一）政府层面的实践

目前中国政府已高度重视国际组织人才培养，在国际组织人才培养中发挥着主导作用，通过顶层战略、政策支持、专门项目、部委协作、资金支持等方面大力支持国际组织人才培养工作。

在顶层战略方面，将国际组织人才培养上升为国家战略，突出强调国际组织人才在共建"一带一路"倡议、构建人类命运共同体中的积极

---

① 张贵洪：《国际组织人才培养的模式与方法》，《中国社会科学报》2023年7月13日第7版。

② 覃云云、李鋆妍、吴岳欣：《2006—2020年国际组织人才培养与输送研究述评》，《世界教育信息》2022年第9期。

作用。鼓励和支持高校、研究机构和社会力量共同参与国际组织人才培养，形成"政府—高校—社会"三方合力的培养模式。①

在政策支持方面，出台了一系列政策，鼓励和支持国际组织人才培养，如表 2-5 所示。

表 2-5　　　　　　　　　　政策整理

时间	文件名称、机构	文件内容、要求
2010 年 6 月	《国家中长期人才发展规划纲要（2010—2020 年）》	"积极支持和推荐优秀人才到国际组织任职"
2010 年 7 月	《国家中长期教育改革和发展规划纲要（2010—2020 年）》	"积极参与和推动国际组织教育政策、规则、标准的研究和制定"，"适应国家经济社会对外开放的要求，培养大批具有国际视野、通晓国际规则、能够参与国际事务和国际竞争的国际化人才"
2014 年	教育部	教育部开始向联合国机构派遣实习生
2016 年 4 月	《关于做好新时期教育对外开放工作的若干意见》	要求加快培养国际组织人才在内的五类人才，强调"通过提升发展中国家在全球教育治理中的发言权和代表性，选拔推荐优秀人才到国际组织任职"
2017 年 6 月	《教育部关于促进普通高校毕业生到国际组织实习工作的通知》	"加快培养推送高校毕业生到国际组织实习任职"
2017 年 8 月	《关于高等学校加快"双一流"建设的指导意见》	强调有关高等学校加强国际组织等相关急需学科专业人才的培养，加大优秀毕业生到国际组织实习任职的支持力度，积极推荐优秀人才在国际组织任职兼职
	《国家留学基金资助全国普通高校学生到国际组织实习选派管理办法（试行）》	国家将资助选派或自行联系获得实习岗位、到海外国际组织实习的学生
2019 年 2 月	《中国教育现代化（2035）》	强调完善支持政策，鼓励教育领域优秀人才到国际组织任职服务

资料来源：郦莉：《国际组织人才培养的国际经验及中国的培养机制》，《比较教育研究》2018 年第 4 期；刘宝存、肖军：《"一带一路"倡议下我国国际组织人才培养的实践探索与改革路径》，《高校教育管理》2018 年第 5 期；金茜、刘婧如：《全球治理视阈下国际组织人才培养的实践探索》，《中国高等教育》2020 年第 8 期。

---

① 张贵洪：《国际组织人才培养的模式与方法》，《中国社会科学报》2023 年 7 月 13 日第 7 版。

在平台提供方面，中国政府国家留学基金管理委员会致力于为国际组织提供高质量的实习机会以及培养优秀的后备人才，同时还积极参与联合国机构的宣讲和咨询活动。人社部为多个部委和省市开展国际职员后备人才培训，建立国际组织人才信息服务平台。教育部出台多项支持政策，包括设立国际组织人才培养创新实践项目。

在资金投入方面，通过国家留学基金等渠道，为有志于赴国际组织实习或任职的青年人才提供资金支持，鼓励他们参与国际事务，提升中国的国际影响力。

上述措施展现了中国对国际组织人才培养的坚定决心和大力支持，为提升中国在全球治理中的话语权和影响力奠定了坚实的人才基础。

（二）高校层面的实践

中国高校在国际组织人才培养方面发挥了重要作用。许多高校开设了国际组织相关的课程和专业，并积极与国际组织或者国外优质院校开展合作项目，为学生提供更多实习机会、出国机会。高校在国际组织人才培养方面采取多元化的实践模式，普遍重视整合校内外资源、打破学科壁垒、构建跨学科课程体系，并通过实践导向的教学方法提升学生的问题解决能力，形成了一大批各具特色的优质实践。根据不同的教育背景和学科特色，大致分为以下五类模式。第一类为综合性大学依托国际关系学科的人才培养模式，如北京大学；第二类为综合性大学依托外语学科的人才培养模式，如浙江大学；第三类为外语类大学的人才培养模式，如北京外国语大学、上海外国语大学等高校；第四类为理工科大学依托外语学科的人才培养模式，如西北工业大学等；第五类为具有学科特色的高等院校培养模式，如外交学院、国际关系学院等。[1] 这些模式共同构成了中国高校国际组织人才培养的多样化格局。本书选取了部分院校进行详细的介绍。[2]

一是北京大学。北京大学依托国际关系学院，设立了国际组织与国际公共政策系，充分利用其"双一流"学科的综合性优势，形成了本科、硕士和博士贯通的人才培养体系。该体系强调国际视野和专业能力的结合，为学生提供丰富的国际组织实习机会以及与国际组织官员交流的平

---

[1] 张海滨、刘莲莲：《服务国家战略，积极推进中国国际组织人才培养——2019年北京大学国际组织人才培养论坛综述》，《国际政治研究》2019年第6期。

[2] 各院校有关国际组织人才培养内容整理自各院校官网或相应项目介绍详情页。

台,从而培养学生的国际组织胜任力。

二是浙江大学。浙江大学依托外国语学院,创立了"国际组织精英人才培养计划",结合本校的学科优势,通过跨学科课程设置和实践项目,培养学生在国际组织工作所需的专业知识和技能;国精班注重提升学生的国际事务处理能力和跨文化沟通技巧,为国际组织输送高素质的中国人才。

三是对外经济贸易大学。对外经济贸易大学在全国率先推出本科阶段独立成班的"国际组织人才基地"实验班,目标是培养具有深厚的人文底蕴,宽厚的国际商务、法律、管理及法语理论基础和专业技能的创新型国际化人才。该实验班通过整合全校资源,打通院系壁垒,加快构建外语和专业相融合的人才培养模式。

四是北京外国语大学。北京外国语大学依托其外语优势,开设了国际组织相关的课程和专业,与国际组织开展合作项目,为学生提供实习和就业指导。此外,还通过国际组织人才训练营等项目,增强学生的国际组织工作能力和跨文化交流技巧。

五是上海财经大学。上海财经大学国际组织人才培养项目是该校国际化人才培养的重大创新项目,旨在培养具有中国情怀和国际视野,通晓国际规则,拥有出色的外语能力,善于跨文化沟通与交流,掌握扎实的商务、金融、法律和会计专业知识,能胜任在国际组织中从事商务、金融、法律和会计工作的高端财经人才。该项目依托上海财经大学国际经济、金融与会计等学科优势,有效整合外语、国际商务、国际金融、国际法等学科资源,搭建跨学科、国际化培养平台,配置国内外一流师资参与教学,鼓励并支持学生出国留学、参与国际组织实习,积极探索国际组织需要的高端后备人才培养新模式。

六是上海对外经贸大学。上海对外经贸大学成立了贸易谈判学院,这是上海首家国际组织学院,也是拥有本硕博人才培养体系的实体国际组织学院。该学院致力于实现"三个成为":成为国际组织后备人才培养基地;成为全球经济治理研究机构和卓越智库;成为国际经贸谈判沟通交流平台。该学院将致力于培养理想信念坚定、深谙国际事务、代表国家参与全球治理的国际组织后备人才。

七是上海外国语大学。上海外国语大学卓越学院国际组织人才研究生项目培养方案旨在培养政治素质过硬、语言能力突出、具备跨学科知识与跨文化交往能力的国际组织研究型与实践型人才。该项目采取"双院制"的培养模式，为学生在各自专业培养方案之外，进一步提供优质课程、优质导师、优质国际交流与优质实习实践资源，助推有志于从事国际组织及外交外事工作的优秀研究生走向国际舞台。学生应完成18个学分的课程修读要求，课程体系分为四个板块，即基础能力板块、专业能力板块、视野拓展板块与实习实践板块。

综上所述，各高校在国际组织人才培养方面既有共性又各具特色。北京大学和浙江大学侧重于国际关系和外语学科的结合，强调国际视野和专业能力的融合。北京外国语大学和上海外国语大学则更注重外语能力与专业技能的结合，以适应国际组织对多语种人才的需求，上海外国语大学则通过"双院制"培养模式，为学生提供了更加多元化的培养路径和个性化的学习体验。上海财经大学和上海对外经贸大学侧重于财经、金融、法律和会计专业知识的培养，上海对外经贸大学贸易谈判学院作为上海首家国际组织学院，其实践和探索具有示范意义。这些高校的实践不仅提升了学生的国际视野和专业能力，也为国际组织输送了大量优秀的中国人才。

（三）社会层面的实践

除了政府和高校，中国的社会机构和非政府组织也在国际组织人才培养方面发挥了积极作用。它们通过提供培训、举办研讨会和论坛等方式，为人才的成长提供了平台和资源。社会层面的实践主要体现在以下几个方面。

一是企业参与。中国企业通过提供资金支持、实习岗位和项目合作，积极参与国际组织人才培养。企业与高校合作，为学生提供实践机会，帮助他们了解国际市场的运作机制，培养具有国际视野的商业人才。

二是智库研究。中国的智库机构在国际组织人才培养方面发挥研究和咨询的作用。通过深入研究全球治理、国际关系和国际法等，为人才培养提供理论支持和政策建议。例如，全球化智库（CCG）通过研究项目和国际交流平台，培养了一批具有国际视野的青年学者和政策分析师。[①]

三是非政府组织的作用。中国的非政府组织通过各种项目和活动，

---

① 苗绿、郑金连：《全球视野下中国学生国际流动现状与趋势》，《世界教育信息》2024年第6期。

如国际志愿者项目、国际研讨会和工作坊,为有志于在国际组织工作的人才提供实践平台和经验积累的机会。中国教育发展战略学会国际胜任力培养专业委员会已经搭建了一个国际性的人力资源培养交流网络,为各国政府、企业、社会团体及个体提供全方位的培养、辅助与培训。[1]

四是国际合作项目。中国的社会力量还通过与国际组织开展合作项目,如联合国开发计划署(UNDP)和联合国儿童基金会(UNICEF)等,为人才提供国际组织工作经验和专业培训。中国青年志愿者海外服务计划——服务联合国机构项目,选派中国青年志愿者赴世界各地的联合国机构开展国际志愿服务,为国际组织输送了具有中国背景的人才。[2]

五是民间交流与培训。民间组织和专业协会通过组织国际交流和培训活动,增强公众对国际组织的认识,提高潜在候选人的专业技能和国际事务处理能力。一些高校和研究机构被认定为国际组织人才培养基地,这些基地通过与国际组织的紧密合作,为学生提供实习机会,培养具有国际竞争力的人才。

通过这些多样化的社会层面实践,中国正在构建一个多元化、立体化的国际组织人才培养体系。通过这些实践,中国不仅培养出了一大批优秀的国际人才,还为世界治理提供了中国智慧和解决方案。随着全球化的深入发展,中国社会层面在国际组织人才培养方面的潜力将得到进一步挖掘和发挥。

(四)三方协同的实践

经过努力,中国已形成政府高度重视、高校积极探索、社会广泛参与的三方协同的国际组织人才培养模式。从政府顶层战略出发指导政策制定,各部委出台相关文件,积极与国际组织合作,从源头上创造更多的国际组织任职、实习机会;高校积极进行响应,设立相应学院、开设相关专业、组建专业教师队伍、编写相关专业教材等,并在校内或校际联合举行各类国际组织项目宣讲会,模拟国际组织等活动;社会力量广泛参与其中,引入更多机会,并为国际组织人才提供全方位支持。由此形成了政府、高校、社会三方协同的国际组织人才培养实践,且上下联动,共同推动中国国际组织人才培养水平不断提高。后续需要不断丰富

---

[1] 张贵洪:《国际组织人才培养的模式与方法》,《中国社会科学报》2023年7月13日第7版。

扩展双方、三方甚至多方合作的国际组织人才培养实践。

三 中国国际组织人才培养面临的挑战

尽管中国在国际组织人才培养方面取得了一定的进展，但仍面临一些挑战，本书将这些挑战从三个层面予以归纳，分别是国际层面、国家层面、社会和个人层面。

第一，在国际层面，中国国际组织人才培养面临的挑战主要包括当前由西方国家主导的国际规则和秩序制定格局，导致部分国际组织在招聘时对中国籍成员设限。此外，由于中国国际组织人才培养起步较晚，目前在各类国际组织中的任职人数较少，也缺乏与各类国际组织的深度交流合作，缺乏相应的话语权，也加重了中国向国际组织输送人才的难度。

第二，在国家层面，中国国际组织人才培养面临的挑战主要体现在国际组织人才培养的数量和质量两个方面。一方面，尽管中国已经出台了一系列政策支持国际组织人才培养，但目前中国的国际组织任职人数依旧与中国的国际地位和在全球治理中的角色不相匹配。另一方面，国际组织对人才的需求和应对全球治理的要求不断变化，中国的国际组织人才培养模式还无法快速适应这些变化，导致培养的人才在质量上无法满足国际组织对人才的高标准要求。此外，中国在国际组织人才培养上还面临资源分配不均衡的情况，能够培养国际组织人才的高校和机构主要集中在东部沿海地区，而广大中西部地区鲜有高校关注到国际组织人才培养。很显然，这样的资源分配不均在战略上无法满足中国共建"一带一路"倡议，也无法吸引更多优秀中国青年加入国际组织人才行列。

第三，在社会和个人层面，中国国际组织人才培养面临的挑战主要是公众对国际组织和全球治理的认识不足以及国际组织人才的社会支持系统尚不完善。中国社会公众对国际组织的认知相对有限并且存在一定的抵触情绪，严重影响了国际组织人才的培养氛围，具体体现在以下几个方面。一是缺乏家庭支持。在中国传统观念中，家庭对于个人职业选择有着重要影响。许多家庭可能更倾向于鼓励子女选择稳定且收入较高的职业，如公务员，而非进入国际组织工作。二是部分中国青年对于国际组织的认识不足，缺乏参与全球治理的意识和动力，导致大量潜在的国际组织人才在选择职业道路时不会将国际组织作为首选。三是社会支持系统尚不完善，主要是指国际组织人才归国后缺乏合理有效的安置机制，往往出现不被社会接受的情况，导致国际组织人才归国后再就业困难重重，进一步降低了人才参与国际组织的可能性。

综上所述，中国在国际组织人才培养方面面临的挑战既有动态的也有静态的，既有历史的也有现实的，要求我们从当前中国已有实践和他国优秀实践中吸取经验，紧跟国际组织需求和全球治理要求，加快对当前国际组织人才培养模式的改革步伐并快速产生实效，全面提升中国国际组织人才培养水平。

四 解决措施与建议

针对当前中国在国际组织人才培养上存在的问题和面临的挑战，学者已经提出了丰富的解决措施和建议，并且主要集中在顶层设计、高校实践、社会参与等方面。经过梳理，本书认为优化完善中国国际组织人才培养的主要着力点包括以下几个方面。

一是建立国家级国际组织人才培养协调机构。为提升人才培养效率和质量，建议成立国家级的国际组织人才培养协调机构，整合教育、外交、人力资源等部门资源，形成合力。这样的机构能够统一规划和实施人才培养项目，确保政策的一致性和连贯性，提高人才培养的针对性和实效性。

二是制定和实施国际组织人才培养战略规划。为了提升国际组织人才培养水平，需要制定一份全面的、长远的规划，以明确培养的目标、宗旨、方法以及相应的保障措施。该规划应包含对国际组织人才需求的预测、人才培养目标的设定以及教育资源的整合和优化，确保人才培养工作与国家战略目标相一致，并能够适应国际组织需求的变化。

三是加强学科建设和师资队伍建设。在高等教育体系中设立国际组织研究相关学科，鼓励跨学科研究和教育。引进具有国际组织工作经验的专家和学者，加强师资队伍的国际化和专业化。通过学科建设和师资队伍的强化，为学生提供与国际组织相关的专业知识和技能，培养其全球视野和跨文化沟通能力。

四是探索创新人才培养模式。探索并实施多元化的人才培养模式，如本硕博贯通培养、国际合作培养、在线课程和实地实习相结合的模式。开发与国际组织需求相匹配的课程体系，强化实践教学和能力培养。通过创新人才培养模式，提高学生的专业知识、技能和全球视野，使其更好地适应国际组织的工作要求。

五是拓展实习渠道和加大资助力度。与国际组织建立稳定的实习和就业合作渠道，为学生提供充足的实习和就业机会。设立专项基金，资助学生参与国际组织的实习和就业项目，减轻其经济负担。通过提供实习和就业机会，让学生在实际工作中积累经验，增强其职业竞争力。

六是建立健全国际组织人才培养保障体系。制定和实施一系列政策，为国际组织人才培养提供全方位的支持，包括选拔、培养、就业等各个环节。建立国际组织人才信息库，跟踪和评估人才培养的效果，为政策调整提供依据。通过保障体系的建立，确保人才培养工作的有效性和持续性，提高人才培养的质量和效率。

七是强化爱国主义教育。在人才培养过程中，强化爱国主义教育，培养学生的国家意识和责任感。通过课程和实践活动，让学生了解国家的发展战略和国际地位，增强其为国家服务的意愿。这将确保学生在国际组织中代表和维护国家利益，同时促进其个人职业发展与国家战略目标的一致性。

通过这些措施的实施，我们可以期待中国在国际组织中的代表性和影响力得到显著提升，同时也能够为全球治理贡献更多的中国智慧和中国方案。

第三章 国际组织人才培养的胜任力/素质模型

第一节 国际组织人才全球胜任力模型构建

在全球化的背景下,国际组织在解决全球性、地区性事务中扮演着越来越重要的角色。为了有效地治理国际事务,国际组织对具有全球视野和跨文化交流能力的人才的需求增加,全球胜任力成为评估和培养国际组织人才核心素养的重要指标,是参与全球治理与合作的关键能力。本书将探讨全球胜任力概念的发展、内涵、理论基础和构建过程。

一 胜任力模型及其构建

胜任力(Competence[①])的概念最早是由心理学家戴维·麦克利兰(David C. McClelland)提出的。他在对美国国务院外交官的选拔测试的效果进行研究时发现,传统的心理测验(如心理测验、学绩测验等)并不能很好地预测一个人未来的工作绩效,因为这些测验的内容都是基于一般生活情境,而不是基于特定的工作情境。[②] 针对这一问题,麦克利兰认为,应当基于特定的工作情况开发具体的测试,识别"促使个体在特定职位上达成有效乃至卓越绩效表现的一系列潜在特征"[③],作为组织甄选、录用、培训与开发人才、开展薪酬管理、绩效管理等人力资源管理活动

[①] Competence 也可被译为胜任素质、胜任能力、胜任特征、素质等,本书采用"胜任力"这一译法。

[②] McClelland, D. C., "Testing for Competence Rather than for Intelligence", *American Psychologist*, 1973, (28): 1-14.

[③] Boyatzis, R. E., *The Competent Manager: A Model for Effective Performance*, New York: Wiley, 1982.

的理论基础。总的来说,胜任力是指一个人在某种职位上或某种工作角色中达成卓越绩效而必须具备的各种知识、技能、自我认知、个性、动机及其他相关个人特征的总和。① 胜任力具有以下几个方面的特点:第一,胜任力与组织、工作情境紧密相连,不同组织及情境下所需要的胜任力存在差异。第二,胜任力与高绩效表现挂钩,通常能够预测个体未来的高工作绩效。第三,胜任力是行为化的,能够通过工作中的行为展现出来,因而是可观察的。第四,胜任力并非天生的,在一定程度上是可以后天培养和改善的,有目的的培训和开发可以不断优化和提升一个人的胜任力,尽管在改善程度上可能存在差异。

胜任力模型是指个体承担特定工作角色时必须具备的胜任能力的组合,描绘了在特定工作环境下,驱动个人达成卓越绩效所需的知识、技能与可衡量的行为模式的总和。④ 目前,关于胜任力的两种最常见的模型就是冰山模型和洋葱模型。冰山模型将胜任力分为"冰山上面"容易观察和改善的表层内容和"冰山以下"不易观察且改善难度较大的深层内容,前者包括知识和技能,后者包括社会角色、自我概念、个性特征和动机。其中,知识是指特定领域的信息;技能是指从事特定活动时行为的熟练程度;社会角色是指个体期望在他人面前呈现的形象,源自个体对所属社会群体或组织所认可且适宜的一套行为准则的认知;自我概念是指个体对于自身身份、个性以及价值观的认知与见解;个性特征则是指在个体行为方面相对持久稳定的特征;动机是指决定个体行为的相对稳固且持久的特质。这六个方面形成了一个有层次的体系,知识和技能是最容易被观测的,与此同时,借助学习与培训手段,对它们进行提升、优化的难度并不高。因此,知识和技能被归入基本胜任能力(Threshold Competency),即任职的基本要求。而社会角色、自我概念、个性特征和动机则不容易被观察和测量,并且改善的难度相对较大,因而属于区分性胜任能力(Differentiating Competency),即能够区分绩效优异者和绩效一般者的胜任力。

在胜任力的洋葱模型中,胜任力的构成要素与冰山模型相仿,涵盖知识、技能、自我形象、态度、价值观、个性特征和动机。具体而言,知识是指个体在特定领域所积累的事实与经验;技能是指结构化地利用

---

① 刘昕:《人力资源管理》(第4版),中国人民大学出版社2020年版,第116页。

知识执行某项具体工作的能力；自我形象是指个体对自身的认知和自我评价；态度作为个体自我形象、价值观与社会角色协同作用的外在表征，随环境动态变更；价值观是个体对周围事物的意义、重要性的总体评价和看法；个性特征是指个体对外部环境及信息的反应模式、倾向与固有特性；动机是指驱使个体为实现目标而付诸行动的内在驱动力。在胜任力的洋葱模型中，个性特征与动机处于最内层，自我形象、态度和价值观处在中间层，知识和技能处在最外层。处于最内层与中间层的胜任力不仅评价难度较高，而且难以通过后天培养习得。相较而言，最外层的知识和技能不但易于评定，而且能够借助后天学习、训练实现提升。

由于胜任力的洋葱模型是基于工作情境构建的，即在特定职位、职位族、组织或行业中承担具体工作角色时所必需具备的胜任能力的组合，因此，在不同的组织、不同的工作环境中，胜任力的内涵以及构成会有所不同。在实践中，一些组织通常会尝试建立适用于组织自身的胜任力模型。例如，华为构建了组织内的战略领导力模型，该模型包含战略领导力的三大核心胜任力维度和九项细分的胜任能力，即发展组织能力（包括团队领导力、塑造组织、跨部门合作）、发展客户能力（包括关注客户、建立伙伴关系）和发展个人能力（包括理解他人、组织承诺、战略思维、成就导向）。国际组织也不例外，工作人员和管理人员的素质是国际组织履行职能、维持国际组织日常运作的基石。国际组织人才胜任力模型的构建可以为国际组织加强人才队伍建设、招聘成员、管理表现、开发能力、制定岗位职责、薪酬与绩效管理、职业生涯管理等提供统一的标准，使这些工作能够有章可循。

二 国际组织人才全球胜任力模型

国际组织人才（Personnel for International Organizations）是近年来中国需大力培养参与全球治理方面的人才而被提出的概念，在国内使用较为频繁且内涵丰富。但是，在联合国等国际组织的文献中难以找到对应的概念，在国际组织的文献中常用的概念是国际公务员（International Civil Servant）、国际雇员（International Employee）和国际职员（International Staff）等。中国近年来使用的国际组织人才既包含前述三个概念所指的相关人员，同时也包含其他为国际组织服务、在国际组织中承担一定职责的人员。例如，各国驻国际组织的代表、国际组织的理事会成员、国际组织志愿者、国际组织聘用的驻在国人员、国际组织聘用的专家顾问以及国际非政府的学术、专业和社会组织中的服务人员等。因此，国际组织人才既包含受国际组织雇用、在国际组织中工作的各类办事人员，也包含受到国际组织临时邀请、国际组织任命或者国际同行推选等为各种国际组织及其成员提供专业和管理服务的人才。由此可见，国际组织人才涵盖多种类型，承担不同使命。

"全球胜任力"（Global Competence），又被译作"全球素养"，是在经济全球化、世界多极化、国际关系民主化的大背景下提出的，国际组织和发达国家起到了关键的推动作用。

全球胜任力的概念最早可追溯至联合国教科文组织长期倡导的"国际理解"（International Understanding）一词，1974年，联合国教科文组织第18届大会通过了《关于教育促进国际理解、合作与和平及教育与人权和基本自由相联系的建议书》，提出促进国际理解的教育，为全球胜任力的提出奠定了理念基础。20世纪以来，全球各主要国际组织相继构建起契合21世纪知识型社会与经济全球化浪潮的人才能力框架，对21世纪的学习者所需具备的关键能力或核心素养予以明确。其中，全球胜任力的概念脱颖而出，已然成为这些关键能力或核心素养体系中的关键部分。联合国教科文组织分别在1996年和2017年发布了《教育：内在的财富》和《反思教育：向"全球共同利益"的理念转变？》，进一步深化了对全球胜任力的理解和重视。2012年9月，联合国正式启动了"教育第一"的全球性倡议行动，"着力培育全球公民"属于该项行动所聚焦的三大优先推进事项之一。2015年，联合国教科文组织第38届大会发布了"教育2030行动框架"，从国际层面提出了全球胜任力的实施方向，引发了各国的进一步探索。2016年，经济合作与发展组织（Organisation for Economic Cooperation and Development，OECD）发布的《全球素养培养：为了一个更加包容的社会》，将全球胜任力解构为知识、认知技能、社会技能和态度、价值观四个维度，并于2017年将全球胜任力界定为"能够分析当地、全球和跨文化的问题，理解和欣赏他人的观点和世界观，与不同文化背景的人进行开放、得体和有效的互动以及为集体福祉和可持续发展采取行动的能力"。[1] 随后，经济合作与发展组织发起了国际学生评估项

---

[1] 鲁燕：《解析"全球胜任力"概念的变迁》，https：//www.cssn.cn/skgz/bwyc/202208/t20220803_5462624.shtml。

目（Programme for International Student Assessment，PISA），于 2017 年开创性地将全球胜任力纳入其测评体系，标志着全球胜任力首次在大型国际测评项目中出现。

与此同时，全球胜任力也是各国教育领域广泛关注的话题之一，世界主要发达国家也早已开始探索在教育体系中纳入与全球胜任力相关的内容。1988 年，美国在《全球胜任力教育：国际教育交流咨询委员会报告》(Educating for Global Competence：The Report of the Advisory Council for International Educational Exchange) 中正式提出"全球胜任力"的概念，在高等教育领域引入全球胜任力的概念，旨在帮助学生拓宽自身与世界的联结，洞悉和理解世界的变化，进而具备在全球劳动力市场中高效参与竞争、脱颖而出的实力。从此，"全球胜任力"的概念开始在教育领域不断延伸与发展。1995 年，Baumgratz Gisela 在欧洲教育杂志上发表了《语言、文化和全球胜任力：关于含糊的随笔》(Language，Culture and Global Competence：An Essay on Ambiguity)，强调了语言和文化的重要性，并探讨了在欧洲的多语言环境中，如何定义和培养全球胜任力。他指出，欧洲不同于美国，欧洲不是一个完整的国家，拥有不同的语言、高等教育、政治和经济体系，所以欧洲提出的全球胜任力需要考虑语言、文化和经济的多元化。[1] 2006 年，Lohmann 等联合发表了《定义，发展和评估工程师的全球胜任力》(Defining，Developing and Assessing Global Competence in Engineers)，最早将全球胜任力纳入工科生"软实力"的教育内容中，以期培养能够胜任跨国工作环境的国际工程师。[2] 2010 年，美国智库胡佛研究所发布的《美国教育（2030）》提出了以批判性思维和问题解决、沟通技能、合作技能、创造力和创新技能为核心的 21 世纪技能。[3] 基于对全球胜任力重要性的认识，发达国家在不同层面持续进行教育推进。德国提出《趋势概略（2030）》、加拿大出台《学习（2030）》、新加坡制定《21 世纪胜任力和学业成就框架》、日本公布

---

[1] Baumgratz, G., "Language, Culture and Global Competence: An Essay on Ambiguity", European Journal of Education, 1995, 30 (4): 437-447.

[2] Lohmann, J.R., Rollins, H.A., Hoey, J.J., "Defining, Developing and Assessing Global Competence in Engineers", European Journal of Engineering Education, 2006, 31 (1): 119-131.

[3] 牛宝荣、宋岭：《未来课程改革的路径：美国"2030 课程"的经验与启示》，《课程教学研究》2021 年第 6 期。

《第三期教育振兴基本计划》以及瑞典的全球公民项目，这些项目均聚焦于国际教育视角并落脚于培养解决全球问题的能力。目前，世界主要发达国家均已在教育体系中纳入和推进与全球胜任力相关的教育内容。

随着中国国际地位的提升，也对未来人才素质提出了更高的要求。2010年5月，中国教育部颁布《国家中长期教育改革和发展规划纲要（2010—2020年）》，明确提出："适应国家经济社会对外开放的要求，要培养大批具有国际视野、通晓国际规则、能够参与国际事务和国际竞争的国际化人才。"[1] 正式将全球胜任力纳入人才培养体系中。在中国教育领域，诸多有识之士敏锐地洞察到全球胜任力蕴含的重大意义，积极主动开展相关研究和实践。例如，清华大学于2016年发布《清华大学全球战略》，首次将"全球胜任力"作为其人才培养的核心目标之一，融入学校的教育体系。2021年7月，中国教育发展战略学会正式成立国际胜任力培养专业委员会，该委员会设立的初衷在于聚焦国际胜任力人才培养与发展进程中的战略性、决策性议题，同时汇聚各方智慧，推动、促进相关领域的研究和交流。

三 国际组织人才全球胜任力的内涵

国际组织是开展国际合作和全球治理的主要平台和重要力量。国际组织的工作具有三种重要的形态，即在"政府间的国际组织"中工作、与境外的各种组织打交道、与不同国家及文化背景的人一起工作。[2] 因此，全球胜任力是考察、评估和培养国际组织人才的核心标准。国际组织人才的全球胜任力可以理解为：国际组织人才承担国际组织的使命、胜任组织赋予的职责、完成组织交予的任务所应该具备的内在品性、价值观念、专业知识和经验才干的综合素养。[3] 不同的国际组织或教育机构，对全球胜任力的内涵有着不同的阐述。

（一）经济合作与发展组织

经济合作与发展组织（OECD）将全球胜任力定义为：拥有多角度观点批判性地分析全球跨文化议题的能力；理解差异性是如何影响自我及

---

[1] 中国人民共和国中央人民政府：《国家中长期教育改革和发展规划纲要（2010—2020年）》，https://www.gov.cn/jrzg/2010-07/29/content_1667143.htm，2010年。

[2] 《关注百年变局下青年国际胜任力，为世界贡献中国智慧》，https://www.ecnu.edu.cn/info/1094/59223.htm。

[3] 张民选等：《国际组织人才培养与选送》，上海教育出版社2022年版，第84—85页。

他人的观点、判断与认知的能力；在尊重人性尊严的前提下，能开放、得体、有效地与不同文化背景的人沟通和互动的能力；为集体福祉和可持续发展提供动力的能力。①

OECD 的全球胜任力框架包含以下四个关键维度。

一是知识（Knowledge）。全球胜任力包含对全球性问题和跨文化知识的理解与掌握，包括不同文化之间的共同点、不同点及关联性。能够研究和分析本地与全球的跨文化问题。

二是技能（Skills）。全球胜任力需要具备对世界的理解力和行动力，包括良好的适应能力、理解和欣赏他人的观点、沟通的技能、全面的视角、有效解决冲突的技能等。

三是态度（Attitude）。全球胜任力强调采取开放的态度、尊重文化差异以及拥有全球化思维。

四是价值观（Values）。全球胜任力还承载着重视人类尊严和文化多样性的价值理念。秉持这些价值观的人，既能更透彻地认识自我与周边环境，又能积极抵制暴力、压迫与战争，切实为集体福祉和可持续发展采取行动。

（二）美国教育步骤全球胜任力项目组

美国首席州立学校官员委员会（Council of Chief State School Officers，CCSSO）与美国亚洲协会全球学习合作伙伴（Asia Society Partnership for Global Learning）合作成立了"教育步骤全球胜任力项目组"（EdSteps Initiative，EdSteps），致力于探究具备全球胜任力的学生应该具备哪些能力。在该项目的支持下，美国哈佛大学教育学院的 Manlisa 和 Jackson 教授在《全球胜任力：融入世界的技能》（*Educating for Global Competence*: *Prepare Our Youth to Engage the World*）一书中，将全球胜任力定义为理解全球重要意义之问题并对其采取行动的能力和倾向。② 具备全球胜任力的个体，往往具有强烈的好奇心和探索意识，对认识世界及其运行规律抱有浓厚的兴趣，能够灵活地运用数学、文学、历史、科学以及艺术等诸多学科中的核心概念、工具、方法和各类语言，解决时代难题。在深入

---

① OECD，"PISA 2018 Global Competence Framework"，http：//www.oecd.org/pisa/pisa2018 global-competence.htm，2018.

② ［美］韦罗尼卡·博伊克斯·曼西利亚、［美］安东尼·杰克逊：《全球胜任力：融入世界的技能》，赵中建、王政吉、吴敏译，华东师范大学出版社 2020 年版，第 141 页。

探究这些问题的过程中,他们能够不断拓展和深化与之相关的专业知识,形成多元的视角,准确有效地传递自身观点,并以实际行动来改善现状。①

由 Manlisa 和 Jackson 总结和发布的"全球胜任力"框架如图 3-1 所示。"全球胜任力"包含四种核心能力,如表 3-1 所示。

- 确定一个选题,提出问题并解释其重要性
- 用各种各样的语言、来源、媒介寻找并权衡相关证据
- 分析、完善、综合证据以形成一致的答案
- 根据有力证据形成观点并得出可靠结论

探索世界
探索直接环境以外的世界

分辨视角
分辨自己和他人的视角

- 识别并表达自己的观点、找出影响这一观点的因素
- 审视他人的观点并找出影响因素
- 解释文化互动的影响
- 清晰阐述在知识、技术、资源获取上的不同会如何影响生活和认知的质量

采取行动
把自己的观点转化为恰当的行动来改善条件

沟通思想
与不同对象有效交流观点

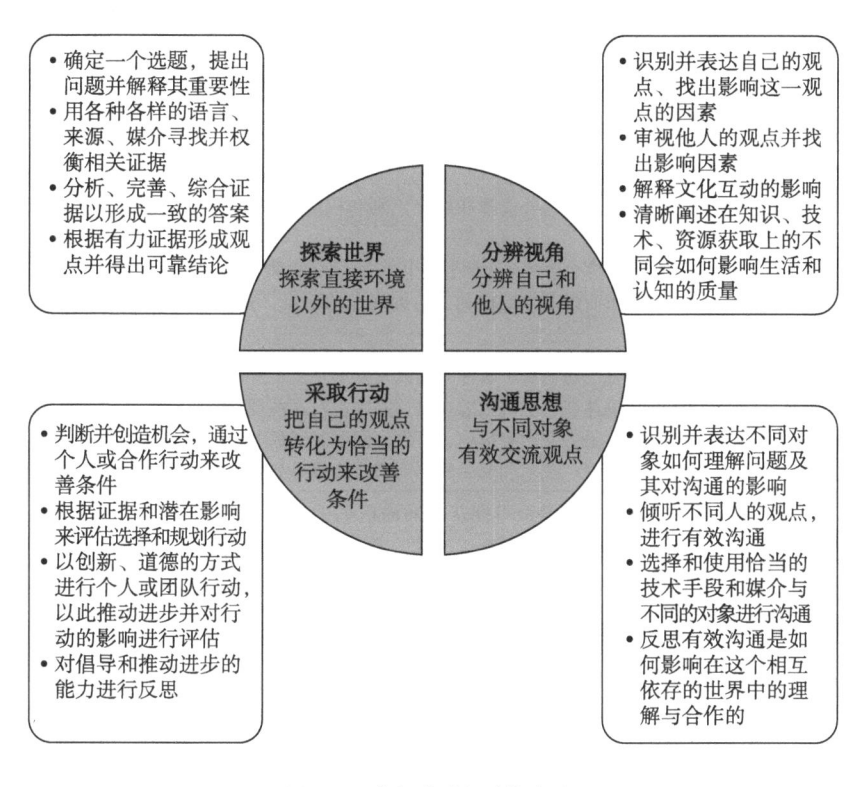

- 判断并创造机会,通过个人或合作行动来改善条件
- 根据证据和潜在影响来评估选择和规划行动
- 以创新、道德的方式进行个人或团队行动,以此推动进步并对行动的影响进行评估
- 对倡导和推动进步的能力进行反思

- 识别并表达不同对象如何理解问题及其对沟通的影响
- 倾听不同人的观点,进行有效沟通
- 选择和使用恰当的技术手段和媒介与不同的对象进行沟通
- 反思有效沟通是如何影响在这个相互依存的世界中的理解与合作的

图 3-1 "全球胜任力"框架

资料来源:[美]韦罗尼卡·博伊克斯·曼西利亚、[美]安东尼·杰克逊:《全球胜任力:融入世界的技能》,赵中建、王政吉、吴敏译,华东师范大学出版社 2020 年版。

第一,探索世界。探索所处环境以外的世界,发现有意义的问题,精心构思研究方法,并着手完成与年龄相适应的研究工作。

第二,分辨视角。甄别自己和他人的观点,经过自己的深思熟虑,

---

① [美]韦罗尼卡·博伊克斯·曼西利亚、[美]安东尼·杰克逊:《全球胜任力:融入世界的技能》,赵中建、王政吉、吴敏译,华东师范大学出版社 2020 年版,第 141 页。

能以谨慎、恭敬的方式予以阐述和解释。

第三，沟通思想。与不同的受众沟通思想，跨越地域、语言、思想和文化上的障碍。

第四，采取行动。主动采取行动以改善环境，把自己定位为全球中的一员并积极参与其中。

表 3-1　　　　　　　　　"全球胜任力"的四种核心能力

维度	能力
探索世界：探索周边环境之外的世界	●确定一个问题，产生一个问题，并解释地方、区域或全球范围内可研究问题的重要性 ●使用各种语言、国内外资源和媒介识别和权衡相关的证据，以解决全球重大研究问题 ●分析、完善和综合收集到的证据，以构建对全球重大研究问题的一致响应 ●提出一个基于有说服力论据和多角度观点的论点，并得出关于全球重大问题的合理的结论
分辨视角：分辨自己和他人的视角	●认识并表达自己对情境、事件问题或现象的观点，并确定对这一观点的影响 ●审视他人、群体或思想流派的观点，并确定对这些观点的影响 ●解释文化交互是如何影响情境、事件、问题或现象的，包括知识的发展 ●清楚说明对知识、技术和资源的不同获取途径是如何影响生活质量和观点的
沟通思想：与不同对象有效交流观点	●识别和表达不同的受众可能从相同的信息中感知到不同的含义及其对沟通的影响 ●倾听并与不同的人进行有效沟通，使用适当的口头和非口头行为、语言和策略 ●选择并使用适当的技术和媒介与不同的受众进行沟通 ●反思在一个相互依存的世界中，沟通是如何影响理解和协作的
采取行动：把自己的观点转化为恰当的行动来改善条件	●识别并创造个人或协作行动的机会，以改善状况的方式来处理情况、事件、问题或现象 ●开展基于证据和潜在影响的评估，并计划行动，将以往做法、不同观点和潜在后果进行综合考量 ●通过个人或协作行为，做出创造性且符合道德要求的行动，为地方区域或全球的改进作出贡献，并评估所采取行动的影响 ●反思学生在地方、区域或全球范围倡导并促进改善的能力

资料来源：[美] 韦罗尼卡·博伊克斯·曼西利亚、[美] 安东尼·杰克逊：《全球胜任力：融入世界的技能》，赵中建、王政吉、吴敏译，华东师范大学出版社 2020 年版。

（三）清华大学

在中国，政府和教育界人士也越来越重视培养学生在全球化场景中参与合作与竞争的能力。其中，清华大学秉持"中西融汇、古今贯通、文理渗透"的办学风格,最早将全球胜任力写进学校的全球战略布局和培养方案中,明确提出要着力培养具备全球胜任力的拔尖创新人才。2018年4月,"清华大学学生全球胜任力发展指导中心"正式成立,旨在将全球胜任力融入学校人才培养的全过程。清华大学学生全球胜任力发展指导中心将全球胜任力定义为在国际与多元文化环境中有效学习、工作和与人相处的能力。[①] 作为中国较早系统研究全球胜任力的组织,清华大学的研究团队构建了"全球胜任力六大核心素养框架"(见图3-2),认为全球胜任力的提升是一个持续的、终身学习的过程,需要在认知、人际与个人三个层面不断地探索发展六项核心素养。

图3-2 清华大学"全球胜任力六大核心素养框架"

资料来源:清华大学全球胜任力发展指导中心:《全球胜任力:为走向世界作准备》,https://goglobal.tsinghua.edu.cn/cn/competence,2024年。

首先,认知层面涵盖世界知识与全球议题以及语言两个核心素养。具体而言,要求学生学习世界历史、文化等领域的知识,了解全球所共同面临的议题,并且能够深刻理解和运用这些知识进行独立思考;与此

---

① 清华大学全球胜任力发展指导中心:《全球胜任力:为走向世界作准备》,https://goglobal.tsinghua.edu.cn/cn/competence。

同时，学生至少需熟练掌握一门外语，利用外语能力去真切地感受、深入地理解并由衷地欣赏多元文化的独特魅力。

其次，人际层面包含开放与尊重、沟通与协作两大核心素养。学生需要具备跨文化的人际沟通及交流能力，增进各方的相互理解与信任，消弭潜在的矛盾与冲突；不仅如此，学生还需胸怀对人类命运以及社会可持续发展的担当与责任感，在开展专业工作和职业活动时，时刻做到言行规范得体、决策审慎负责。

最后，个人层面包括道德与责任、自觉与自信两大核心素养。要求学生对自己的民族和文化有深度的认识和坚定的自信，同时具备反思能力；此外，在面对不同文化或文化多元性的现实情境时，学生应秉持开放包容、尊重欣赏的态度，既能立足于本土文化视角剖析问题，又能转换到其他文化视角进行换位思考。

清华大学提出的"全球胜任力六大核心素养框架"层次分明，从意识形态到个人再到集体均有涉及，并且首次提出了"终身学习"的概念。此外，将全球胜任力的培养环节融入本科生和研究生的培养过程中，涵盖课程学习、学术研究与交流、实习实践和文化交流四个环节，为学生的本土化国际化培养、海外学习与研究提供了有力支持。

第二节　国际组织人才通用素质标准

赵源总结了国际公务员承担的角色（战略规划制定者、下属管理人员指导者、例外问题和危机问题管理者），并据此概括出国际公务员通用素质标准模型。国际公务员的通用素质包括政治素质、能力素质、文化修养、身体素质与心理素质。[1]

首先，过硬的政治素质是保证国际公务员工作方向和行政效果的基本前提。政治素质是对公务员在政治、思想、作风方面的标准要求，国际公务员作为特殊的公务员群体，需要对任职的国际组织负责，具备忠诚性、国际性和中立性。其次，一流的能力素质与文化修养是保证国际公务员工作能力与行政效率的关键。国际公务员工作内容的特殊性要求

---

[1] 赵源：《国际公务员应具备哪些素质》，《人民论坛》2018年第32期。

他们除具备一般公务员应有的正确的世界观、坚定的使命感和强烈的责任感外，还应具有更高水平的工作能力、才能与其工作任务相匹配。能力素质包括专业能力、沟通交流能力、组织计划能力、团队合作能力、决策能力和创新能力。文化修养是指国际组织公务员应当兼具道德修养和人文关怀。其中，道德修养不仅是国际公务员人格魅力的体现，也是领导影响力产生的重要因素，其内容结构主要包括廉政廉洁、公道正派与政治使命感。最后，良好的身体素质与心理素质是提高国际公务员工作水平与行政效率的基础。国际公务员的工作环境复杂多变、工作对象多样，没有健康的身体和充沛的精力是无法胜任的。

第三节 国际组织人才核心素质标准

要成为国际组织人才，就需要具备国际组织人才的素质标准。国际组织人才核心素质（Core Competence），又被译作核心素养，可以理解为承担国际组织使命、胜任国际组织赋予的职责、完成国际组织交予的任务所应具备的内在品性、价值观念、专业知识和经验才干的综合素质。[1]

国际联盟首任秘书长德鲁蒙德爵士最早提出，联合国秘书处工作人员应该是国际公务员，应该具备"忠诚、才干和正直"的品性。自此，国际联盟、联合国及其下属机构以及众多政府间国际组织都不断强调，国际公务员、国际组织人才的招聘、任用和晋升都需要符合国际组织的用人原则与行为准则。例如，1954 年，国际公务员咨询委员会制定了《国际公务员行为标准》，对国际公务员的组织忠诚、国际意识、公平独立、沟通能力及品性行为提出了具体要求。受到胜任力模型相关研究的影响，众多国际组织，如联合国开发计划署、联合国教科文组织和世界卫生组织等，也都明确地提出了国际公务员和相关工作人员应该具备的核心素质，并以此作为提升人才质量、提高组织工作效率、实现国际组织目标的保障之一，也使国际选拔、评估、表彰国际组织人才有理有据。

---

[1] 张民选等：《国际组织人才培养与选送》，上海教育出版社 2022 年版，第 87—110 页。

国内学者对各个国际组织的胜任力模型进行了综合分析，总结出了国际组织人才的核心素质标准，以期为中国的国际组织人才培养提供依据。

一 国际组织人才的四大核心素质

上海师范大学教授张民选及其研究团队[①]综合考察了《联合国宪章》、联合国的《国际公务员行为准则》等重要文献，提出国际组织人才，特别是国际公务员需要具备的四大核心素质，即政治素质、专业素质、人文素质和管理素质，并阐释了国际组织人才在政治价值观念、专业知识技能、人文素质修养和领导管理才能四个方面的具体能力要求（见表3-2）。

表3-2　　　　　　　　国际组织人才核心素质

核心素质	具体的素质和能力要求
政治素质	●国际使命 ●忠诚组织 ●独立公平
专业素质	●精益求精 ●创新 ●目标至上 ●学习能力
人文素质	●尊重多样性 ●人际交流才能 ●正直清廉
管理素质	●领导才能 ●战略思维 ●人员管理 ●绩效管理

资料来源：笔者自绘。

（一）政治素质

国际组织，特别是国际政府组织，是承担成员国共同约定之使命的跨国机构，需要通过协调各国利益，才能够共同促进人类的和平与发展。

---

① 张民选等：《国际组织人才培养与选送》，上海教育出版社2022年版，第87页。

国际组织的使命崇高、任务艰巨。因此，国际组织的工作人员必须具备不同于一般国家公务员和一般外交人员的政治素质。在此方面，国际组织首先要求国际公务员具有国际情怀，能够为人类的根本利益和世界的和平发展服务，并因此忠诚于其受雇的国际组织，公正对待各成员国和自己的祖国，履行作为国际组织人员的使命与职责。具体来说，国际组织人才应该具备以下政治素质，按照国际组织规定的行为准则开展工作。[①]

1. 国际使命（Commitment）

国际公务员及相关人员不仅要具备国际视野、能够按照国际通行规则办事，而且要深刻地意识到，他们所承担的工作不是任何"国家职责"（Not National Responsibilities），而完全是"国际职责"（But Exclusively International），即不再仅为本国利益服务，而必须为各成员国、世界各国服务，为全人类服务，为国际组织履行职责与义务。[①] 在国际组织任职的国际公务员所承担的使命和履行的职责是"体现世界人民最崇高的愿望，其宗旨在于使后代免遭战祸，使所有男女和儿童有尊严地和自由地生活"，是"为和平、为尊重基本权利、为经济和社会进步、为国际合作而服务"的。[②] 因此，每位国际公务员自授命之日起就必须宣誓，表示他们承诺仅以国际组织的利益履行职责并且规范自己的行为。例如，《国际公务员行为准则》指出，"联合国及其专门机构代表着全世界人民的最高理想。旨在将人类世世代代拯救出战争的苦难，让每个男女和孩子都能够有尊严和平地生活"，而国际公务员的根本使命就是将这些"理想转变为现实"。[①]联合国教科文组织也强调，国际公务员肩负着"人类和平、尊重人类基本权利、经济繁荣与社会进步"的崇高使命，因为他们正在为人类创造"正义与和平的世界"。[③]

正因如此，国际公务员应秉持国际使命至上、人类和平发展至上的理念。当国际公务员在人类根本利益和国际组织的使命和宗旨与个人利益和本国要求发生矛盾时，也应该与国际组织的人类理想保持一致，不

[①] UNESCO, *Staff Regulations and Staff Rules*, Paris: UNESCO, 2019, p. 12.

[②] ICSC, *Standards of Conduct for the International Civil Servants*, New York: UN Press, 2013, p. 3.

[③] UNESCO, *Standards of Conduct for the International Service*, Paris: UNESCO, 2014, pp. 13-14.

应损害国际组织的利益与声誉。当然，投身于国际组织事业，并不排斥每个人的国家观念、民族感情、政治和宗教信仰，而是要求他们能够意识到国际组织的人类理性与本国最高利益的一致性，时刻将国际组织职责铭记于心，始终保持理性与克制的态度。正如联合国教科文组织《工作人员条例与细则》所规定的："虽然不期望国际公务员放弃民族感情或政治和宗教信仰，但是他们应当始终牢记国际公务员的身份要求他们应该具备的克制和机智。"① 联合国教科文组织在《国际公务员行为准则》的《实施问答案例》中还做了典型回答。

样题21. 你能否在一份支持你本国某政治候选人的请愿书上签名，或者为一位候选人谋职背书？

答案：可以，但要在一定的条件下。如果你具有选举资格、参加了一个政党，你可以在支持你本国某位政治家的请愿书上签字，或者为某位候选人谋取职位背书。条件是，你这样做并不会引起公众对你在联合国教科文组织中身份的关注，也不会使本组织处于尴尬的地位，或者使本组织的利益受到损害。②

2. 忠诚组织（Loyalty）

国际公务员的人类使命感与忠诚于国际组织的"最高标准"紧密地联系在一起。这是因为国际公务员是通过有效完成国际组织的每一项工作任务来实现国际组织的整体目标和人类和平发展的崇高理想的。但要有效完成工作、实现最终理想，每位公务员就必须在理念和行动上忠诚于他/她所服务的国际组织。这也是确保国际组织工作效率和目标实现的前提条件和基本保障。因此，自国际联盟秘书处招聘国际公务员之日起，"忠诚"就一直是国际公务员最重要的素养和最高标准。《联合国宪章》第101条明确规定："办事人员之雇用及其服务条件之决定，应以求达效率、才干及忠诚之最高标准为首要考虑。"③

忠诚于国际组织至少体现在以下三个方面。第一，每个国际公务员都应该高度认同其所在国际组织的使命。唯有忠诚于国际组织及其使命，才能够确保国际组织公务人员将国际组织的利益置于个人利益和所

---

① UNESCO, *Staff Regulations and Staff Rules*, Paris: UNESCO, 2019, pp. 12-13.
② UNESCO, *Standards of Conduct for the International Service*, Paris: UNESCO, 2014, pp. 36-37.
③ 引自《联合国宪章》。

在国利益之上，才能够自觉并负责任地使用该国际组织的资源，才能够为实现国际组织的理想与使命而敬业奉献，甚至不惜牺牲个人的一切利益。第二，忠诚于国际组织的宗旨和使命，要求每个国际组织公务员敬畏国际法律和遵从组织规约，以国际法规和本组织行为准则和伦理规范来规约自己的行为举止。例如，联合国的国际公务员不仅被要求狭隘地忠诚于自己所在的部门，还应该忠诚于整个联合国系统以及联合国及其专门机构的宗旨和使命。只有这样，联合国各部门、各专门机构的工作人员才有可能为共同的目标而协作奋斗、不谋私利。第三，忠诚于国际组织还要求国际公务员自觉听从其所在组织的行政命令和工作指示，而"不得请求接受本组织以外任何政府或其他当局之训示，并应避免足以妨碍其国际官员们之行动"[1]。经济合作与发展组织的《工作人员条例、细则与说明（官员使用）》也明确规定："（本组织的）官员不得寻求或接受本组织任何成员国或本组织外部任何机构的任何指示。"[2] 国际公务员不应屈从于任何外部势力的压力和控制，不为各种利益所诱惑，竭力保持独立、恪尽职守、忠实履行国际组织赋予的职责。

忠诚于国际组织，不主动寻求任何政府的指示，也不被动接受任何政府和机构的指示等内容，现已成为许多国际组织要求新员工宣誓的内容。例如，联合国教科文组织要求所有新公务员做如下宣誓：

本人郑重承诺以所有的忠诚、审慎和良知来行使联合国教科文组织委托给本人的国际公务员职责，只以组织的利益履行这些职责并规范本人的行为，不寻求或接受组织以外的任何政府或主管部门下达的有关本人职责履行的指示。[3]

为了减少成员国政府对国际公务员的干扰，联合国在成立之初就在《联合国宪章》中明确规定："联合国各会员国承诺尊重秘书长及办事人员责任之专属国际性，决不设法影响其责任之履行。"然而，遗憾的是，干预联合国工作人员的事件和丑闻仍然时有发生。

---

[1] 引自《联合国宪章》。

[2] OECD, *Staff Regulations, Rules and Instructions Applicable to Officials of the Organization*, Paris: OECD, 2018, p. 8.

[3] UNESCO, *Staff Regulations and Staff Rules*, Paris: UNESCO, 2019, pp. 12-13.

3. 独立公平（Independence and Impartiality）

国际公务员面对的往往是纷繁复杂的国际问题，涉及各国的政治经济等各种利益，除在思想和理念上忠诚于国际组织，国际公务员还应当以客观、公平的态度对待各种问题，在行动上保持中立、一视同仁和秉公办事。

从各个国际组织对国际公务员的相关要求看，国际公务员的独立、公平至少包括以下三个方面的内容。

第一，国际公务员只能接受国际组织的指示和行动命令，并在行动中完全按照国际组织的规则和要求办事，与组织外的任何权力机构保持独立，绝不接受其他组织和个人的指示。世界卫生组织的《世卫组织伦理与专业行为守则》明确规定："严禁在任何情况下，寻求或者接受来自任何政府官员以及世卫组织以外的其他权威当局的指示，或不适当的帮助。"[1] 在一些特定的项目和方案实施过程中，需要国家和地方政府的协作，可能会因此接到当地政府的正当要求与建议，但是这不应该影响到国际公务员的独立性和专业判断。如果当地政府或其他机构的要求和指示已经威胁到国际公务员的独立性，他们就必须征求上级的意见。《国际公务员行为准则》还特别规定，"独立性"的要求不仅适用于国际公务员，"也同样适用于从各国政府长期借调者"以及其他受到国际组织临时聘用的各类人员。[2]

第二，独立和公平需要国际公务员时刻保持中立，对任何宗教信仰、意识形态都保持开放和中立的态度，也不能以自己的政治信念和宗教信仰作为区别对待不同国家和群体的好恶依据，甚至导致对某些信仰和理念的歧视偏见。在实际工作中，特别是在与两个或更多利益相关群体相处时，更不能偏袒利益相关的任何一方，而应当能够不偏不倚地、一视同仁地公平对待每一个利益相关方，甚至不能偏袒自己的国家。

第三，独立性还要求国际公务员意识到他们不是其本国政府和利益的代表，他们无权也不应当去充当联合国系统某个组织与他们国家政府之间的联络员。《国际公务员行为准则》第 8 条规定："国际公务员绝不是政府或其他实体的代表，也不是其政策的代言人，这一点无论如何强

---

[1] WHO, *WHO Code of Ethics and Professional Conduct*, Geneva：WHO, 2016, p.2.
[2] ICSC, *Standards of Conduct for International Civil Service*, New York：UN, 2013, p.4.

调都不为过。"① 自觉或者不自觉地充当本国利益的代表，将会导致国际公务员丧失独立性和中立立场，而滑向对本国或者本国政府人士的偏袒，或者使国际组织的利益受损。

为了预防国际公务员丧失独立公平的立场，影响国际组织的形象，《国际公务员行为准则》和几乎所有联合国系统的机构都通过工作人员守则或核心素质框架明确要求：国际公务员在未经行政首长批准的情形下，一概不得收受来自组织外部所给予的各类荣誉称号、勋章、礼品馈赠、劳务薪酬、额外好处或超出正常标价的经济收益。②

（二）专业素质

在国际组织工作的国际公务员主要为专业人员，即便是普通业务人员，也主要涵盖财务会计、法务审计、信息技术、翻译、礼宾等领域，属于广义上的专业人员。因此，国际公务员委员会和联合国各下属机构都十分强调国际组织工作人员的专业素质。联合国教科文组织、世界卫生组织、联合国儿童基金会、国际民航组织等都在人事管理文件中对雇员明确提出了"专业主义"③（Professionalism）的要求。综合各个国际组织的要求，国际组织人才的专业素质主要包括以下几个方面。

1. 精益求精（Expertise）

以与时俱进、精益求精、实事求是的态度对待自身的专业知识与技能，不断进取，掌握最新专业知识，了解和研究相关知识技术以及发展趋势，以应对知识技术的日新月异和国际组织的专业判断要求，都是各国际组织对国际公务员和相关雇员提出的基本要求。只有这样，国际公务员才能够在工作中识别关键问题，提出科学合理的处置方案，采取有效可行的方法技术，完成工作任务和实现国际组织的既定目标。也只有这样，国际公务员才能迅速应对全球事务的不断变化，坚定稳妥地面对不确定的世界，在日常工作和关键时刻，为组织提供高质量的服务、方案和决策建议。

为此，世界卫生组织把"专业技术的精益求精"（Technical Expertise）列为"世卫组织核心素养框架"的第一条。其总体规定和要

---

① ICSC, *Standards of Conduct for International Civil Service*, New York：UN, 2013, pp. 4-8.
② ICSC, *Standards of Conduct for International Civil Service*, New York：UN, 2013, pp. 4-8.
③ UNESCO, *UNESCO Competency Framework*, Paris：UNESCO, 2016, p. 11.

求为：所有国际公务员都"通过持续的专业发展，专精各自技术，力求精益求精，持续增长与工作相关的理论和实践知识，提升专业水平，并加深对不同业务和功能领域事务的理解"。世界卫生组织还将专业技术上精益求精的总体要求分解为不同专业和领导层次人员应该达到的四个水平和三项分指标，以促进和提升世界卫生组织所有国际公务员的专业精神与业务水平。[1]

联合国儿童基金会一方面在核心素养框架中单列了"知识技能"，并特别标明知识技能应该"按工作领域和层次"提出具体的专业水平要求。另一方面，在面向全体雇员的"基本素养"中提出了一项包括三个水平的"运用专业素养"的指标。该指标的基本内容是"运用专业技术才能，通过持续的专业发展，研发工作知识和理论与实践的专业知识，解释本组织各部门的功能。"[2]

2. 创新（Innovation）

世界的急剧变化和知识革命以及国际组织面对层出不穷、前所未有的各种挑战与问题，要求国际公务员必须树立创新意识、提升创新能力。具备创新能力的人不会鼠目寸光、只顾眼前、局限于当前工作，而是目标远大、面向未来、勇于首创，并以新观念、新方法、新技术去尝试解决问题、开创新的境界。创新素养既包含面向未来、勇于尝试的精神，又包含分析问题、将问题概念化、构建有效计划、运用新方法的能力。创新不仅需要愿景式理念与概念性思维，而且需要把理想变为现实和行动的实践能力。

联合国教科文组织对国际公务员创新的总体要求是："展现首创精神和创造力、在需要时研发新理念、新方法，并采取新行动。"联合国教科文组织还具体要求本组织及下属机构的国际公务员具备以下几点素养。一是积极主动完善项目、行动、工作方法和过程；二是为解决问题或者满足客户需要，提供新的、非同一般的备选方案；三是鼓励和方便他人思考新的理念和方法；四是"跳出圈子"思考问题，勇于按照新的非同寻常的理念采取经过计算的"冒险"行动；五是在行动中，对新理念、新方式保持兴趣。[3]

---

[1] 张民选等：《国际组织人才培养与选送》，上海教育出版社2022年版，第93页。
[2] UNICEF, *UNICEF Competencies Definitions*, New York：UNICEF, 2017, p.14.
[3] UNESCO, *UNESCO Competency Framework*, Paris：UNESCO, 2016, p.17.

联合国开发计划署采用渐进式的能力发展模型对不同层次的工作人员提出了不同水平的创新素质具体要求，从基础执行（水平1.1至水平1.2）到独立创新（水平2）、团队引领（水平3）直至文化塑造（水平4）。例如，水平1.1强调在执行流程与运用成果时的创新，包括系统记录并追踪创新战略/最佳实践/新型方法、持续监测流程阻滞因素与问题症结并提出解决建议、以积极态度接纳创新工作方式。水平1.2强调在流程优化与成果改进方面的创新，包括提出创新构想并设计更优实施路径、采用系统方法论分析创新战略/最佳实践/新型方法、深度诊断发展瓶颈并提出系统性解决方案、主动导入创新性工作模式。水平2重在方法体系方面的创新，包括在项目方案制定中建立多维度分析视角、形成区域性创新解决方案与问题应对范式、运用批判性思维提炼经验内涵，将其融入新方法设计、构建创新方法体系并推进跨情境应用、通过创新成果的规范性记录实现组织品牌增值、构建激发创新思维的制度环境、建立创新方案与上级决策的论证机制。水平3强调培育组织的创新能力，例如，指导并协同UNDP内外人员共建创新实施体系、创建培育创新的生态系统与思考空间、形成规划发展与资源整合的增效范式、有效调动资源支撑新型方法实践、推动组织变革并影响高层决策路径。水平4强调构建创新文化，例如，创建践行UNDP使命的创新方法论范式、营造接纳变革的创新文化氛围、建立实现组织目标的权威性方法体系、引领组织转型并实施战略变革方案、规划机构发展愿景并指导重点领域转化。[①]

3. 目标至上（Get Things Done）

目标至上是指国际公务员要能够深刻认识到完成各项任务、获得既定结果对本组织实现总体目标的意义。国际公务员的日常工作和职责本分就是要在肩负国际使命的基础上，善于想方设法、利用一切资源、排除艰难险阻，努力为实现每一个既定工作目标、圆满完成每一项任务、获取每一项预期结果而奋斗。

同时，国际公务员也要学会完成任务、实现目标的工作策略。例如，要学会为工作和活动设定质量标准和完成日期，要善于排除干扰、始终如一地聚焦既定目标，要在困难面前坚定不移、创设让团队成员兴奋的工作环境、鼓励团队成员共同行动，学会高效管理时间以提高工作效率，

---

① UNDP, *UNDP Core Competency*, New York: UNDP, 2008, p. 39.

学会负责任地使用优先资源，学会在工作中找出问题并能创造性地、有效地解决问题，还要学会过程监测、适时适当地应对变化和模糊不清的状况。

联合国儿童基金会关于目标至上、获取成果的指标制定得最为详细，分为3个水平，每个水平又分为7个3级指标。例如，对中级人员水平2的要求有以下几点：一是要勇于挑战自己和团队，以实现更高质量和更大产出；二是要强调和监测自己和他人的工作效能；三是要对自己和本团队的工作及项目制定系统而有效的步骤；四是要确保团队的目标与联合国儿童基金会更大项目的目标一致，不断推进项目实施与目标的实现，通过项目团队合作不断取得高质量成果；五是要为实现预期成果开展系统且有支持、有秩序的工作；六是要积极了解和预见组织内外伙伴的需求，主动了解合作者的反馈；七是要乐意迎接重大目标任务，战胜艰巨挑战，不断获得成功。① 另外，为了帮助联合国儿童基金会员工努力实现工作目标，获得既定成果，联合国儿童基金会还在基本素养中设立了"抗压""抗挫"能力指标，要求员工"在工作中保持积极乐观的态度，在压力和危机中高效工作，面对困难能控制情绪，接受批评并从中学习，平衡工作与生活"。②

关于目标至上，世界卫生组织还为不同层次的专业人员和高级官员设定了考察指标。例如，世界卫生组织要求初级专业人员能够"产出高质量成果，并按客户要求作出可行方案""确定高效时间表，独立工作、产出新成果""甚至能够在环境不明指示不清的情况下，在面对挑战的时候，仍然保持高产出"。高级专业人员及行政主管则应该"不断寻找发展机会，鼓励团队成员实现和超越组织的预期与目标""为团队成员做出表率，发挥每个成员的潜能，以成功获取本组织期待的成功"。③

联合国开发计划署也要求高级公务员能够为服务项目创造各种机会，提升团队合作能力，在整个组织中创建结果导向和客户至上的效率文化，要求自己和管理人员为本团队的工作结果负责。④

---

① UNICEF, *UNICEF Competencies Definitions*, New York：UNICEF, 2017, p. 9.
② UNICEF, *UNICEF Competencies Definitions*, New York：UNICEF, 2017, p. 2.
③ WHO, *Enhanced WHO Global Competency Model*, Geneva：WHO, 2016, p. 10.
④ UNDP, *UNDP Core Competency*, New York：UNDP, 2008, p. 30.

4. 学习能力（Learning）

学习能力是国际公务员和所有国际组织相关工作人员都应该具备的专业素质。几乎所有的国际组织工作人员都会在异国他乡、人地生疏的环境中工作与生活。生活环境、工作内容和服务对象的变化，更加要求国际组织工作人员能够在较短的时间内迅速适应变化，迅速与合作者、服务者合作，并做出有效的判断，及时开展工作。这些都与国际组织工作人员主动学习的态度和善于学习的能力密不可分。

学习能力首先需要国际公务员具备积极、主动的学习态度。面对不断变化的世界，每一位国际组织工作人员都要适应变化、驾驭变化，积极主动地面对各种挑战。对待各种不熟悉的事务、对象、工具和要求，坚信唯有不断学习，方能完成国际组织交给的各项任务。在知识日新月异、新技术不断更新、新理念层出不穷、新矛盾扑面而来的全球化时代和全球治理时代，积极、主动的学习态度和能力，甚至不只是有效完成工作任务的必备条件，更是成为国际组织工作人员安身立命的基本前提。

除具备积极主动的学习态度，还要善于运用有效的自主学习方法。在国际组织的实际工作中，每个人都会得到指令，却没有太多的提示、指南和辅导。在大多数情形中，国际公务员必须依靠自己、独当一面，自主地寻找相关学习资料与信息，再从资料信息中搜索到关键的信息，有计划但又不得不利用"零星碎片"的时间积极向同事、客户以及其他人学习分享，学习相关知识技能，运用有效方法技术履行职责、开展工作、完成任务。

关于学习的内容，国际组织工作人员要学习更新与工作直接相关的专业知识和技能。例如，作为世界卫生组织的流行病医疗专家，就必须不断地学习阻断最新传染病传播的防治手段、方法与药物，甚至还要研究开发新的解决方案。作为联合国教科文组织的教育信息技术专家，就必须跟踪人工智能对教育和学习的影响，形成人工智能技术在使用中对教师和学生的伦理保护意识，并且学会在不同条件和环境中传播新的信息技术。

除学习专业知识和技能，国际组织工作人员还应当具备国际视野和国际知识，学习国际时事政治、了解全球经济发展趋势、关心人类生存环境，使自己的世界观能够引领自己和团队的工作。同时，要有意识地学习和掌握国际法规、联合国以及受雇国际组织的公开政策声明和内部管理规则，以便个人和团队的言行符合国际组织的规范，特别是国际组织对其管理规则和对外宣誓做出重大变化的时候，更要学深、学透，以免对个人和组织造成伤害。

此外，国际组织工作人员还要学习各国的风土人情、文化传统、宗教信仰、礼仪习惯，这是到不同宗教、文化的国家开展工作的必要准备。这不仅是开展工作的条件，也是尊重文化多样性的具体要求。例如，一位长期在中国工作的国际雇员突然应总部要求，调任"东非教育领袖专家"（Lead Educational Specialist），她就必须立即学习东非的历史人文知识、研究东非生产方式和东非的教育需求，研究世界银行的东非教育援助政策、联合国教科文组织的"非洲优先发展战略"和《2030可持续教育发展行动框架》等，否则她就难以开展工作、实现目标。随着信息技术和人工智能的迅速发展，学习信息技术及相关知识技术已经成为国际组织工作人员又一个需要学习的领域，并且国际组织的普遍要求已经从一般的"使用办公软件"提升到"信息技术素养"和"以精专技术高效完成任务"的水平。①

对于中高层次国际组织人才，学习能力还包括在组织机构中培育终身学习的文化。联合国教科文组织要求，中高级官员要在团队中创建"知识分享、持续改进的学习文化"。世界卫生组织要求"建立组织内部的学习和发展的文化"，具体地说，中层人员（P-3等级和P-4等级）"要在团队中创造学习与发展的机会，并向其他组织学习，要认识到学习是确保提高绩效的关键动力，要鼓励团队成员相互学习，不断提升团队能力和效能"。高级官员"要保障学习和知识分享遍及全团队……通过教学与指导在组织中建立鼓励学习与发展的文化"。②

（三）人文素质

1. 尊重多样性（Respect Diversities）

国际组织工作人员应当具备文化包容性，尊重人类在种族、文化、传统、宗教、习俗和语言等方面的多样性，尊重每个不同的个体。《国际公务员行为准则》指出：世界是一个由不同民族语言、文化、习俗和传统多元结合的家园。尊重多样的观念和素养是每个国际公务员必须遵循

---

① UNICEF, *UNICEF Competencies Definitions*, New York: UNICEF, 2017, p.16.
② WHO, *Enhanced WHO Global Competency Model*, Geneva: WHO, 2016, p.15.

的准则,每个国际公务员都应树立"容忍和谅解"的基本价值观,因为国际公务员的职责之一就是为人类和平,各国、各民族和每个人的基本权利,每个人能有尊严和自由生活而开展工作和国际合作服务的。[1] 例如,世界卫生组织要求其雇员,包括一般服务人员、专业人员、行政主管和高级官员以及驻在国当地的专业官员,都必须"与具有不同背景与倾向的人们一起开展建设性的工作,尊重差异,确保每个人都能够作出贡献"。世界卫生组织还要求所有雇员都"把多样性视为本组织的财富""尊重和有尊严地对待所有人,与来自不同文化、性别、倾向、出身和地位的人和睦相处,检查自身行为、避免陈规陋习,从尊重他人和价值多元的维度思考问题"。[2]

在尊重多样性方面,国际组织人才需要形成至少三个方面的修养。首先,在认知层面需确立人类文明共生理念,深刻理解世界是由多元性别特征、民族构成、国家形态、文化传统及信仰体系交织而成的基本事实。秉持人本主义原则,尊重个体在性别、肤色、语言、习俗及信仰等维度的差异性,确保所有群体享有平等权利与人格尊严。其次,在实践维度要求超越符号化表态,将包容性原则转化为具体职业行为。在日常工作场景中需构建跨文化协作能力,既要与不同文化背景、性别取向的团队成员保持专业互动,也需在服务各国民众过程中展现文化敏感性,通过消除认知偏见、规范职业言行等方式,营造无歧视的工作与服务环境。最后,在价值创造层面应主动承担文化桥梁角色,不仅要适应现存多元文化环境,更要积极建构包容性组织生态,包括掌握跨文化沟通策略以促进国际合作、创新公共服务模式以适应不同发展阶段的国情需求以及将文化多样性转化为提升组织创新能力的战略资源。

2. 人际交流才能(Communication)

人际交流才能也是国际组织人才必备的关键素质,这是由国际组织的职能和任务特性所决定的。国际组织由各成员国组成,又要在各成员国开展业务。因此,国际公务员不仅需要与来自各个国家、各种文化和各种宗教信仰的同事合作共事,而且要与成员国、服务对象国的政府官员、专业人士甚至普通公民一起工作。因此,卓越的语言沟通、人际交

---

[1] ICSC, *Standards of Conduct for International Civil Service*, New York: UN, 2013, p. 3.
[2] WHO, *Enhanced WHO Global Competency Model*, Geneva: WHO, 2016, p. 5.

往能力成为每个国际公务员的必备素养和前提条件。

要进行有效的人际交往活动，首先，需要掌握交往的语言。国际公务员至少需要掌握一两种国际通用语言。几乎所有的国际组织在人员招聘信息中，都会明确要求应聘者能够精通一门国际通用语言，即联合国工作语言（英语、法语、俄语、汉语、西班牙语和阿拉伯语），甚至规定特定地区的工作语言。许多招聘信息还要求应聘者能准确使用这些语言作为书面交流和口头交际的工具。为了保证国际公务员、青年实习人员和志愿者的语言交流能力，许多国际组织都在初级、中级雇员招聘中，组织包括语言测试在内的招聘考试。其次，要提升与来自各国的同事交流以及与服务国家的官员、专家和民众交流的能力。掌握一门语言并不意味着能够用这种语言与人充分地交流、交往。再次，随着信息通信技术的迅速发展，国际组织越来越依赖现代通信技术在全球范围内迅速地传递信息。是否掌握和善于运用最新信息技术已经成为众多国际组织对新聘中青年国际公务员、实习生和志愿者的信息交流能力的入门条件。

仅仅掌握国际通用语言和信息交流技术还不够，国际公务员还必须具备在跨文化的语境中有效沟通的能力。通过不同而有效的言语交流方式，与来自他国的同事交流合作，向不同国家的顾客（被服务者）讲解演示，以达成工作目标和组织使命。联合国教科文组织认为，所谓跨文化交际能力，包括能够对不同的听众和顾客及时调整交流的方式、内容和语态语气，能够妥善处理和过滤纷繁复杂的信息，能够及时和适当地传播信息，提倡和鼓励双向交流，愿与他人分享相关信息有效运用交流渠道、工具和方式。[①] 良好的跨文化交际能力可以使来自五湖四海的同事都能感受到被尊重，有效地开展交流与合作，服务对象愿意接受组织的方案，个人的智慧和经验能得到分享，组织内外都能建立可持续的友好关系，组织目标圆满实现。

在人际交流能力方面，联合国开发计划署为不同层级的工作人员提出了具体的要求。初级国际公务员应该积极倾听他人想法，准确解释需传达的信息，正确理解任务说明并按照指示行事，在组织内部进行交流互动，乐意独立工作但在需要时又能请求帮助，对邀约积极回应但又不贸然邀约他人，及时回应他人请求。中级国际公务员则应该尊重并倾听

---

① UNESCO, *UNESCO Competency Framework*, Paris: UNESCO, 2016, p. 15.

不同意见，发现不同成员间有助于处理问题的共同立场，在交流中获取同事、伙伴和被服务者的信任，以有效方式向他人说明复杂的概念与思想，并获得他人的赞同，以多种方式与特殊的听众开展交流，在团队内外建立非正式的网络联系并将网络视为增强价值的一部分，通过经常的顾客反馈形成对顾客需求、问题、优先事项的精细认识，认识团队工作与顾客期望之矛盾，肯定和表扬他人的成功。高级公务员应该代表组织激励和影响团队成员，改变难以控制的局面，在交流中建立组织间的专业伙伴关系，改变成员想法和行为，说服和影响决策者，建立互信和正直的组织文化，在管理、政治和利益相关者层面代表组织，处理组织间的矛盾，成为组织功能的楷模，尤其是在危机中成为具有号召力的代言人，提供以顾客为中心的观点，同时能说服和领导本组织。[1]

3. 正直清廉（Integrity and Honesty）

正直涵盖国际公务员行为的各个方面，包含诚实、实事求是、公平、廉洁等品质。联合国教科文组织提出："我们的所有行动和决策都应以诚实、公平和透明为指南。我们必须遵守《国际公务员行为准则》，将联合国教科文组织的利益置于我们的个人利益之上，在履行职能的过程中保持公正、不偏不倚。"[2] 为此，许多国际组织都要求工作人员以高度的伦理道德标准来规范自己的言行；以公平、透明、尊重和客观的态度对待他人，不滥用权利或者权威；不允许用个人、社会、经济和政治的观点和不适当的压力去影响决策；对不专业和不道德的行为采取迅速和有效的行动；自觉尊重国际组织的条例规范，并按照相关条例规范行事。

尽管国际组织通常不干预国际公务员的私人行为和家庭生活。但是在一些情境中，国际公务员的言行的确有可能影响国际组织，因而国际公务员必须铭记于心：他们的言行举止，即便是在工作场所以外的、与官方职责无关的言行举止，也可能影响国际组织的形象和利益，因此，他们务必谨言慎行、以伦理道德的高标准约束自己。此外，国际公务员家属的不当言论或行为也有可能造成不良行为，因此，国际公务员也有义务使其家属认识到这种责任。[3]

---

[1] UNDP, *UNDP Core Competency Framework*, New York: UNDP, 2008, p. 22.
[2] UNESCO, *UNESCO Competency Framework*, Paris: UNESCO, 2016, p. 9.
[3] ICSC, *Standards of Conduct for International Civil Service*, New York: UN, 2013, p. 11.

21世纪以来，反对腐败、保持清廉成为国际组织关注的一大焦点。2003年联合国大会正式通过《联合国反腐败公约》，各国际组织在该公约生效后修改了国际公务员、官员、雇员和工作人员的行为准则和条例，新的行为准则和条例都显著加强了反腐败和规范利益行为的条款。以联合国批准的《国际公务员行为准则》（2013年版）为例，国际公务员委员会在最初不收受礼品、荣誉和报酬的基础上，特别强调了"利益冲突"条款，以防国际公务员产生腐败问题。国际公务员委员会认为，当国际公务员的个人利益影响了他/她履行公职的行为表现，或者履行公平、独立和公正义务的质量受到质疑时，利益冲突就会产生。[1] 联合国要求国际公务员应避免帮助私人机构或个人与国际组织打交道，即使这可以帮助他们得到实际或表面的优惠。这点在采购事务中或在谈判预期招聘时尤其重要。国际公务员履行公务和处理私事的方式都应能维持并加强公众对国际公务员自身的正直及其组织的完整信心。

（四）管理素质

联合国及其下属机构在内的许多国际组织都特别关注国际公务员，特别是中高级国际公务员的管理素质（Management Competencies）。联合国教科文组织注意到，国际公务员的许多工作都与项目管理、关系协调、带领团队有关，并且国际组织公务员管理水平的高低往往直接决定了国际组织的项目和任务能否成功高效地实施。

1. 领导才能（Leadership）

领导才能是各个国际组织最看重的管理素质。联合国开发计划署把领导才能分为6个水平，对初级工作人员（P-1等级和P-2等级）的领导才能要求是：要对自己的工作负责，包括为自己的工作质量负责，有效地使用资源、方法、信息，并与工作伙伴有效合作。中级公务员（P-3等级和P-4等级）要达到3级的领导水平，在决策过程中采取包容的态度，寻求每个团队成员的贡献，鼓励各方开展对话和采取行动，善于预见和处理矛盾，包容各种观点并将其视作改进工作的机会，信任团队成员，善于对资源、信息方法和合作伙伴等做出适当的选择和决策。对于高级专业人员和行政主管（P-5等级、D-1等级和D-2等级）则要达到6级水平的管理才能。他们要善于鼓励团队组织接受新的挑战、做出更高

---

[1] ICSC, *Standards of Conduct for International Civil Service*, New York：UN, 2013, p.6.

的绩效、实现更高的目标。高层专业人员和管理人员还要鼓励团队成员开辟新的天地,能够为团队成员和相关者创设可预见和可实现的事业愿景,将团队建设成为一个专业化和具有影响的中心,善于组织一支能够跨越地域障碍和直面严峻障碍的可持续、高绩效发展的团队。[1]

在领导才能中,联合国教科文组织还要求中级及以上专业人员和公务员能够赋权、赋能团队成员。[2] 具体体现为善于激励团队成员创造性地实现团队使命,了解团队成员的个性优势和发展空间,从而促进团队成员的潜能发展,保证对所有成员一视同仁,保证决策公开透明,以行动为团队成员提供高超的领导才能,善于劝说和鼓励团队成员和他人积极面对挑战、采取必要行动。

领导才能还包括善于建立和维护长期有效的伙伴关系和网络关系。各国际组织都强调,建立伙伴关系是领导管理团队和开展工作的重要基础。为此,中高级国际公务员和其他专业人员都应该努力在各自的组织和团队中建立有效的伙伴关系。首先,要善于识别组织内部和外部关键的利益相关者,并以开放和信任的态度与他们建立工作和人际联系。其次,迅速建立新的伙伴和盟友关系,为成功实现组织目标创造条件。最后,还要善于支持和促进跨部门的合作伙伴联系,认识环境的复杂性并创建多赢互利的合作关系。值得注意的是,领导者和管理者还要鼓励和支持其他人与自己及本团队建立合作伙伴和网络关系。

2. 战略思维(Strategic Thinking)

对于每个国际组织和工作团队而言,主要领导者和管理者的战略思维对于组织和团队目标的实现至关重要。首先,世界卫生组织和联合国教科文组织都认为,高级管理人员和专业人员应该深刻认识事关组织变革的内部和外部影响因素,善于多维度思考可能的因素和风险、预见形势造成的后果,特别是善于看到组织行为所产生的长远影响,在形成战略判断的基础上产生行动,在组织的优先战略和宏观计划的广阔背景中处理问题、采取适当行动。[3]

其次,战略思维要求国际组织主要领导者和管理者具备做出坚定且高质量决策的能力。领导者要以战略眼光积极寻找与决策相关的信息;

---

[1] UNDP, *UNDP Core Competency Framework*, New York: UNDP, 2008, p. 49.
[2] UNESCO, *UNESCO Competency Framework*, Paris: UNESCO, 2016, p. 26.
[3] UNESCO, *UNESCO Competency Framework*, Paris: UNESCO, 2016, pp. 23-24.

在复杂的信息中迅速识别出关键问题;形成解决问题所需采取的行动链,并做出环环相扣的行动决策;领导者还要勇于担当,既能提前规避风险,又能勇于为自己的决策负责,甚至在必要时,勇于为顾全组织利益做出棘手和艰难的抉择。

最后,战略思维要求中高级专业人员和行政主管善于编制发展规划。要能够编制既具有抱负又系统的中长期规划、切实可行的年度工作计划和便于实施的项目行动方案,包含实现工作目标、确定优先事项、有效配置资源、达成目标路径过程等基本内容。在规划过程中,要善于与各利益相关方交流沟通,听取各方建议;在规划过程中,要能预见风险障碍、预估偶发事件,为完成任务安排必要且适当的时间、空间、资源与环境;在规划实施过程中,开展过程性评估监测,及时调整工作重点、资源、时空安排,确保规划目标顺利达成。

3. 人员管理(Personal Management)

在管理素质中,人员管理是国际公务员和其他专业人员要具备的最基本的能力。国际公务员每天都要与同事、上司、下属、客户等打交道,他们在执行和完成国际组织交付的每项任务时都要与人沟通交流,发挥每个人的独特作用。因此,学会自身管理、提升人员管理能力是对每个国际公务员的基本要求。

对于一般服务人员和初级专业人员来说,人员管理首先意味着对自身的管理,包括了解自己的个性、特长与弱点,清楚个人在团队中的作用,理解个人与所在团队在执行任务和实现目标过程中的职能,还包括管理时间、问明职责任务与指示、严格按照组织规约履责工作、积极面对工作和环境压力。在面对挑战时仍然保持积极的态度,不以抱怨等方式把压力转嫁给他人。对于中高级专业人员和行政主管来说,应该注意管理自己,比如善于有效控制自己的情绪,乐见同事和他人取得的成功,在面临挑战和压力时仍然与他人保持一贯的合作态度,甚至在面临巨大挑战和压力的情景中仍能稳定团队,让团队成员得到必要的指导与支持。

除了"自身管理",人员管理还包含其他重要内容,特别是"鼓励成员协作、提升团队表现"。对于初级国际公务员来说,首先要主动参与团队活动,学会与同事一起工作,不与他人产生矛盾,有矛盾时也要努力消除矛盾和误会。对于中级人员来说,要积极倡导目标导向的团队合作精神，主动与团队成员协作开展工作，乐于提供帮助，愿意与团队成员分享成功、分担责任。团队合作并非无原则的一团和气，而是要在完成国际组织的使命任务中，同心协力、协同努力、合作共赢。为此，联合国开发计划署要求其中级专业与管理人员要能促使团队成员全身心投入事业、形成团队主人翁意识，促使团队成员参与工作过程的每个阶段，做好本职工作并相互支持，激励全体成员为实现团队共同目标而奋斗。①

近年来，国际组织越来越意识到，实现团队合作的最佳途径还在于鼓励国际组织工作人员发现和表彰每个成员的特长和优势，肯定和表扬成员行为的改善，鼓励团队成员相互分享实践知识，为团队成员的发展和晋升既提供一视同仁的机会，又提供个性化的目标。对于高级专业与管理人员，联合国开发计划署还要求指导全体成员适当分享知识，不断提升组织标准，鼓励成员为争取卓越而奋斗，为个别成员设立具有挑战性的发展目标，不仅告诉他们应该做什么，而且为他们解释为什么要去做。②

此外，人员管理和团队协作并不仅仅局限于国际组织内部，国际组织人才还需要与外部用户、当地工作人员结成良好的工作关系。与项目实施国的政府、官员、工作人员和国际组织临时聘请的专家等建立真诚相待、既有原则又有灵活性的伙伴关系，对项目的顺利实施至关重要。为此，联合国儿童基金会和世界卫生组织都提出了相关要求。例如，"在项目设立时，就确定利益相关各方的绩效要求"，"在本组织中和组织与外界利益相关机构间建立旨在改进工作绩效的合作机制"，"与本组织内各部门以及与外界利益相关方建立有效而宽松的工作网络关系和工作改进机制"。如有必要，还应该"建立战略伙伴关系，团结各方形成联盟，确保本组织的既定目标能成功实现"。③

4. 绩效管理（Performance Management）

随着联合国和众多国际组织的改革，绩效管理已经被提升为国际组织人才应该具备的核心素质。各国际组织首先强调，必须公平地、建设性地处理绩效管理问题；绩效评价与管理应有利于国际公务员和相关人员的生涯发展和流动，因此，要善于为被评估者提供客观和定期的反馈；

---

① UNDP, *UNDP Core Competency*, New York: UNDP, 2008, p. 21.
② UNDP, *UNDP Core Competency*, New York: UNDP, 2008, p. 52.
③ WHO, *Enhanced WHO Global Competency Model*, Geneva: WHO, 2016, p. 13.

使绩效反馈有助于绩效提升。① 世界卫生组织专门设定了关于"有效工作"的行为指标，它要求水平 1 的一般服务人员"以完成任务为导向，及时听取领导的指示与建议，争取获得成果"。要求水平 2 的初级专业人员"以过程实施为导向，积极采取行动，按需调整行动，有效并建设性地解决问题"。要求水平 3 的中级专业人员和本国专业人员"以政策实施为导向，按照本组织的使命与目标设立和调整项目，不断地有效解决自己和团队面对的问题"。要求水平 4 的高级专业人员和行政主管"以战略发展为导向，有效地管理和监督本团队和部门的各个项目，确保获得各项目的最佳实践效益以及在本组织层面上的积极影响"。②

除了建立绩效制度，绩效管理还包括鼓励团队成员提升工作绩效、增强团队成员的责任意识和主人公意识、发现和肯定团队成员的创新创意和专业精神、提升团队成员的使命感和工作投入度、在团队中创新有效的工作方法、对团队成员可见的工作改进予以肯定和表扬、为团队成员的个体发展设定目标并提供发展机会。③

二　国际组织人才的五大软实力

北京师范大学教授滕珺④收集和分析了联合国系统各个机构发布的招聘说明书，并对具有联合国各类工作经验的人进行了深度访谈，系统梳理了国际公务员的核心素质。她认为，国际组织人才需要具备五个方面的软实力，即价值观、专业知识、思维方式、国际可迁移能力和人格特质（见表3-3）。

表3-3　　　　　　　　国际组织人才核心素质模型

核心素质	具体的素质指标
价值观	● 正直 ● 专业精神 ● 尊重多样性 ● 民族文化身份认同

---

① UNESCO, *UNESCO Competency Framework*, Paris: UNESCO, 2016, p. 27.
② WHO, *Enhanced WHO Global Competency Model*, Geneva: WHO, 2016, p. 10.
③ UNDP, *UNDP Core Competency*, New York: UNDP, 2008, p. 21.
④ 滕珺：《国际组织需要什么样的人——联合国系统人才标准及中国教育对策研究》，上海教育出版社2018年版，第237—240页。

续表

核心素质	具体的素质指标
专业知识	• 个人专业知识 • 组织机构知识
思维方式	• 目标明确 • 客户第一 • 团队合作
国际可迁移能力	• 沟通交流技能 • 人际交往技能 • 组织、计划与执行力 • 信息技术技能 • 快速学习技能 • 管理技能
人格特质	• 抗压能力 • 主动积极 • 尽职尽责 • 开放灵活 • 细致敏感

资料来源：滕珺：《国际组织需要什么样的人——联合国系统人才标准及中国教育对策研究》，上海教育出版社2018年版，第237—240页。

(一) 价值观

价值观是国际公务员的基本道德准则。在价值观方面，国际组织人才需要具备正直的品格、专业精神、尊重多样性的精神和理性的民族文化身份认同。

一是正直。正直是联合国强调的三大价值观之一。正直除了指公正无私，还要认同联合国的工作使命，遵守国际公务员的行为标准，具备崇高的道德。

二是专业精神。作为联合国系统尤其是其下设的专门机构，专业精神始终作为一项关键核心价值观而存续。一方面，从业者能够以自身从事的工作及其所达成的成就为傲，从中汲取源源不断的动力；另一方面，保护专业性，坚守和维护专业性的纯粹与权威。

三是尊重多样性。在联合国系统倡导的基本价值观之一，尊重多样性占有重要地位。尊重多样性涵盖多个方面：第一，尊重文化多样性，即认可并尊重世界各国、各民族文化所独具的特色与魅力，摒弃文化偏见与狭隘观念，倡导不同文化间的平等交流、相互借鉴与和谐共生；第二，尊重个人多样性，充分认识到每个个体均具备独有的特征，不以单一标准衡量和评判他人；第三，尊重性别多样性，秉持男女平等理念，反对性别歧视，保障不同性别群体在各个领域拥有平等的参与机会、发展空间以及获取资源的权利。

四是民族文化身份认同。尽管国际公务员行为准则明确要求员工在与组织外权力机构交往时需保持独立，不得寻求或接受组织外任何政府、个人及实体的指示[1]且招聘说明书也未涉及民族文化身份认同的相关内容。但是，这绝非表示他们要摒弃个人的政治或国家观点。实际上，民族文化身份认同是国际组织员工不可或缺的重要价值观。置身于国际组织这一多元且复杂的工作场景中，如果没有强烈的民族文化身份认同，员工既难以在纷繁的文化环境中定位自我、挖掘自身的价值优势，也无法以自信的形象、积极的心态与他人沟通和合作。

（二）专业知识

在专业知识方面，不仅要有良好的个人专业知识，同时也要熟悉组织机构知识。

一是个人专业知识。个人专业知识主要是指与个体所从事职位紧密关联的专业知识储备以及实践经验等，通常包括学历要求、经验要求、具备专业知识和专业能力、能够提供专业意见，有时还要具备多领域的知识、研究经验或教学经验。一方面，对国际公务员有学历与实践经验的要求，需要具备扎实的专业知识和实践能力，能够在工作中提供专业意见；另一方面，在一些情境下，国际公务员还需要涉猎多个领域的知识，兼具研究或教学经验。

二是组织机构知识。组织机构知识主要是指与工作环境相关的经验，包括通晓国际工作规则，具备国际层面与地区层面的工作经验与知识，例如，是否熟悉某些国际组织的运行规则与程序，是否了解国际法规与准则，是否熟悉某一国家或地区相关领域的情况，是否有国家机关、非政府组织等多种组织的工作经验等。

（三）思维方式

在思维模式方面，需要具备目标明确、客户第一和团队合作的基本

---

[1] ICSC, *Standards of Conduct for International Civil Service*, New York: UN, 2013, pp. 4-8.

意识。

一是目标明确。目标明确就是指"结果取向",包括确保结果的质量、为结果负责、在不同的团队层面达成结果、找到方法克服达成结果的阻碍等。

二是客户第一。客户取向着重强调将客户置于第一位。在实际工作中,一方面,能够主动与客户建立联系、展开接触,精准识别客户的需求;另一方面,凭借专业能力与优质服务满足客户的需求,并且针对客户所给予的反馈,积极做出回应。

三是团队合作。团队合作意味着与多元对象合作开展工作的能力。在国际组织工作,不仅要与包括非政府组织、行业专家、政府人员等在内的多种利益相关者合作,还要与不同职位层级(尤其是高层工作人员)、联合机构内外人员、不同学科领域的专业人员密切配合。不仅如此,专业人员在合作进程中要能依据实际需求,敏捷、自如地实现角色切换,既当得了统筹全局的领导者,又能成为听从命令的队员,既能独立完成任务,又能融入团队。

(四) 国际可迁移能力

在国际可迁移能力方面,需要拥有沟通交流技能,人际交往技能,组织、计划与执行力,信息技术技能,快速学习技能和管理技能,以支撑和开展具体工作。

一是沟通交流技能。在联合国的工作场景中,工作人员所处的环境颇为复杂,常常需要与不同类型的对象协同开展工作。因此,国际公务员必须具备与不同对象顺畅交流的能力。除了掌握基本的语言能力,更应该追求高效、清晰与简洁的沟通效果。与此同时,交流还须达到诸多标准,例如,信息准确可信,能够深入浅出地解释复杂问题,让沟通对象易于理解,及时给予反馈,富有吸引力且秉持客观的态度等。尤为重要的是,一名合格的交流者还要深谙倾听之道,善于公开分享信息,并能够依据听众的特点,选择合适的语言、语调和表达方式,确保信息的传递精准到位。

二是人际交往技能。人际交往技能内涵较为丰富,包括但不限于以下具体的行为表现。首先,需具备灵活的交往策略与技巧,确保在复杂多元的工作情境中能够稳固和维系工作关系;其次,要信任他人,积极与机构内外的人保持沟通和联络;最后,拥有影响他人的能力,并且能够敏锐地洞察个人的言行可能会对他人产生的影响。

三是组织、计划与执行力。组织、计划与执行力主要包括分析、计划、资源利用、时间管理、组织技能、行动技能、协调技能和整合技能。组织、计划与执行力涵盖一系列关键技能，包括对事务的精准分析能力，依据目标制订周全的计划；善于合理调配与高效利用各类资源，确保物尽其用；掌握科学的时间管理方法，让各项任务有序推进；具备出色的组织技能，对人员、事项、资源统筹安排；拥有过硬的行动技能，将计划切实落地；具备协调技能，能够在多方协作中化解矛盾、解决冲突、凝聚团队力量；拥有整合技能，能够融会贯通不同领域的资源与力量。

四是信息技术技能。信息技术技能主要是指能够使用办公软件或其他与职业有关的专业软件。然而，信息技能不仅仅限于掌握计算机的基本操作，在快速发展的科技浪潮下，各专门机构对专业人员提出了更高的要求，即保持对新技术的敏感度，积极主动学习，让自身技能与时俱进；与此同时，也要清晰认识到技术存在的边界与短板，以便扬长避短、规避潜在风险。

五是快速学习技能。快速学习技能主要包含有强烈的学习意愿、具备快速学习的能力、能够跟得上专业和职务上的新发展、愿意分享知识、具备知识管理能力，并能寻求完成任务所需知识等多项内容。快速学习技能主要包括强烈的学习意愿，快速吸纳新知识、更新技能，确保自身知识体系能够紧跟专业领域以及职务职责的新发展，乐于分享自身所学，熟练掌握知识管理技巧，主动、有效寻求完成实际任务所需知识。

六是管理技能。管理技能并不是具备管理职责的高级官员才应具备的能力，联合国系统中的各级官员均需要具备一定的管理技能，因为每个职员都有可能负责管理某个项目。管理技能主要包括支持团队、决策、授权、建立信任、领导力、绩效管理、具备管理见识、自我管理和在复杂环境下的管理能力等。其中，支持团队、决策和领导力是比较重要的管理技能。

（五）人格特质

国际组织人才还需具备一定的人格特质，包括抗压能力、主动积极、尽职尽责、开放灵活，同时兼具细致敏感。

一是抗压能力。国际组织工作人员不仅要承担繁重的工作任务，有时还需要在条件极其艰苦甚至有生命危险的环境下工作。因此，在国际组织任职，需要具备强大的抗压能力，例如，能够同时兼顾多项事务，有条不紊地推进各项工作，能够适应强度高、节奏快的工作时间安排，能够适应出差、加班的工作安排，能够应对工作上的挑战，承担繁重的工作任务，并能迅速调整工作状态，保障工作的有序、持续、高效开展。

二是主动积极。主动积极是国际组织员工的一种重要特质。主动积极要求员工性格外向，有积极的态度、自信心和充沛的精力来完成日常工作。

三是尽职尽责。尽职尽责是联合国系统对职员的基本要求之一。"尽职"体现为职员对本职工作怀有强烈的责任心，主动担当起各项任务，不推诿；"尽职"体现为行事谨慎，确保所提供的信息、完成的任务都真实可靠，经得起检验。

四是开放灵活。开放灵活也是国际组织工作人员需要具备的个性特征。开放性主要是指对未知世界和陌生情境的好奇和探索，因此，具有开放灵活特质的员工常常具有创新的思维方式和工作方式，不局限于现有的思考和做事方式，常常有不同于传统的观点，愿意积极地尝试不同的方法来解决问题，同时也会对不同的观点进行风险估计。

五是细致敏感。外事无小事，国际公务员每天都要处理各种各样的国际事务，所以需要特别谨慎、细致，而且要具有一定的政治敏锐性和文化敏感性。国际公务员还需要特别注意细节，这是具有专业素养的表现。

第四节　各国际组织人才胜任力模型

一　联合国未来胜任力框架

联合国未来胜任力模型是为推动联合国组织变革而建立起的一个胜任力模型。正如联合国所认为的那样："联合国最大的推动力，或者说成功的关键，在于员工和管理者的资质，因此需要建立能够确保员工发挥最大潜能的组织文化和环境。其他组织的管理经验也表明，要建立新的组织文化，发展人力资源能力，定义组织的核心胜任力和管理胜任力是非常重要的。"① 鉴于此，联合国运用访谈和小组讨论法对秘书处公务员展开研究。研究人员首先询问了公务员对未来的工作与挑战、客户需求等方面的看法；其次，询问了他们关于公务员所需胜任力的观点；最后，建立起了一个联合国未来胜任力模型，并于1999年发布了《联合国未来胜任力报告》（United Nations Competencies for the Future），作为联合国招聘员工、配置人员、员工发展和绩效管理的重要参考依据。

《联合国未来胜任力报告》将胜任力定义为"技能、特质和行为的组合，它与是否能在某个岗位上有成功的表现有着直接的关系"。联合国未来胜任力模型包含3项核心价值观、8项核心胜任力和6项管理胜任力，该框架常被称作"386框架"。其中每一项价值观或胜任力都可以用一些行为指标（Behavioural Indicators）来描述，联合国共计开发了98项行为指标，有助于在联合国内推进共同的价值观、业绩以及行为标准（见表3-4）。

表3-4　　　　　　　　　　　　联合国未来胜任力模型

胜任力	维度	行为指标
核心价值观（Core Values）	正直（Integrity）	在日常活动和行为中践行联合国的价值观； 不计较个人得失； 在作出决策时抵御不正当政治压力的影响； 不滥用权力和权威； 始终维护组织的利益，即使这些决策看起来可能不常见； 当遇到非专业或不道德的行为时能立即采取行动
	专业（Professionalism）	对工作和成就感到自豪； 精通专业领域的工作，工作时体现专业能力和专业性； 能认真、有效、按时地履行承诺并达成目标； 以专业精神而非个人利益作为驱动力； 即使遇到困难、压力和挑战，也要保持冷静，并表现出持之以恒的韧性精神
	尊重多样性（Respect for Diversity）	与不同性别、不同背景的人有效开展工作； 尊重所有的人； 在日常工作和决策中，尊重并理解多元化的观点； 自觉审视自身的偏见和行为； 不歧视任何个人或群体

---

① United Nations Careers, "United Nations: Competencies for the Future", https://hr.un.org/sites/hr.un.org/files/Competencies%20for%20the%20Future_0.pdf, 2011.

续表

胜任力	维度	行为指标
核心胜任力（Core Competencies）	交流（Communication）	口头表达和书面表达都能清晰有效； 在沟通时能倾听他人的想法，正确理解他人表达的信息并做出适当的回应； 通过提问来澄清问题，并表现出对双向交流的兴趣； 能根据听众的不同选用不同的语言、语调、语言风格和形式； 愿意与他人分享信息，始终保持开放性
	团队合作（Teamwork）	与同事合作实现组织目标； 向他人征询意见时真正重视他人的想法和专业知识，愿意向他人学习； 将团队议程置于个人议程之上； 支持小组的最终决定并按其行事，即使这些决定可能并不完全反映自己的立场； 共享团队的成就和荣誉，共同为团队的缺陷承担责任
	计划与组织能力（Planning and Organization）	制定与组织战略相一致的目标； 确定优先活动和任务，能根据需要调整优先事项； 为完成工作分配适当的时间和资源； 在规划时预见风险并提出应急预案； 实行监测并在必要时调整计划和行动； 有效地利用时间
	担负责任（Accountability）	承担所有责任，履行承诺； 在规定的时间、成本和质量标准内交付自己负责的产出； 按照组织条例和细则开展工作； 支持和监督下属，并对下放的任务负责； 在适当的范围内，对自己和工作团队的缺点承担个人责任
	创造性（Creativity）	积极设法改进计划或服务； 为解决问题或满足客户需求提供不同的新方案； 推动并说服他人考虑新想法； 勇于冒险，敢于提出新颖独特的想法； 对新理念和新的工作方法感兴趣； 不受当前思维或传统方法的束缚
	客户取向（Client Orientation）	将所有服务对象视为"客户"，并努力从客户的角度看问题； 通过赢得客户的信任和尊重，与客户建立并保持富有成效的伙伴关系； 确定客户需求，为其匹配合适的解决方案； 监测客户环境内外的持续变化，随时了解情况并预测问题； 及时向客户通报项目的进展或挫折； 按时向客户交付产品或服务

续表

胜任力	维度	行为指标
核心胜任力（Core Competencies）	持续不断地学习（Commitment to Continuous Learning）	随时了解本职业/专业的新发展； 积极寻求专业和个人发展； 帮助同事和下属学习； 愿意向他人学习； 寻求反馈，以学习和改进
	技术意识（Technological Awareness）	紧跟现有技术的步伐； 了解技术对办公室工作的适用性和局限性； 积极将技术应用到适当的任务中； 愿意学习新技术
管理胜任力（Managerial Competencies）	领导力（Leadership）	成为他人愿意模仿的榜样； 授权他人将愿景转化为结果； 积极主动地制定战略以实现目标； 与各类人员建立并保持关系，以了解需求并获得支持； 通过寻求双方都同意的解决方案来预测和解决冲突； 推动变革和改进，不限于满足现状； 勇于采取不受欢迎的立场
	富有远见（Vision）	识别战略问题、机遇和风险； 清晰地传达本组织战略与工作单位目标之间的联系； 提出并传达广泛而令人信服的组织方向，激励他人追求同样的方向； 表达对未来可能性的热情
	授权（Empowering Others）	下放责任，明确期望，在重要的工作领域给予员工自主权； 鼓励他人设定具有挑战性的目标； 要求他人为实现其职责领域相关的成果承担责任； 真正重视所有员工的意见和专业知识； 对成就和努力表示赞赏和奖励； 在做出影响他人的决定时能让相关者参与进来
	建立信任（Building Trust）	创设能够让他人畅所欲言、自由行动的环境； 以深思熟虑和可预测的方式进行管理； 运作透明，没有任何隐藏的议程； 对同事、工作人员和客户有信心； 对他人给予应有的肯定； 贯彻执行商定的行动； 妥善处理敏感信息或机密信息

续表

胜任力	维度	行为指标
管理胜任力（Managerial Competencies）	绩效管理（Managing Performance）	合理下放责任和决策权； 确保每个工作人员都清楚自己的角色、职责和关系； 准确判断完成任务所需的时间和资源，并将任务与技能相匹配； 对照关键节点和最后期限监控进展情况； 定期讨论绩效，为员工提供反馈和指导； 鼓励冒险，支持创造性和主动性； 积极支持员工的发展和职业抱负； 公平地评估绩效
	决策（Judgement/Decision-making）	在复杂的情况下找出关键问题，并迅速找到问题的核心； 在决策前收集相关信息； 在决策前考虑决策的积极和消极影响； 在做出决定时考虑到对他人和本组织的影响； 根据所有可用信息提出行动方案或建议； 将假设与事实进行核对； 确定所建议的行动与决策所表达的基本需求相符合； 在必要时做出艰难的决定

资料来源：United Nations Careers, "United Nations: Competencies for the Future", https://hr.un.org/sites/hr.un.org/files/Competencies%20for%20the%20Future_0.pdf, 2011年。

核心胜任力是指对组织内部所有员工来说都很重要的技能、特质和行为。管理胜任力是指对承担管理和监督职能的员工来说最基本的技能、特质和行为。核心胜任力和管理胜任力并不是针对某一特定的职位的，而是一种可迁移的能力。

（一）核心价值观

联合国的核心价值观要求员工正直、专业并尊重多样性。

1. 正直

联合国工作人员在行事时必须遵循《联合国宪章》的要求，在实际行动中基于公共利益，不计较个人的得失，做决策时坚定抵御来自不正当政治势力的施压或干扰，绝不滥用职权和权威。一旦察觉到不专业、不道德的行为，应果断挺身而出、采取行动，捍卫联合国的价值观。

2. 专业

联合国对员工的专业精神要求也颇高，要求员工必须精通专业领域的工作，能以认真的态度与敬业的精神，切实、高效且准时完成预定目标，即便遇到阻碍、压力和挑战，也要沉稳冷静，坚韧不拔，绝不半途而废。

3. 尊重多样性

联合国的工作环境是由多元化的员工组成的，每个人的文化背景、宗教信仰、风俗习惯千差万别。联合国要求其工作人员秉持尊重包容的态度对待每一个人，充分接纳并理解多元化观点，并且能够时常自我反省，主动审视自身潜在的偏见或不当行为，力求与不同性别、背景的同事默契协作，有效推进各项任务。

（二）核心胜任力

联合国要求员工具备交流、团队合作、计划与组织能力、担负责任、创造性、客户取向、持续不断地学习和技术意识八项核心胜任力。

1. 交流

联合国对员工有着明确的沟通交流能力要求，首先，语言技能要扎实娴熟，在此基础上，无论是口头表达还是书面交流，都务必做到清晰、有效。面对不同背景、身份的听众，能够灵活调整语言、语气、表述风格。在沟通时要善于倾听他人见解，通过巧妙提问来明晰、阐释对方传达的信息，并给予恰当、及时的回应。其次，要具备开放的心态，乐于将自己掌握的信息与他人共享。

2. 团队合作

在联合国的工作体系中，团队合作是至关重要的。员工必须紧密协作，以实现组织整体目标为导向，始终将团队的任务安排置于个人日程之上。在合作期间，不仅要真诚地向他人尤其是专家虚心征求意见，尊重不同观点，积极汲取长处，还要全力支持小组最终形成的决议，并付诸行动。身为团队一员，既要共享小组胜利带来的荣誉，也需坦然面对、共同承担小组出现失误引发的连带责任。

3. 计划与组织能力

联合国期望员工依据既定决议制定清晰明确的任务目标，辨别任务的优先级排序。具备风险预见能力，能够未雨绸缪，在应对挑战性工作时，高效利用时间资源，合理分配人力、物力等资源，确保工作有序推进。并且在工作推进过程中，适时对计划与行动进行跟踪监管，必要时进行灵活调整，保障目标达成。

4. 担负责任

按照联合国组织的法规和纪律规范行事，是员工的基本准则。员工需在规定时间期限与成本预算范围内完成任务，达到既定标准。管理者的角色尤为关键，管理者不仅要合理分配任务、密切监管进展，还要主动为下属排忧解难、提供必要的协助。无论是管理者还是一线员工，一旦出现过失，都要勇于承担责任，不推诿逃避。

5. 创造性

联合国要求员工能够突破常规思维的禁锢，不拘泥于既有想法与传统方法，勇于探索尝试新思路、新方式。并且要积极发挥影响力，鼓励、引导他人接纳新的构想，合力为客户排忧解难，持续优化改进自身负责的项目与服务内容，以创新驱动组织的发展。

6. 客户取向

联合国倡导员工树立客户取向的服务理念，将所有接受服务的对象都视作客户，从客户视角出发考虑问题。这就要求员工能够准确洞察客户的需求，时刻关注客户所处环境的动态变化，进而帮助客户优化问题解决方案。与此同时，要保障与客户的沟通渠道顺畅，让客户知晓项目推进情况及遭遇的难题，并严格依照规定的时间节点，向客户交付产品、提供服务。只有这样，才能赢得客户的尊重与信任，构建并维系稳固且富有成效的合作关系。

7. 持续不断地学习

联合国要求员工能紧随职务或职业领域的前沿发展，积极主动地向周围同事学习，博采众长。不仅如此，积极发挥带动作用，为同事及下属的学习成长贡献力量。在学习过程中，要及时收集反馈信息，借由反馈不断调整优化学习路径，以此推动每位员工达成专业精进与个人成长的双重目标。

8. 技术意识

联合国着重强调员工应紧跟现代技术革新的步伐，抱着开放且积极的学习态度，愿意学习新技术，并将所学新技术灵活运用到工作实践中。与此同时，员工也需保持理性清醒，客观认识技术的适用边界与局限性，让技术更好地服务于工作。

（三）管理胜任力

联合国对管理者提出了管理胜任力方面的六项要求，包括领导力、富有远见、授权、建立信任、绩效管理和决策。

1. 领导力

联合国要求管理者不安于现状、不故步自封，追求改革和进步，要勇于突破固有思维，大胆提出不同的观点。在应对冲突时，要善于运用双方均能接纳的策略去预测并化解矛盾。所制定的发展策略应当具有前瞻性，既能通过授权他人将创新的见解转化为实际成果，又能广泛搭建人脉网络，汇聚多方力量的支持。只有这样，管理者才能成为众人乐于追随、争相学习的榜样。

2. 富有远见

联合国要求管理者具备敏锐的洞察力，识别关乎组织发展的战略性问题、潜在机遇以及风险，厘清组织整体战略与各工作团队具体目标之间的内在关联，大力宣扬和引导众人追随组织的前行方向。管理者自身应对未来满怀热忱与信心，并通过自身的感染力，将这份信心和激情传递给身边的人，激励大家齐心协力朝着既定方向努力。

3. 授权

联合国要求管理者在日常工作管理中，明晰每位职员的职责要求，让员工对自己的工作负责，同时充分赋予员工开展工作所需的职权，激励他们做出卓越的成绩。对员工付出的努力和取得的成绩，要适时、及时给予认可、赞赏或奖励。管理者还要真诚地听取并重视每一位员工的想法与专业意见，在决策中积极吸纳相关人员参与讨论。

4. 建立信任

联合国要求管理者在施行管理举措时要深思熟虑、提前谋划，工作流程保持公开透明，对同事、下属以及客户给予充分信任，全力营造宽松融洽的交流环境，让大家能够畅所欲言、毫无压力地分享观点。当然，管理者自身也务必严格恪守已达成的行动协定，对他人的工作表现给予客观公正的评价，妥善处理敏感信息和机密资料，严守职业操守。

5. 绩效管理

联合国要求管理者能够准确预估完成一项任务所需的时间、资源以及必备的技能，并以此为依据合理委派工作，选择合适的授权对象，严密监管任务的执行进度。此外，管理者还必须确保每位员工都清楚地了解自身在组织中的角色定位、职责范围以及汇报程序，帮助员工实现个人职业成长与个人发展，鼓励员工适度冒险探索，在开展绩效评估时做到公平公正、不偏不倚。

6. 决策

联合国要求管理者能够在复杂多变的情境中迅速识别关键问题，直击问题的核心，随即广泛收集相关信息，全面权衡决策的后果。基于所掌握的翔实信息，及时拟订切实可行的行动计划或建议，而后以事实为依据进行检验，判断所做决策能否切实有效地解决难题。

二 联合国价值观和行为框架

联合国未来胜任力模型已经指导联合国工作人员二十多年，已完成其帮助定义组织文化基础的阶段性功能。联合国秘书长古特雷斯认为，新时期联合国面对日益综合、复杂的外部需求，迫切需要从制度层面进行革新，包括转变联合国管理模式、下放权力和使决策更靠近实施点、提升联合国系统的一体化程度，因此，需要在原有胜任力的基础上更新联合国价值观与行为准则等。[①] 在这样的背景下，联合国于 2021 年推出了"联合国价值观和行为框架"（*UN Values and Behaviours Framework*），这是联合国未来胜任力模型的迭代更新，以适应二十多年来联合国工作环境的巨大变化，同时也体现了新时期对国际组织人才的新要求。该框架包括四大价值观和五大行为标准，不仅能够作为行动指南，指导联合国工作人员妥善构建各类工作关系，履行自身工作职责，而且能够为联合国的人员队伍规划、聘任、学习和业绩管理等人力资源管理活动提供依据。值得一提的是，联合国价值观和行为框架没有将专业性作为独立的单一要素，而是将专业性贯穿于四大价值观与五大行为标准之中，因此，整个框架搭建起兼具时代特性与感召力量的组织文化基石。此外，相较于联合国以往的胜任力框架，新的价值观和行为框架还有一个显著变化：要求全体成员遵循五大行为标准，而不仅仅是对管理人员的要求。这意味着不同职级的工作人员，无论是基层执行者、中层管理者还是高层领导，都需依据自身角色定位，展现出与之适配、程度各异的能力素养。由此可见，联合国借此框架向全体工作人员提出了更高的、更全面的能力要求。

联合国价值观和行为框架首次试图阐明联合国秘书处的文化愿景，在此基础上，综合了近 4500 名秘书处工作人员和领导的意见共同创建、界定了四大价值观和五大行为标准，四大价值观对联合国工作人员提出

[①] 吴易唯、倪好：《构建基于联合国价值观和行为框架的人才培养新模式》，《神州学人》2023 年第 11 期。

了包容、正直、谦逊、人性的要求，五大行为标准包括联系和协作、分析和规划、交付具有积极影响的成果、学习和发展、适应和创新，具体的行为指标如表3-5所示。

表3-5　　　　　　　　　　　联合国价值观和行为框架

	维度	行为指标
四大价值观	包容 (Inclusion)	●给所有人以尊严和尊重； ●坚持联合国对公平、平等、尊重多样性、性别平等、反对种族主义和使用多种语言的承诺，为所有人创造有利的工作环境； ●采取行动减少自己对其他个人、群体、文化、语言、组织和方法的偏见、成见和臆断； ●在决策时积极寻求和融入多种视角、思维方式、经验和意见； ●负起责任，了解导致排斥的因素，并创造一个每个人都能大有作为的工作环境； ●有效地与他人合作，无论其年龄、文化、种族、社会性别、性别认同、性别表达、地域、级别、语言、国籍、种族认同、宗教、性别、性别特征、性取向、社会出身或其他方面的身份特征； ●表现出对跨文化差异的敏感性，并意识到在其他文化中可能会如何看待有关行动和行为
	正直 (Integrity)	●对滥用职权或任何形式的歧视行为，包括种族主义、性别歧视、残疾歧视、年龄歧视等，确保做到零容忍； ●在日常活动和行为中表现出公正公平、勇于担责、诚实可信和表里如一； ●行事不计个人得失； ●不滥用权力、特权或权威，包括基于年龄、文化、种族、社会性别、性别认同、性别表达、地域、级别、语言、国籍、种族认同、宗教、性别、性别特征、性取向或社会出身等理由； ●在决策时抵制来自政治或其他行为方的不当压力； ●支持符合本组织所服务的人和事业的利益的决定
	谦逊 (Humility)	●重视他人的知识、技能和经验； ●征求并考虑他人的反馈、看法、意见和观点； ●让他人参与解决问题和寻找解决方案，承认会有不止一种可能的解决方法； ●认识到当地情况的复杂性和当地知识的价值，将二者纳入决策； ●不贪他人之功； ●认清自己的长处和短处； ●承认自己的错误并采取行动加以纠正
	人性 (Humanity)	●确保所有决定和行动都优先考虑联合国服务对象的需要； ●以同理心、同情心和善意对待他人； ●为所有人维护国际公认的人权； ●关注自己和他人的身心健康； ●确保方案和项目与联合国的战略目标一致； ●考虑所有决定和行动对社会和环境的影响

第三章　国际组织人才培养的胜任力/素质模型 / 119

续表

	维度	行为指标
五大行为标准	联系和协作（Connect and Collaborate）	所有工作人员： • 积极倾听和关注他人的观点、专门知识、经验和感受； • 寻找与他人协作的机会，为此最大限度地利用语言和技术技能； • 表现出认同他人情绪和观点的能力和意愿； • 认识、理解和监控自己的感觉和情绪，利用这些信息来指导思考和行动； • 寻求机会，在不同的团队、专题支柱和联合国系统组织内部和彼此之间建立伙伴关系并开展协作
		所有管理人员： • 创造一个有利的工作环境，让每个人都可以开诚布公、畅所欲言，而不必担心报复； • 及时处理任何冲突或歧视性、排挤性或不团结行为； • 让其他人参与进来，在做出影响他们的决策时纳入他们的观点； • 倡导多样性和包容性，将其作为建立高效团队的一种力量； • 积极与个人、团队、利益相关者和客户建立信任、协作和伙伴关系
		高级领导： • 采取综合办法，与跨组织、部门、政治、性别、代际、文化、社会经济和其他界别的广泛、多样的利益相关者建立伙伴关系； • 让其他人参与进来，合力打造共同愿景； • 促进包容性进程，共同分析问题、确定目标、实施综合解决方案； • 表现出建设性地参与困难对话的能力
	分析和规划（Analyse and Plan）	所有工作人员： • 从广泛而多样的可信来源收集、分析和评价数据，以确定问题并为循证决策提供信息； • 对数据进行分类和分析，例如，按性别、族裔和年龄进行分类和分析，以加深理解并为决策提供信息； • 根据数据规划并确定优先事项； • 表示愿意酌情调整计划和优先事项，以应对新出现的情况和新信息
		所有管理人员： • 促进以数据为导向、以证据为基础的分析和规划； • 鼓励工作人员和团队之间共享信息、数据、经验和专门知识； • 承认个人和集体偏见对决策的影响，并采取措施将这种影响降至最低； • 评估和计划个人与团队实现优先事项所需的时间和资源，同时考虑风险和意外情况
		高级领导： • 与他人一起解读不完整、矛盾或变化的信息； • 鼓励采取批判性思维和系统方法进行分析和规划； • 发现并解读早期信号、新的和正在出现的趋势、机遇和风险； • 培养政治敏锐性，了解权力动态（政治、人口、经济和社会等方面）及其对所提供信息的影响

续表

维度	行为指标
五大行为标准 / 交付有积极影响的成果（Deliver Results with Positive Impact）	所有工作人员： ●展示专业技能和知识，对自己的表现、成果和影响负责； ●与内部和外部利益相关者接触，以确定和了解他们的需求并提出解决方案； ●利用新技术和语言技能交付成果并最大限度地发挥影响； ●即使在感觉困难的情况下也要提出自己的想法和观点，在交付成果过程中展示个人对联合国行为标准的担当
	所有管理人员： ●确保个人和团队的工作与更广泛的部/厅/特派团/本组织的宗旨和优先事项保持一致； ●确保所有工作人员在交付成果时展现出联合国行为标准； ●通过适当授权、分担决策权并鼓励他人表达自己的想法和意见为他人赋能； ●相信别人做得到； ●表彰成就并解决业绩不佳的问题
	高级领导： ●围绕交付成果建立和保持势头，激励他人实现并超越目标和预期； ●平衡产生短期影响的行动和创造长期系统转型的战略； ●通过促进协作、持续反馈和学习以及鼓励自我反省和问责，为他人赋能，以交付有积极影响的成果； ●做出艰难决定，进行令人不适的对话，并在必要时承担经过考量的风险的勇气； ●以身作则，在交付成果过程中展示联合国行为标准
学习和发展（Learn and Develop）	所有工作人员： ●表现出好奇心和学习意愿，并将学习应用于实践； ●表现出对语言学习和使用多种语言的承诺； ●掌握自己专业领域的最新思想和实践； ●寻求正式和非正式的个人和职业学习和发展机会，包括承担不同职能和地点的任务
	所有管理人员： ●通过提供指导和辅导以及分享和推荐学习机会，支持个人和团队的发展； ●让人们能够放心吐露自己的弱点、短处和发展需求； ●创造一个允许人们失败并鼓励他们从经验中学习的环境； ●寻求对自己表现的反馈，并与个人和团队就他们的表现进行定期、诚实和建设性的讨论
	高级领导： ●促进学习机会并为此提供资源，以支持发展一支灵活、多学科、以价值观驱动和多语言的工作人员队伍； ●查明、理解和支持团队成员的发展愿望； ●鼓励个人和集体反思并从成功和挑战中学习； ●与联合国其他部门以及公共和私营部门伙伴协作，共同学习并促进最佳做法

续表

维度	行为指标
五大行为标准 适应和创新（Adapt and Innovate）	所有工作人员： • 灵活应对新的背景和文化以及不断变化的环境、优先事项和最后期限； • 在面对压力、不确定和模糊情况时表现出韧性、自我认识和管理自己情绪的能力； • 尝试新方法，展示对积极变革的开放态度； • 贡献新想法，欢迎他人提出新想法
	所有管理人员： • 意识到并挑战自己和他人的习惯性思维和行为方式； • 鼓励和增强团队成员的创新思维和创造性思维； • 动员他人对不断变化的优先事项做出反应，同时寻求了解和消除对变革的恐惧和抵触心理； • 在存在压力和不确定性的时刻保持自己和他人的积极性
	高级领导： • 以令人信服的方式传达变革的需要； • 通过鼓励批判性思维、创造性、创新、灵活性和应变能力来打破习惯性做法； • 提供方向和支持，培养面对压力、不确定和模糊情况时的韧性和冷静； • 鼓励适应、试验和创新

资料来源：UN，"UN Values And Behaviours Framework"，https://hr.un.org/page/un-values-and-behaviours-framework-0，2021年。

（一）四大价值观

1. 包容

联合国要求工作人员采取行动创造一种令所有人享有尊严和尊重的环境，无论年龄、文化、种族、社会性别、性别认同、性别表达、地域、级别、语言、国籍、种族认同、宗教、性别、性别特征、性取向、社会出身或其他方面的身份特征。

2. 正直

联合国要求工作人员行事合乎道德操守，展示联合国的行为标准，在目睹不专业或不符合道德操守的行为或其他违反联合国标准的情况时，迅速采取行动。

3. 谦逊

联合国要求工作人员表现出自我认知和向他人学习的意愿。

4. 人性

联合国要求工作人员按照联合国的宗旨行事，即实现和平、尊严和平等。

（二）五大行为标准

1. 联系和协作

联合国要求工作人员与他人建立积极的关系，推动联合国的工作，并按照联合国一体化倡议协调一致地工作。

2. 分析和规划

联合国要求工作人员从广泛的来源寻找和使用数据，以了解问题、为决策提供信息、提出循证的解决方案并规划行动。

3. 交付有积极影响的成果

联合国的工作人员能够要求自己和他人为交付的成果负责，为联合国所服务的人员和事业带来积极影响。

4. 学习和发展

联合国要求工作人员追求自己的学习和发展，同时为他人的学习和发展作出贡献。

5. 适应和创新

联合国要求工作人员具有灵活性、敏捷性以及以新颖方式思考和行动的能力。

三 经济合作与发展组织的核心胜任力框架

经济合作与发展组织（Organization for Economic Co-operation and Development，以下简称经合组织或OECD）于1961年9月在巴黎正式成立。21世纪以来，通过开展决策研究、制定国际规范、推进同行审议和拓展国际合作等，OECD已经由主要服务少数成员国、侧重于经济政治的国际组织，演变成具有全球重要影响的综合性国际组织。OECD的蓬勃发展离不开其高度专业化和国际化的专业技术人员队伍的支撑。

OECD定义的核心胜任力框架描述了该组织的卓越行为和领导能力，与OECD的价值观密切相关，也是人力资源部门的共同语言，是所有人力资源流程的基础，作为招聘和评估的三大支柱之一，支撑OCED的人力资源战略。OECD定义的核心胜任力框架包含六大核心胜任力，并将每项胜任力的掌握水平分为三个等级，分别是展现、激发和领导，这些级别与工作角色和职级一致，并以技能水平和经验为基础（见图3-3）。

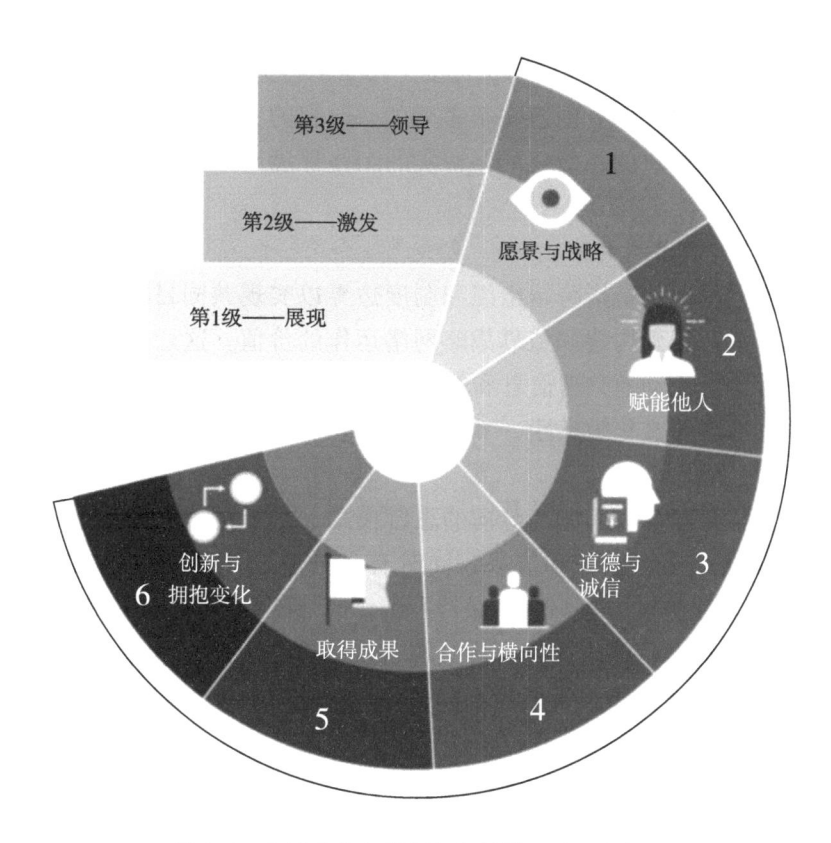

图3-3　经济合作与发展组织的核心胜任力框架

资料来源：OECD，"Core Competency Framework"，https://www.oecd.org/content/dam/oecd/en/about/careers/apply/OECD-Core-Competency-Framework.pdf，2018年。

（一）愿景与战略

愿景与战略是指对本组织在世界上的地位以及使命（由成员确定）形成一个广阔的大局观，包括展望未来、思考未来的可能性，同时拥抱变化趋势，参与建立共同的组织愿景，并做出有效的决策，使其在专业领域保持领先地位。

（二）赋能他人

赋能他人是指通过发现他人的优势，识别有待发展的领域，营造一种鼓励成长的环境，并积极主动地给予支持和帮助。这就需要营造一个开放和充满活力的环境，激励来自不同背景的人尽其所能、发挥其所长，并且鼓励他们共同参与到支持和帮助他人的活动中。

（三）道德与诚信

道德与诚信是指拥护和尊重员工工作条例与行为守则中的道德框架，同时尊重和赞赏差异，创造一个多元的、包容的文化。道德与诚信就是营造一个相互尊重的、信任的、诚实的工作环境，并鼓励表达不同的观点和视角。

（四）合作与横向性

合作与横向性是指跨越组织和制度边界以实现共同目标，能培养团队精神，并认识到构建和依靠战略网络运作的价值。这意味着要打破孤岛，公开地、主动地共享信息和知识，同时在沟通时表现得体、展现处世之道、尊重跨文化敏感性。

（五）取得成果

取得成果强调以问题为导向的思维模式，是指要负责任地按计划提交高质量的产出、服务和成果，同时有义务追求卓越，包括在管理人力、财务等资源时与组织愿景保持一致，高效率、高效益地实现本组织的目标和愿景。依据时间和可用资源有效地管理预期，了解组织成员和关键的内外部利益相关者的需求和关切，这些对于取得成果都是至关重要的。

（六）创新与拥抱变化

创新与拥抱变化是指展现出灵活性、创造力、想象力和灵感，以适应不断发展和变化的需求。它鼓励采用新的方法和概念为当前和未来的问题寻求更优的解决方案，同时又能有效地适应各种不同的情况、个体或团队，并不断改进现有方法。

为了便于理解和应用，该框架罗列了与每一项核心胜任力相关的有效行为（见表3-6）。

表 3-6　OECD 核心胜任力框架

核心胜任力	内涵	掌握水平 1：展现	掌握水平 2：激发	掌握水平 3：领导
愿景与战略（Vision and Strategy）	对本组织在世界上的地位以及这些目标如何与经济合作与发展组织使命（由成员确定）形成一个广阔的大局观，包括展望未来，思考未来的可能性，同时把握变化趋势，参与建立共同的组织愿景，并做出有效的决策，使其在专业领域保持领先地位	● 我了解团队目标以及这些目标如何与经济合作与发展组织使命保持一致。我会思考自己的行为将如何对成功完成工作的影响 ● 我认识到新技术和新工作方式的趋势的影响，并积极主动地进行讨论 ● 我在做决定时会使用证据和数据，并在不熟悉的情况下征求意见	● 我了解全球战略对经营组织的重要性，并确定具有最大战略影响的工作和行动 ● 我发现并考虑新出现的机遇和不同利益相关者的要求以反映风险，以他人了解这些风险 ● 我考虑各种贡献、数据和战略，以确定最佳行动方案，并让人们对符合政策和标准的决策负责	● 我利用全球背景和经济合作与发展组织的地位来设计和实施战略，确保优先事项和工作的一致性 ● 我对利益相关者的要求有透彻的了解，并能预测影响战略的趋势，从而建立共同的愿景 ● 我做出具有挑战性的决定，考虑艰难的权衡，在分析与果断之下取得平衡。我对自己做出的决定负责
赋能他人（Enable People）	通过发现他人的优势，识别有待发展的领域，营造一个鼓励成长的环境，并积极主动地给予支持和帮助	● 我抓住机会学习，提高自己的工作表现，并支持他人这样做 ● 我接受与自己不同的和另类的观点，并努力营造一个人人都能得到公平对待的环境 ● 我确定并交流妨碍我和同事需要改进的领域或妨碍我和同事提高效率的障碍，如技术、沟通或流程改进	● 我发挥积极作用，抓住自己和他人学习与发展的机会 ● 我寻找并接受有关优势和发展领域的建设性反馈，以帮助自己和他人成长 ● 我确保不同的观点都得到考虑，帮助他人了解他们的工作为何重要，并庆祝个人和团队的成功 ● 我创造条件，让自己和他人在工作中发挥最佳水平，并消除妨碍他们发挥最佳水平的障碍	● 我倡导分享专业知识，抓住学习机会 ● 我创建并促进学习文化，指导并辅导需要改进的地方人才，同时也发现所有人 ● 我倡导包容一个引人注目的愿景，激发信心、热情和承诺 ● 我公开承认其他人的出色表现和贡献 ● 我制定人才战略，以确定满足需求，并制定方法，确保每个人都能发挥最佳水平

续表

核心胜任力	内涵	掌握水平1：展现	掌握水平2：激发	掌握水平3：领导
道德与诚信（Ethics and Integrity）	拥护和尊重员工工作条例与行为守则中的道德框架，同时尊重和欣赏差异，创造一个多元的、包容的文化。道德与诚信就是营造一个相互尊重的、信任的、诚实的工作环境，并鼓励表达不同的观点和视角	• 我了解经组织的价值观和道德框架，并确保我的行为符合这些价值观和道德框架 • 我对不道德和不专业的行为提出怀疑，同时鼓励他人提出组织价值观的行为 • 我重视不同文化背景的人所做的贡献 • 我寻求他人的意见，欣赏他人不同的观点 • 我公平地对待他人，尊重他人，不使用陈规定型观念	• 我尊重并推广经合组织的价值观和道德框架，并确保员工和同事遵守这些价值观和道德框架 • 我调整自己的方法，吸收和融合不同文化背景的同事，并鼓励他人提出不同的观点 • 我对不尊重或陈规定型的评论以及其他形式的不道德行为提出怀疑，并采取各种措施，促进建立一个相互尊重、讲道德、没有骚扰和歧视的组织环境，这样同事们可以毫无保护地畅所欲言	• 我坚持并倡导经合组织的价值观和道德框架，将其作为管理和实施战略的基本组成部分，确保员工与这些价值观保持一致 • 我倡导包容文化，确保每个人都得到平等对待，无论差异如何，都受到重视 • 我有责任塑造一种文化，道德和诚信的态度公开接受差异并重视，并毫不拖延地处理不道德行为的情况
合作与横向性（Collaboration and Horizontality）	跨越组织和制度边界以实现共同目标，并认识到构建和依靠战略网络运作的价值。这意味着主动地分享信息和知识，主要打破孤岛，公开地、主动地共享信息和知识，同时在沟通时表现得体，展现处世之道，尊重跨文化敏感性	• 我积极主动地与自己团队和其他团队的同事建立工作关系，以便取得进展 • 我通过消除和克服障碍，积极主动地分享知识以及确保信息和专业知识的有效流动，促进团队间的合作 • 我以反可、专业、乐于助人和彬彬有礼的方式满足主要利益相关者的需求	• 我建立并维护内部和外部的战略关系网络 • 我创造合作机会和发展机会，在团队之间建立联系，促进实现共同目标 • 我根据接受其他情况调整自己的沟通风格，即使在个人不安全的情况下，我也会以身作则，表现出积极求变的态度	• 我建立联盟和网络，对利益相关者施加影响，在我直接负责的领域内外创造广泛的机会 • 我为有效合作创造条件，促进和鼓励知识和专业技能的交流，并在困难和紧张的情况下发挥模范带头作用 • 我了解我的听众，并以机智和敏感的方式表达我的观点。我最大限度地满足战略方向和长期机遇，以最大限度满足利益相关者不断变化的需求

续表

核心胜任力	内涵	掌握水平1：展现	掌握水平2：激发	掌握水平3：领导
取得成果（Achieve Results）	负责任地按计划提交高质量的产出，服务和成果，同时有效追求卓越，包括在管理人力、财务等资源方面做到与组织意愿保持一致，高效、高效益地实现本组织的目标和利益。依据时间和可用资源有效地管理预期，了解组织成员和关键的内外部利益相关者的需求和关切，这些对于取得成果都至关重要	• 我积极倾听，考虑他人的关切，调整自己的行为，坦率又机智地做出回应 • 我勇于变革，乐于采用新技术或改进流程等新方法 • 我表现出好奇心，对当前和新的问题提出新的想法，并提出新的想法 • 我表现出积极的态度，并考虑其他解决方案以取得成果	• 回应潜在的态度或行为，如文化规范和个性差异 • 我用新的方式对待老问题，寻找创造性和创新的解决方案，并鼓励他人质疑现有方法	• 我领导影响经组织的变革，并激励他人参与变革之旅 • 我培养创新文化，促进健康的风险答应，并作为发起人将创新理念转化为行动 • 我愿意承担经过深思熟虑的风险，以提高主要利益相关者的满意度，改善本组织的工作，并对我在这方面做出的决定负责
创新与拥抱变化（Innovate and Embrace Change）	展现出灵活性、创造力、想象力和灵感，以适应不断发展和变化的需求。它鼓励采用新的问题寻求更优的解决方案，同时又能有效地应对各种不同的情况、个人或团队，并不断改进现有方法	• 我热衷于提供高工作质量并取得成果 • 我对实现目标和期望负责 • 我计划、协调和管理我的工作和资源，在规定期限内完成任务	• 我鞭策自己和他人不断超越自我，帮助他人在面临重大障碍时茁壮成长，并提供帮助和鼓励 • 我有效地分配和控制资源，优化工作流程，以提高质量和服务 • 我想方设法在直接要求之外增加价值，并鼓励他人努力满足不同利益相关者满意 • 我知道什么候要变革，并积极鼓励他人也这样做，用不同的眼光看待问题，寻求新的解决问题的办法	• 我创造和培养一种追求卓越和高质效的文化，并将机遇转化为具体行动。我激励并帮助员工取得成果 • 我对我的资源使用情况负责，并以最高效的方式对资源进行优先排序和重组，以提高应对需求的能力 • 我激励和创造一种环境，系统性地寻求利益相关者的最佳利益

资料来源：OECD, "Core Competency Framework", https://www.oecd.org/content/dam/oecd/en/about/careers/apply/OECD-Core-Competency-Framework.pdf, 2018年。

第四章 国际组织人才培养过程与路径分析

第一节 国际组织人才培养关键过程与路径

一 国际组织人才培养的关键过程

在全球化进程加速的当今社会，国际组织在全球治理、国际合作、人道主义援助等诸多领域发挥着日益重要的作用。国际组织人才作为连接各国与国际组织、推动国际事务顺利开展的关键力量，其培养具有极其重要的战略意义。而国际组织人才培养是一个复杂且系统的工程，涉及多个关键环节和要素。通过这些关键过程的有效实施，可以培养出具有全球视野、专业能力和跨文化交际能力的国际组织人才，为全球治理和国际合作作出贡献。

北京外国语大学校长贾文键结合北京外国语大学国际组织人才培养项目的实践，认为国际组织人才培养是一项长期的、系统的工程，包含以下六个方面的关键要素。[①]

第一，以科学研究作为行动指南。培养国际组织人才，需先深入了解各类国际组织及其运行机制，包括国际组织的人才胜任素质、选拔标准、招聘与应聘程序等内容，需要以系统、科学的研究作为基础。不仅如此，这些研究成果还可以为国家、教育机构制定战略提供借鉴和指导。此外，建立相关国际组织人才招聘动态数据库、国际组织职员信息数据库，为大规模的、动态的实证研究奠定坚实的基础。

第二，以公民追求为根本动因。中国人力资源丰富，要想在国际组

[①] 贾文键：《助力中华民族走向世界舞台 大力培养和输出国际组织人才》，《中国大学教学》2017年第6期。

织人才培养与输送上成为大国和强国，需要大批有志于投身国际组织的后备人才。在国际组织工作虽然有较高的荣誉和收入，但也常常面临与家人分离、与社会支持网络疏离、在多元文化背景下遭遇"文化震荡"等诸多压力。公民能够权衡利弊、兼顾国家与个人需求后做出的投身国际组织职业生涯的选择，是人才培养与输送成功的关键动因。为此，要从小培养学生的"世界公民"价值观，宣传在国际组织工作和发展的职业方向。

第三，使社会环境成为成长生态。国际组织人才的培育与发展离不开与之适配的社会环境。因此，需要着力塑造既开放包容，又自信自强，融国际视野与家国情怀于一体的文化生态，将"各美其美，美人之美，美美与共，天下大同"树立为不同文化和谐共生、繁荣发展的核心理念。例如，积极吸引国际组织入驻中国，支持更多国际会议、国际活动在中国举办，如此一来，这样的社会环境便能潜移默化地提升国际化人才的跨文化交流以及多元文化管理能力。

第四，以高校培养为催化温床。高等教育机构是培养国际组织人才的重要主体和平台。各高校需立足自身专业布局与学科优势，精准对标国际组织的人才需求，开设国际组织人才培养专项项目，深入推进教育教学模式革新，创设特色专业或培养项目。在培养和教学实践里，不仅要传授专业知识、培养专业技能，更要着重强化全球视野的拓展与全球胜任能力的锻造。此外，高校还应积极在国际组织及其下属机构开拓实习实践基地，主动加强与拥有国际组织工作履历的专家、学者以及校友之间的联络与协作。

第五，以国家战略与政策为推动力量。国家层面应有规划地资助并推进国际组织人才相关的各类研究项目，让政策的拟定建立在扎实可靠的科学研究基础之上。为公民投身国际组织求职、任职的各个环节提供咨询答疑、专业培训以及资金资助等政策资源扶持，并且为任职期满归国的公民回国发展提供便利，增强公民迈出国门、走向国际舞台的自信心、归属感和安全感。积极踊跃推动国际组织落地重点城市，策划举办能让广大民众从中受益的国际活动，借此营造有益于国际组织人才茁壮成长的社会文化环境。此外，针对高校开设的国际组织人才培养项目，国家要给予有力支撑，对培养成效予以跟踪监测、评估核查，将有效的模式加以推广普及。

第六，以国际格局为释放舞台。国际组织人才施展才能离不开广阔的国际舞台，而这一舞台的大小，与中国同世界各国构建的关系格局紧密相连，也取决于中国和国际组织搭建的互动框架。彼此间关系越融洽，相互融通的深度与广度便越高。为此，中国需借助国际社会中的多元渠道，塑造自身建设性的形象，着力减少、澄清外界对中国以及中国人的种种偏见、误解，为华夏儿女在世界舞台上尽显风采开辟广阔的平台。与此同时，强化与非政府组织、国际组织的协同合作，对于国际组织人才的高效培养及精准输送也意义非凡。这种协同效应可以通过政策对话、资源共享以及跨组织的项目合作等诸多形式实现。此外，国家文化与语言作为国家软实力的关键构成要素，在国际组织人才培养体系中占据无可替代的地位。借助推广国家语言文化，既能提升中国在国际组织中的影响力、吸引力，又可为中国国际组织人才提供独一无二的竞争优势，帮助他们脱颖而出。

二 国际组织人才培养路径

国际组织人才培养路径是指为了向国际组织输送具备相应能力和素质的人才而采取的一系列有计划的、有组织的培养方式和措施。这些路径旨在满足国际组织对人才的需求，提升国家在全球治理中的参与度和影响力。国际组织人才培养涉及多个主体，包括政府、教育机构（特别是高校）、智库、国际组织自身等，本书将以高校、智库和联合国国际组织为对象，就国际组织人才培养的教育路径、国际组织人才培养的实践路径和国际组织人才培养的持续发展路径进行介绍。

第二节　高校国际组织人才培养路径与方法

高等教育机构是国际组织人才培养的主要阵地，为了提高国际组织人才培养的能力，国内外高校积极探索和创新国际组织人才培养路径，逐步形成了专业学位项目的国际化和跨学科化、境内外高校衔接合作办学、国际组织后备人才培养专项、高校与国际组织合作办学四种典型的国际组织人才培养路径。[①]

一 专业学位项目的国际化和跨学科化

专业学位项目的国际化和跨学科化的培养路径，是指在传统意义上为学生在国际公共部门工作而准备的专业学位项目（如公共政策、公共行政、公共事务等）以及在帮助学生了解全球性事务的专业学位项目（如国际关系、国际事务、外交研究、区域事务等）的基础之上，增加国际化的元素和跨学科属性，为学生在国际组织等国际公共服务领域工作做准备。

此类国际组织人才培养路径是美国、英国高校培养国际组织人才的典型做法。这些国家的高校并不认为它们的人才培养目标是只瞄准国际公共服务这个领域的，而认为这些项目既能为学生在公共服务领域的职业生涯做准备，也能为学生在国际组织的职业生涯做准备。[②]

美国高校的专业学位课程设置具有"金字塔"形的结构特征，"金字塔"的底部由理论课程组成，这些课程为学生打好相关领域的知识基础。在此基础上是"金字塔"的第二层，即培养学生的分析能力、演讲能力、问题解决能力等可迁移的软技能课程。"金字塔"的第三层属于学生培养的重点领域。虽然不同院校专业在重点领域设置的核心课程存在差异，但在大部分情况下，它们都有共同的结构，并且覆盖包括"政治科学或国际关系""商业、经济或统计""法律与制度""外语和区域研究"等学科领域。这些重点领域的课程本身就与国际组织的工作密切相关。还有一些大学专门增设了名为"国际组织"的重点领域，选择这些重点领域的学生可以对国际组织的性质和职能有所了解，了解国际组织在制定国际法和国际政策方面的作用，批判性地思考国际组织对当今全球性事务的意义。对于打算将来在国际组织任职和发展的学生来说，这些重点领域的课程是非常有用的。"金字塔"的第四层属于"实践技能与经历"模块，即在专业学位项目接近尾声或完成基础课程之后，学生需积累一些实践技能和相关经历，将所学知识运用到实际工作中。"金字塔"的顶端是"毕业设计"模块，毕业设计一般包括综合口试、综合笔试、学位论文等。

---

① 刘孟婷、卢滢伊、王聪慧：《高校国际组织人才培养路径比较研究》，《教育教学论坛》2021年第19期。

② ［德］迪特马尔·赫茨等：《面向国际组织的专业教育》，贾文键等译，外语教学与研究出版社2023年版，第134—137页。

除将更多国际化、全球性的元素纳入专业学位的课程体系中，不同学科的结合也是为学生将来在国际组织等国际公共服务领域任职做好准备的有效手段。例如，密歇根大学福特公共政策学院所有的专业学位项目都具有跨学科的属性，学生需要学习法律、公共卫生、商业、教育、环境研究、国际区域研究等方面的课程，帮助学生建立"从不同视角看问题、解决问题"的比较优势。美国的许多专业院校设立了至少一个联授或双学位项目。例如，乔治·华盛顿大学和南加州大学联合开设的"国际关系"和"公共关系"的双学位组合项目，对于想在国际公共服务领域谋求发展的学生来说是最具有吸引力的；雪城大学麦克斯维尔学院的"公共行政和国际关系""公共行政和法律"两个最受欢迎的双学位项目等，都是符合国际组织真正需要的。

在英国，适合培养人才进入国际组织工作的专业一定程度上集中于社会科学领域，特别是经济学、法学、国际关系和国际发展等。例如，伦敦政治经济学院在经济学、公共政策、国际关系和全球治理等领域的课程设置，为学生提供了深入理解国际组织运作和全球治理的学术基础。在国际化进程中，国际法、国际组织法、国际比较法的研究具有重大的意义，越来越多法学背景的毕业生进入各个国际组织和国际机构工作。牛津大学、剑桥大学、伦敦经济学院、伦敦大学学院、伦敦国王学院的法学专业名列前茅，这些世界一流高校为各类国际组织选送了大量的法学人才。教育与国际发展关系方面的人才也越来越受到国际组织的重视，全球性国际教育组织，如联合国教科文组织、联合国儿童基金会、世界银行、经合组织等对此类人才的需求更多。

以上现象表明，美国、英国高校的专业学位项目越来越国际化和具有跨学科性，为学生进入国际组织工作奠定了坚实的基础。

二 境内外高校衔接合作办学

境内外高校衔接合作办学的培养路径是指融合境内外高校人才培养资源、与境内外高校培养相结合的人才培养路径。

日本高校在培养国际组织人才的过程中十分重视与国际一流大学开展合作。例如，广岛大学的"国际公务员培养特别教育项目"通过与美国得克萨斯大学奥斯汀分校公共政策研究科的合作，帮助学生取得双学位（硕士），并且学生在美国得克萨斯州留学期间可以在联合国总部实习。上智大学的"国际人才培养项目"与美国福特汉姆大学研究生院、美国乔治敦大学研究生院、美国哥伦比亚大学研究生院等国际一流大学建立了"3+1特别升学制度"。学生在上智大学完成第三学年本科课程的学习后，赴美方大学进行为期1年的硕士课程学习，最短4年可以同时获得上智大学的学士学位和美方大学的硕士学位。立命馆大学的"国际合作的'即战力'人才培养项目"从1992年开始就积极和美利坚大学国际关系研究生院、鹿特丹大学、格拉纳大学政治社会学研究生院、兰开斯特大学、约克大学、伦敦大学皇家霍洛威学院、庆熙大学建立了学分互换的合作关系。参与该项目的学生第一年要学习立命馆大学的必修科目，第二年至合作学校完成其他的课程，撰写硕士学位论文，获得双硕士学位。[1]

中国的高校也在积极探索和实践境内外合作办学的人才培养路径，例如，北京大学国际关系学院就于2014年与日内瓦高等国际关系及发展研究院签订了"本硕连读"项目合作协议，将本科课程进行压缩，并直接衔接境外硕士课程，通过"本硕连读"的方式培养国际化学生。日内瓦高等国际关系及发展研究院是全球国际事务专业学院联盟的成员之一，该联盟是由全球范围内国际事务学科的顶尖学校组成的。参加"本硕连读"项目的学生在三年内修读完本科学分后，在第四年前往瑞士日内瓦开展为期两年的硕士学位学习，毕业后可以获得北京大学本科学位和日内瓦高等国际关系及发展研究院颁发的硕士学位。通过境内外高校合作办学，可以集合中国与日内瓦最具优势的国际化人才培养资源。截至2021年，该项目已经培养了30多名学生，为培养具有国际视野的国际组织人才构建了国内外资源相结合的培养路径。[2] 此外，清华大学的双硕士学位培养项目也走在了中国高校的前列。清华大学牵手全球顶尖高校开设联合培养项目，如清华大学—香港科技大学双学位项目、清华大学—美国伯克利加州大学数据科学交叉学科双硕士学位项目、清华大学—新竹双硕士学位项目、清华大学—法国国立高等教育先进技术学校双硕士学位项目、清华大学—韩国科学技术院双硕士学位项目等，这些项目主要是针对硕士生和博士研究生的项目，为培养具有国际胜任力的研究生

---

[1] 张民选等：《国际组织人才培养与选送》，上海教育出版社2022年版，第388—389页。
[2] 刘孟婷、卢滢伊、王聪慧：《高校国际组织人才培养路径比较研究》，《教育教学论坛》2021年第19期。

提供了有力支持。①

三 国际组织后备人才培养专项

一些高校设立了国际组织人才培养专项,并将其目标直接定位为培养国际组织后备人才,毕业生的就业方向就是直接进入国际组织任职。例如,瑞士日内瓦大学开设的国际组织工商管理硕士项目(IO-MBA),就是一个专门为希望在国际组织、非政府组织或社会企业担任管理职位的个人以及希望提高技能的管理人员所设的项目。该项目为学生提供接触联合国和驻日内瓦的许多国际组织和非政府组织的机会,并让学生了解最新的知识和最先进的教学方法。瑞士在法学领域的专业性也受到世界认可。日内瓦是世界上第一个国际仲裁的地点,也是享有盛誉的国际仲裁地,积累了丰富的国际仲裁经验。位于此地的日内瓦大学培养的国际仲裁人员也颇受欢迎。为回应国际组织对国际仲裁专家的大量需求,日内瓦大学设立了国际争端解决法学硕士学位,聘请世界贸易组织(WTO)、世界知识产权组织(WIPO)、国际刑事法院(ICC)等国际组织的专家为硕士生开展一年的课程。该专业的毕业生大多进入国际组织、政府部门与律师事务所任职。该校另一项"国际人道主义法与人权"硕士学位项目则为学生提供进入红十字国际委员会(ICRC)、联合国儿童基金会(UNICEF)、联合国人权事务高级专员办事处(OHCHR)等国际组织实习的机会。②

在日本,高校积极参与国际组织的人事布局工作,在公务员培养项目中增加了国际公务员培养专项。其中,早稻田大学、广岛大学、名古屋大学、立命馆大学、神户大学、青山学院大学、上智大学7所高校开设的国际组织人才培养项目,在国际组织人才培养方面取得了公认的成就。早稻田大学平山郁夫志愿者中心于2002年开设了"以社会贡献与体验学习为主的国际人才培养项目"。广岛大学国际合作研究科运用文部科学省"研究生教育改革支援"经费于2007年开设了"国际实践项目",2011年又与得克萨斯大学合作,开设了以硕士生为对象的多学位"国际公务员培养特别项目"。名古屋大学国际合作研究科于2007年开设了

---

① 宋岩:《岩讲全球胜任力——来自清华—伯克利深圳学院的实践》,经济管理出版社2021年版,第23页。

② 张民选等:《国际组织人才培养与选送》,上海教育出版社2022年版,第435—436页。

"国际合作型发展能力培养—高度国际人才培养实践项目"。立命馆大学国际关系研究科于2008年开设了"国际合作的'即战力'人才培养项目"。神户大学国际合作研究科于2008年首先实施了以博士生为培养对象的"国际公务员"培养项目。青山学院大学国际政治经济学研究科于2010年开设了"国际专家培养项目"。上智大学的国际合作人才培养中心于2015年开设了"国际人才培养项目"。[①]

在中国，最早开始有意识地培养国际组织和多边外交人才的高校是成立于1955年的外交学院。作为国内最早开展国际组织人才培养、首批建设国际组织专业的高校，外交学院近年来在国际组织人才培养工作中取得了卓越成效。此外，北京外国语大学于2017年4月成立国内首家实体国际组织学院。该学院依托北京外国语大学开设的101种外语和区域国别研究基地众多的优势，整合政治、经济、法律等学科资源，致力于培养、储备和输送一大批具有宽阔的国际视野与浓厚的中国情怀的国际组织人才，该学院的人才培养特色之一就是以赴国际组织实习任职为导向，为国家储备国际组织后备人才。此外，中国人民大学发挥自身学科优势，于2019年7月成立了国际组织学院，并推出了"全球治理与国际组织人才培养计划"。该培养计划面向全校选拔有意愿前往国际组织工作、具备在国际组织工作潜力的学生。进入该计划的学生，除学习专业课程，还会参与国际组织任职相关的培训课程，包括"国际组织理论与实务""国际公文写作""国际组织和国际贸易谈判"等。除课程学习，该项目还会组织学生参访国际组织，为学生提供亲自体验国际组织工作的机会，培养学生参与全球治理和到国际组织任职所需的基本素质。截至2021年，共计240名学生结业，涵盖全校本硕博各个阶段。另外，上海对外经贸大学成立于2024年的国际组织学院，是国内首家本硕博一体化培养的实体学院。将采取本硕博高度衔接的教学方式，以法学、经济学和政治学三大专业为核心支撑，探索"本硕连读""硕博连读"培养模式，通过预留一定的推免名额给予专项支持。该学院将采取中、英、法三国语言进行教学，开设英语、法语必修课和全英文专业课，鼓励学生在毕业时能够运用两种联合国官方工作语言（英语、法语），精通英语，并具备初步运用法语进行沟通和工作的能力。

---

① 张民选等：《国际组织人才培养与选送》，上海教育出版社2022年版，第383—384页。

四　高校与国际组织合作办学

高校与国际组织合作办学的培养路径是指部分高校借助优势学科，与相关领域的国际组织直接签订深度合作协议，开展合作办学。

在与国际组织合作培养人才方面，瑞士的几所高校最为典型。第一，瑞士的日内瓦大学。为了更好地培养国际组织人才，该校专门制定了一个目标，以促进与国际组织在教育和研究领域的合作。瑞士的日内瓦大学已与40多家国际组织拥有合作关系。该校经常召开会议，为相关领域的学者与开展项目的国际组织专家提供知识共享的机会，也与多个国际组织合作共同开发人才培养的课程。例如，日内瓦大学和联合国教科文组织于2002年签署协议，设立了《保护文化遗产国际法》主席一职，并聘用日内瓦大学法学院教授瑞诺德担任该职位。这个新职位的设立是为了支持"艺术法"和"遗产法"领域的课程开发和项目研究，为该领域培养专门的人才，推动该领域的科研进步。日内瓦大学还与主要国际组织合作设立了多项暑期付费培训课程和继续教育课程，如与世界知识产权组织共同开发的针对硕士生、博士生以及年轻专家的"知识产权法"暑期课程。目前，日内瓦大学与主要国际组织合作设立的人才培养项目还包括与欧洲核研究组织（CERN）和联合国训练研究所（UNITAR）合作建立的公民网络中心；与红十字国际委员会（ICRC）、国际劳工组织（ILO）、欧洲议会（European Parliament）、联合国难民事务高级专员公署（UNHCR）和无国界医生组织（Medecins Sans Frontieres）合作设立的冲突地区解释中心；与国际标准化组织（ISO）合作开设的标准化、社会规范和可持续发展硕士项目。该校与世界卫生组织、红十字国际委员会、全球疫苗免疫联盟（GAVI）、无国界医生组织（MSF）、联合国艾滋病规划署（UNAIDS）合作设立了若干项全球卫生领域的教育、研究和培训项目等。[①]

第二，瑞士的苏黎世联邦理工学院作为瑞士联邦直属的一所顶尖理工院校，在工程与技术、自然科学领域位居世界前列。该校携手瑞士联邦外交部以及诸多国际组织，积极投身国际组织人才培育项目，其中，最具有代表性的是NADEL发展与合作中心。该中心自20世纪创立起，便专注于为世界发展与合作事业输送专业人才。它设计了跨学科的研究

[①] 张民选等：《国际组织人才培养与选送》，上海教育出版社2022年版，第434—437页。

生发展与合作项目,以开展前沿研究、提供专业咨询为依托,推动科学与政策深度融合的公共服务实践。该中心于1970年开创性地设立了"发展与合作"专业的高级研究硕士(MAS)项目与课程硕士(CAS)项目。这些项目为学生提供了良好的机会,帮助他们洞悉国内外发展面临的挑战,掌握探寻创新解决方案所需的各类工具与方法。该项目还将苏黎世联邦理工学院的校内研究学习和国际组织机构中的实践体验学习有机融合,为期两年的学习周期划分为三个阶段。在第一学期,学生将全面、系统地学习世界及地方当下亟待解决的紧迫难题以及与之相关的重要的历史、地理、政治、社会背景等理论知识。教学形式丰富多样,涵盖讲座、研讨会等。此外,学生还能依据个人职业规划自主选择选修课程。第一学期结束后,学生随即开启为期8—10个月的海外实习之旅,实习单位囊括国际组织以及其他双边、多边机构。在此期间,学生能够近距离接触国际组织面临的实际问题以及具体的应对策略,积累宝贵的实践经验。值得一提的是,苏黎世联邦理工学院与30多个国际组织建立了合作关系,并且同瑞士政府部门联系紧密,瑞士发展与合作署会给所有学生前往海外国际组织实习提供资助。待学生实习归来,继续第二学期的学习。此时,凭借前期理论与实践的深度磨合,学生能够有的放矢地选取方法探索创新方案,或是优化政策实施策略。多年来,该项目凭借科学的课程编排与实践项目,为国际组织培育了大批高素质专业人才,成效卓著。[①]

第三,日内瓦国际关系与发展研究院是一个致力于研究国际事务的高等教育机构,特别关注国际关系和发展的交叉领域。该研究院是瑞士政府认可的高等教育机构,获得瑞士联邦和日内瓦州的补贴。该研究院的目标是促进国际合作,为发展中国家的社会进步作出贡献。通过与国际组织、非政府组织、政府和跨国公司紧密合作,参与全球讨论,并培养领导未来世界的决策者,该研究院的硕士和博士在瑞士和国际领域都享有盛誉。日内瓦国际关系与发展研究院以及日内瓦的国际组织和机构给世界未来至关重要的重点领域创造了许多合作机会,包括人道主义行动与人权、贸易、建设和平、环境、移民、健康等,帮助学生为国际组织职业生涯做了良好的职业准备,为其赢得了良好的全球声誉。该研究

---

① 张民选等:《国际组织人才培养与选送》,上海教育出版社2022年版,第438—441页。

院也意识到加强和确保声誉的重要途径仍是确保毕业生的专业成就，所以，该研究院也特别重视与国际组织合作开展学习项目。如该研究院与红十字国际委员会、无国界医生组织和国际残疾协会等人道主义领域的合作，共同创办了人道主义行动教育和研究中心，为学生提供一系列课程和学位。

在美国，也有两所专业学院与国际组织签订了正式的合作协议。比如，雪城大学的麦克斯维尔欧盟卓越中心就受到位于华盛顿的欧盟委员会资助，该中心为有兴趣了解欧盟和到欧盟任职的学生提供高阶课程学习、嘉宾讲座、专题研究等。再比如，卡内基梅隆大学海因茨学院与联合国开发计划署建立了伙伴关系，该学院的学生可以进入联合国开发计划署实习，利用自己的专业知识为该组织服务。通过这一合作关系，该学院已经有几位学生与联合国开发计划署合作完成了他们的"顶石"项目。[1]

在中国，同济大学于 2002 年与联合国环境规划署合作开办了同济大学环境与可持续发展学院，依托于同济大学环境科学与工程学院，开办多个高度国际化的环境与可持续发展研究班。2016 年，同济大学以合作办学的模式与世界知识产权组织开展深入合作，成立了"上海国际知识产权学院"。同济大学上海国际知识产权学院是中国（含港澳台地区）唯一与 WIPO 以联合培养知识产权法硕士项目方式合作的高校。该项目在开展过程中与 WIPO 保持深度合作，通过 WIPO 专家来沪授课、日内瓦 WIPO 总部参访学习、知识产权案件审判实务学习等多样化的方式，培养具有国际视野的精英化知识产权专业人才，并直接对接国际组织工作实践，为 WIPO 总部直接输送优秀实习人选。截至 2021 年，该学院已选派 8 名实习生前往日内瓦总部开展实习工作。[2]

第三节　智库国际组织人才培养路径与方法

智库主要是指以公共政策为研究对象、以影响政府决策为研究目标、

---

[1] ［德］迪特马尔·赫茨等：《面向国际组织的专业教育》，贾文键等译，外语教学与研究出版社 2023 年版，第 166 页。

[2] 刘孟婷、卢滢伊、王聪慧：《高校国际组织人才培养路径比较研究》，《教育教学论坛》2021 年第 19 期。

以公共利益为研究导向、以社会责任为研究准则的专业研究机构。智库作为横跨研究机构、政府部门、媒体机构、产业机构边界的组织，是连接国内和国际社会的桥梁，是全球治理不可或缺的行为体，发挥着生产新思想、影响决策、引导舆论、教育公众、培育人才等功能。通过提供学术资源、人际网络、研究项目、交流合作机会等多方面资源，智库在国际组织人才培养方面也发挥着独特的作用，已经成为培养国际组织人才的良好平台。本书探讨智库培养国际组织人才的多种路径与方法，旨在为构建更为完善、高效的国际组织人才培养体系提供有益的参考与借鉴。

智库在国际组织人才培养过程中扮演着多重角色。第一，智库是国际事务、全球议题的知识生产和传播中心。智库通过深入开展各类国际事务相关研究，产生前沿性、系统性的知识成果。这些成果不仅为国际组织的政策制定、战略规划提供理论依据，同时也构成国际组织人才培养的核心知识体系。智库可以将研究成果转化为培训课程、学术讲座、专题报告等形式，向有潜力成为国际组织人才的学员传播国际政治、经济、法律、文化等多领域的专业知识，拓宽其知识视野，奠定扎实的理论基础。第二，智库还可以为国际组织人才培养提供实践平台。通过与国际组织建立紧密的合作关系，智库能够为人才培养提供丰富的实践机会。例如，组织智库人才参与国际组织的项目调研、实地考察、会议筹备等活动，在真实的国际事务场景中了解国际组织的运作机制、决策流程以及面临的实际挑战。通过实践操作，智库人才可以将理论知识与实际应用相结合，提升解决实际问题的能力，积累宝贵的国际组织工作经验。第三，智库还承担着选拔和推荐优秀人才进入国际组织工作的职能。凭借对国际组织人才需求特点的精准把握以及自身广泛的人脉资源，从智库人才中筛选出具备专业素养、跨文化沟通能力、团队协作精神等综合素质的人才，并向国际组织推荐，为国际组织输送新鲜血液。

智库培养国际组织人才的路径主要有以下三种。

一 开展专业研究

智库通过对全球化、全球治理、国际关系、国际政治、经济、法律等领域开展前瞻性的研究，为智库人才深入研究某一领域并广泛熟悉其他领域创造了条件。全球治理相关问题一般是涉及多领域的综合性问题，要求解决相应问题的人员既涉猎广泛又可深入某个领域，有助于培养在特定领域具有专长的国际组织人才。并且智库人才经过既有广度又有深度的研究历练，兼具专业性、广泛性，并忠于公共利益，也是智库人才受到国际组织青睐的关键点，为智库人才流向专业性的国际组织奠定了基础。例如，美国的布鲁金斯学会的研究项目聚焦于全球经济治理、气候变化等国际组织重点关注的议题，研究员凭借对全球经济不平衡等问题的深入研究，有机会进入国际货币基金组织、世界银行等机构实习。在实习期间，他们将在布鲁金斯学会学到的理论知识与实际工作相结合，如参与新兴经济体可持续评估等项目，部分优秀实习生最终被国际组织录用，为全球经济治理事务发挥作用。

此外，一些智库也通过专业研究为国际组织人才提供最新的研究成果和政策建议。这些研究成果能够转化为政策建议和培训内容，有助于提高国际组织人才的专业素养。例如，中国社会科学院的国际研究学部就开展了大量关于全球治理、国际组织等方面的研究，并将研究成果应用于中国国际组织人才培训中。中国的全球化智库（CCG）常年公开出版"国际人才蓝皮书"系列权威研究成果（包括《中国留学发展报告》《中国海归发展报告》《中国国际移民报告》《中国区域人才竞争力报告》），为政府制定人才政策、高校开展人才培养提供了数据支持和决策参考。

二　搭建国际交流平台与合作项目

积极与国际组织开展合作研究、建立实习交换计划，能够帮助智库人才在实践中了解国际组织工作模式和需求，提升专业素养和实践能力。

一方面，智库能够凭借其专业优势，与国际组织、其他国家的智库共同开展联合研究项目。在项目实施过程中，选拔有潜力的智库人才参与其中，使其能够与来自不同国家和地区的研究人员进行交流合作，共同探讨全球性问题的解决方案。通过这种方式，学员不仅能够提升自身的研究能力和国际视野，还能在国际合作网络中崭露头角，增加被国际组织关注和录用的机会。全球化智库（CCG）发起的"国际青年对话领袖"等项目，让青年人才与国际组织代表直接对话，为智库人才提供与国际组织交流合作的机会，增进了他们对国际组织工作的了解和认识，其中不少参与者后来进入了相关国际组织或从事与国际合作相关的工作。布鲁金斯学会也十分重视国际化分支机构的拓展，自2002年起，该智库先后在卡塔尔建立多哈中心，在北京建立布鲁金斯—清华中心。通过这些分支机构，加强与不同国家和地区的交流与合作，为人才成长提供了更加广阔的国际视野和跨文化交流机会，使智库人才能够更好地理解和处理全球问题。

另一方面，智库也利用自身的人脉资源和合作渠道，推荐优秀人才前往国际组织任职或实习，帮助他们积累国际组织的工作经验，熟悉国际组织的运行机制，为未来正式进入国际组织工作打下基础。在实习期间，学员能够深入了解国际组织的文化氛围、工作流程和团队协作模式，同时建立起广泛的人脉关系。实习结束后，学员返回智库进行经验分享和总结反思，进一步提升自身能力，并为其他学员提供参考借鉴。有研究追踪了50位曾经在布鲁金斯学会（美国）、兰德公司（美国）、查塔姆研究所（英国）、全球化智库（CCG）（中国）四家智库工作并在国际组织中有工作经历的研究人员，发现这些从智库流向国际组织的人才中，许多人曾经通过智库与国际组织的合作项目建立起联系，国际组织在合作过程中发现了这些杰出人才，进而邀请智库研究员担任国际组织的顾问专家或项目负责人。[①]

三 定制化的教育项目

智库还可以为培养和发展国际组织人才提供短期的培训课程项目和长期的学位教育。一方面，智库能针对国际组织的需求，设计一系列短期、聚焦特定主题的培训课程，课程内容紧密结合国际组织关心的热点议题和实际工作需求，如国际谈判技巧、全球治理政策解读等。邀请国际组织资深官员、专家学者进行授课，采用讲座、案例分析、模拟演练、小组讨论等多样化的教学方法，快速提升智库人才在特定领域的专业技能和知识水平。例如，全球化智库（CCG）与宾夕法尼亚大学等主办国际顶尖智库高级研修班，邀请国内外知名专家学者授课，传授智库研究方法、国际组织运作等方面的知识和技能。参加研修班的学员来自不同领域和背景，通过系统学习和交流互动，提升了自身的专业素养和综合能力，部分学员毕业后投身于国际组织的研究和实践工作。另一方面，一些智库与高校合作开展国际组织相关专业的硕士或博士学位教育项目。

[①] 苗绿、郑金连：《国际组织人才的智库培养路径》，http://www.ccg.org.cn/archives/76991，2023年。

在课程设置上，除涵盖国际关系、国际法、国际经济等基础理论课程，还注重开设国际组织管理、跨文化交流、国际项目管理等实践性较强的课程。同时，为学员提供丰富的国际交流机会，如国际学术会议、海外实习等，培养学员的国际化思维和综合素养，为其在国际组织中从事高层次、专业性的工作奠定坚实基础。例如，英国的一些高校本身也在许多领域具有全球智库的身份，伦敦政治经济学院的国际事务与外交战略研究所就名列国际事务领域全球高校智库前列，萨塞克斯大学的发展学专业在国际发展领域智库中位列第四，伦敦大学教育研究院则是全球最重要的高校教育智库。① 这些智库培养的研究生和博士生，不仅具备国际组织所需的专业知识，还有较早、较深入接触国际组织、参与国际组织咨询与研究项目等机会，有利于学生形成赴国际组织工作的志向和个人发展目标，同时智库培养的学生在进入国际组织工作时也更有优势。

第四节 联合国国际组织人才培养路径与方法

为了确保工作人员适应不断变化的全球挑战与任务，高质量地提供专业服务，向世界展示联合国高效、专业和负责的形象，提高联合国在国际社会中的声誉和认可度，吸引更多国家和国际组织与联合国开展合作，联合国秘书处推动了人力资源管理改革，目标之一就是将联合国转变为注重成果和学习、保持高水平创新的组织，提高人才培养的质量。为了培养符合联合国职员胜任力新要求的人才，联合国探索并实践了以下培养路径。

一 人力资源管理改革

联合国秘书处的人力资源管理改革是在联合国整体管理改革的框架下进行的。联合国管理改革力求"决策权下放""简化政策和程序""赋予高级管理人员权力"，以实现提高联合国执行任务的效率和落实问责制的改革愿景。② 在人力资源管理机构方面，联合国秘书长古特雷斯在《转变联合国的管理模式：采用新管理架构以提高效力、加强问责》报告中

---

① 郭婧：《英国高校国际组织人才培养与输送研究》，《比较教育研究》2019年第2期。
② UN, "Overview of Management Reform", https：//reform.un.org/content/overview-management-reform, 2024.

提出设立两个新的部门，取代之前的外勤支助部外勤人事司和管理事务部人力资源厅，该愿景在2019年得以实现。新设立的两个部门分别是管理战略、政策和合规部，负责联合国秘书处政策框架并监测框架遵守情况；业务支助部，负责向秘书处提供指导并在全球范围提供服务。[1] 其中，人力资源厅设在管理战略、政策和合规部之下，负责人力资源政策的制定和实施。位于内罗毕的人才管理中心（Talent Management Centre，TMC）负责招聘、留用和培养有才华的工作人员。为了加强人力资源方面的职能，TMC整合招聘和员工发展部门，建立了分别负责劳动力规划、绩效管理、人才招揽和人才发展事务的四个部门。[2]

二 设立联合国系统职员学院

联合国系统职员学院（United Nations System Staff College，UNSSC）是联合国系统内的一个学习机构。该学院为联合国系统及其合作伙伴的工作人员设计并实施创新学习和培训计划，在联合国系统中培养共同的领导和管理文化，从而提高联合国的办事效率。联合国系统职员学院设于意大利都灵，为联合国职员开设课程、提供学习计划已十年有余，全球平均每年有7000人因此受益。联合国系统职员学院通过提供项目和服务，协助联合国及其职员提高技能与竞争力，以更好地应对联合国所面临的挑战。该学院遵循的策略是最大限度地对混合协调方式加以利用，满足联合国系统职员多样化的专业发展需求。该学院的支柱服务包括面对面或远程学习工作坊及学习活动等，例如，联合国系统职员学院为交换和共享知识的行政或学习论坛提供便利。这些论坛可以针对全球关注的联合国具体议题，也可以针对具体的从业群体，联合国系统职员学院还定期举办跨机构学习活动，增加机构和组织之间的相互理解，在发展本机构相应业务的过程中为全新的、不同的操作方法提供蓝本与范例。此外，联合国系统职员学院还为职员提供远程学习技术支持。学院制作了"CD-ROM 欢迎来到联合国"系统和一系列基于网络的工具来支持该领域的工作，通过 LinkedIn Learning 在线学习平台，为职员提供在工作中学习业务、软件、技术和创意技能的培训。联合国系统学院还会为联合国系

---

[1] 联合国：《转变联合国的管理模式：对管理改革实施进展情况的审查》，https://documents.un.org/doc/undoc/gen/n20/189/42/pdf/n2018942.pdf，2020年。

[2] 张双鼓、张力玮：《联合国系统人力资源管理改革动向与全球治理人才培养》，《世界教育信息》2023年第4期。

统提供联络和信息交换服务。该学院运作于联合国学习的核心，因此能够在各机构或者各联合国系统组织间提供知识共享服务和活动。同时，该学院也与位于联合国系统内外的合作伙伴共同合作，出版手册、指南和书籍。①

通过联合国系统职员学院，联合国为职员提供各种形式的课程和发展机会，支持职员的能力提升和专业发展。首先，员工必须完成强制性学习计划，以确保工作人员熟悉重要法规、规则和流程。其次，联合国也为员工安排了自主的学习计划（包括 LinkedIn Learning、蓝线、领导力和管理方面的数千门课程）。此外，不同岗位的职员还需要参加与其业务密切相关的必修课。比如，为了提升初级、中级和高级管理人员的领导力和管理能力，秘书处根据联合国系统领导框架（United Nations System Leadership Framework）制订联合国"领导和管理之旅"（Leadership and Management Journey）计划。该计划包含三个层次的课程，即蓝线、导师计划和职业指导。蓝线作为由联合国系统工作人员创建的学习生态系统，向所有联合国人员开放。通过在蓝线的学习，联合国职员可以根据自身需求、兴趣和抱负创建量身定制的个人学习计划并进行模块化学习，从而获得专业的徽章或证书。导师计划为员工提供向更有经验的同事学习的机会。职业指导则由外部专业教练提供。"领导和管理之旅"计划分为七类，包括为即将上任的高级领导者设计的高级领导力支持计划、模块化课程组合的联合国领导人计划、为联合国管理人员提供实用工具和知识的联合国秘书处执行管理计划等。②

---

① 联合国系统职员学院网址：https：//www.un.org/zh/aboutun/structure/unssc/。
② 联合国：《转变联合国的管理模式：对管理改革实施进展情况的审查》，https：//documents.un.org/doc/undoc/gen/n20/189/42/pdf/n2018942.pdf? fe=true，2020 年。

第五章　国际组织人才的个体职业生涯规划

在职业生涯领域里，职业生涯规划与职业生涯管理是相互联系但又有所区别的两个重要概念。职业生涯规划是职业生涯管理的前提和基础，为职业生涯管理提供了目标和方向；职业生涯管理是职业生涯规划的实施与保障。职业生涯规划与职业生涯管理在侧重点、实施主体和时间跨度上均存在明显差异。

从侧重点上看，职业生涯规划侧重于对职业发展的预想和计划安排，是一个对职业方向和目标进行设计的过程；而职业生涯管理更侧重于对职业生涯的整个过程进行监督、评估和调整，是一种动态的管控过程。从实施主体上看，职业生涯规划主要是个人进行规划，体现个人的主观意愿和职业理想；而职业生涯管理更多指的是组织的管理活动。从时间跨度上看，职业生涯规划主要集中在职业发展的前期阶段，或者在准备转换职业时进行新的职业路径规划；而职业生涯管理贯穿于整个职业生涯的始终。

为了更清晰地呈现和说明国际组织人才在职业生涯发展中职业生涯规划与职业生涯管理这两个相辅相成的过程，本书将这两个过程界定为国际组织人才的个体职业生涯规划和国际组织人才的组织职业生涯管理，前者侧重于"个体视角"，后者侧重于"组织视角"，分两章进行阐述。

国际组织人才的个体职业生涯规划是从个体层面出发对其进入国际组织前以及进入国际组织后的职业生涯发展进行系统性规划的过程，包括为工作做准备进行职业选择和定位的阶段以及进入组织后配合组织进行个人职业生涯管理的阶段。国际组织人才的组织职业生涯管理是从组织层面出发对贯穿个体整个生涯始终的组织职业生涯进行管理的过程。

本章将从国际组织职业生涯规划概述、国际职业生涯规划流程、国际组织职业生涯规划方法、国际组织分阶段职业生涯规划几个方面对国际组织职业生涯规划进行介绍。

第一节　国际组织职业生涯规划概述

一　国际组织职业生涯规划的含义与意义

职业生涯（career）最初来源于拉丁语"carrus"，意思是"马车、战车"，意指奔跑竞赛，与人们在职业生涯中的前进、发展联系起来。后指马车、战车奔跑后在地上留下的痕迹，引申为职业生涯发展路径和生涯进程。从广义上说，职业生涯是指个体在其一生中所经历的所有职业活动的总和。[1] 它涵盖从最初踏入职场的懵懂探索到历经不同岗位、不同职责的磨砺，再到最终实现个人职业理想或达到职业发展某一阶段巅峰的整个历程。

国际组织职业生涯规划是指国际组织人才依据自身的专业兴趣、知识、技能、价值观以及国际组织的发展需求、岗位设置等因素，对其在国际组织内长期的职业发展路径进行系统性规划的过程。它涵盖从自我探索、分析自身优劣势、明确职业目标到制定具体的发展策略、阶段性实施计划以及适时评估与调整等一系列环节，旨在帮助国际组织人才在复杂多变的国际组织环境中实现个人职业价值的最大化，并与国际组织的整体发展相契合。

国际组织职业生涯规划的重要意义体现在多个方面。

首先，对于个人而言，合理的职业生涯规划有助于明确发展方向，避免盲目求职和频繁更换岗位，能让人才更有针对性地提升自身技能和知识，从而实现自身价值的最大化。例如，一个有志于在联合国从事人道主义救援相关工作的人，通过规划了解到需要具备国际人道法、项目管理等多方面的知识技能后，可提前进行学习储备。

其次，从国际组织角度来看，员工有清晰的职业规划有利于组织更好地进行人才管理与配置。组织可以依据员工的规划方向，提供合适的培训机会、晋升通道等，提高员工的工作满意度和忠诚度，进而提升组织整体的运行效率和效能。另外，员工有明确的职业发展规划，会更加积极主动地提升自己以适应组织发展的需求，从而为国际组织带来更多

---

[1] Gary Dessler, *Human Resource Management*, 15 Edition, Pearson Publisher, 2013, p.309.

的创新思维、专业知识和高效的工作成果，推动国际组织在全球事务治理中不断前进。

二　国际组织职业生涯规划的特点

与一般个人的职业生涯规划相比，国际组织职业生涯规划主要有三个特点，包括全球性视野要求高、跨文化适应性是关键、动态性和灵活性。

（一）全球性视野要求高

国际组织的工作往往涉及不同国家和地区的事务，因此在规划职业生涯时，必须具备广阔的全球性视野。要了解世界政治、经济、文化等多方面的发展趋势，关注不同地区的热点问题。比如，世界银行的工作人员需要从全球层面分析各国的经济发展状况及需求，以制定合理的援助和发展项目。

（二）跨文化适应性是关键

国际组织是多元文化汇聚的地方，员工来自世界各地，有着不同的文化背景、价值观和工作方式。在职业规划中，要充分考虑如何适应并融入这种跨文化环境，学会与不同文化背景的人有效沟通和协作。例如，在国际奥委会工作，就要处理好来自不同国家体育界人士的合作事宜，尊重各国体育文化差异。

（三）动态性和灵活性

国际形势不断变化，国际组织的工作重点和岗位需求也随之变动。职业生涯规划不能一成不变，需要具备动态性和灵活性，根据国际局势的发展、组织战略的调整以及个人的成长情况及时修订规划内容。比如，随着全球对气候变化关注度的提升，一些国际组织新增了很多与应对气候变化相关的岗位，相关人才就需要适时调整自己的规划以适应新机遇。

三　影响国际组织职业生涯规划的因素

个体的国际组织职业生涯规划受到很多因素的影响，包括个体因素，如兴趣爱好、专业技能、性格特点；国际组织因素，如组织文化、岗位设置与晋升机制、发展战略；外部环境因素，如全球政治经济形势、科技发展、国际合作趋势等。

（一）个体因素

第一，兴趣爱好。个体对工作内容的兴趣是保持工作热情和动力的重要源泉。如果一个人对国际教育交流领域感兴趣，那么在规划职业生涯时可能会倾向于选择联合国教科文组织等相关机构的岗位。

第二，专业技能。自身所学专业及掌握的技能很大程度上决定了初期能进入国际组织从事的工作类型。例如，具备国际法专业背景的人可能更容易进入国际法庭等相关机构开启职业生涯。

第三，性格特点。性格开朗、善于交际的人可能更适合从事国际组织中对外联络、项目推广等工作；而性格沉稳、善于分析的人或许更契合研究类、数据分析类岗位。

（二）国际组织因素

个体在进行职业生涯规划时，需要尽量做到个体与组织相匹配、个体与岗位相匹配以及个体与文化相匹配。

第一，组织文化。不同国际组织有其独特的文化氛围，如红十字国际委员会强调人道主义精神和无私奉献，而世界贸易组织更注重规则制定和贸易谈判。了解组织文化对于规划在该组织内的职业发展至关重要。

第二，岗位设置与晋升机制。清楚组织内的岗位层级结构、岗位要求以及晋升条件等，才能合理规划从基层岗位逐步晋升的路径。比如，国际货币基金组织有明确的经济学家职级晋升体系，人才需据此规划自身发展。

第三，发展战略。国际组织的发展战略会影响未来的工作重点和人才需求方向。例如，当欧盟制定了加强科技创新合作的战略后，其相关机构就会增加对科技领域人才的招聘和培养，人才可据此调整职业规划。

（三）外部环境因素

第一，全球政治经济形势。在全球经济危机时期，国际组织可能会加强对经济复苏相关工作的投入，相应岗位需求会增加。例如，在全球经济危机期间，国际货币基金组织需要大量的经济分析和金融救援方面的人才，从事经济分析和金融救援相关领域的人才就会有更多的职业发展机会，他们的职业生涯规划也会相应地围绕着这些领域展开；而在国际政治紧张时期，一些负责国际安全、维和等工作的国际组织岗位会备受关注。

第二，科技发展。科技的快速发展不断改变着国际组织的工作方式和业务领域。如大数据、人工智能技术的应用，使国际组织在数据处理、项目预测等方面有了新的手段，人才若能掌握相关科技知识并融入职业规划，将获得更多发展机遇。

第三,国际合作趋势。国际合作趋势的加强或减弱会影响国际组织的业务开展和人才需求,从而影响国际组织人才的职业生涯规划。当国际合作趋势加强时,国际组织开展的跨国项目增多,需要更多的人才参与其中,人才的职业发展机会也会相应增加;反之,当国际合作趋势减弱时,可能会导致国际组织的业务收缩,人才的职业发展空间也会受到一定程度的限制。

四 国际组织职业生涯规划的基本步骤

国际组织人才的职业生涯规划是一个复杂但至关重要的过程,除需要综合考虑个人、国际组织以及外部环境等多方面的因素,还需要通过科学合理的步骤来逐步实现自己的职业理想,同时也为国际组织的发展贡献自己的力量。基于人—职匹配视角,根据美国职业心理学家弗兰克·帕森斯的特质—因素理论,国际组织职业生涯规划包括自我评估、组织与岗位研究、职业目标设定、职业发展策略制定、行动计划制订以及评估与调整六个基本步骤,如图5-1所示。

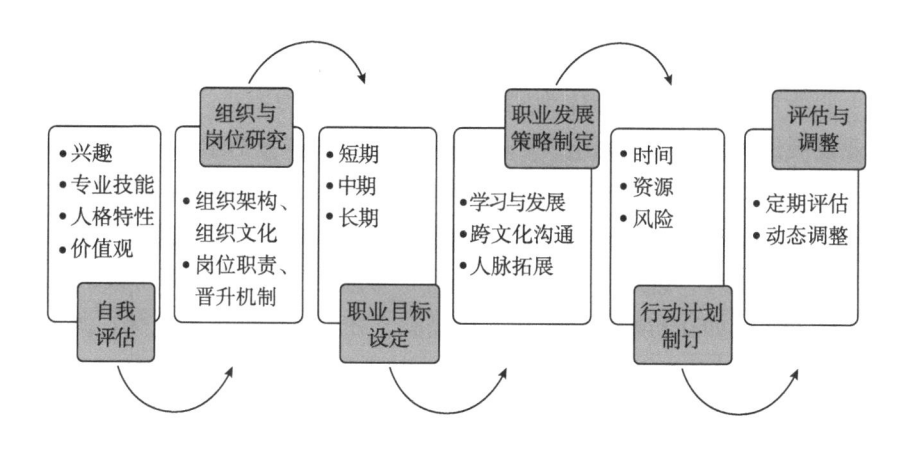

图5-1 国际组织职业生涯规划的基本步骤
资料来源:笔者自绘。

(一)自我评估

首先,深入了解自己的兴趣所在,明确自己真正喜欢从事的国际组织工作领域,是可持续发展、人权保护还是其他方面。其次,对自身专业技能进行全面盘点,包括语言能力、专业知识、计算机技能等,确定自己的优势和劣势。再次,结合职业测评结果分析自己的人格特性,判断自己适合哪种类型的工作环境和岗位要求。例如，外向且团队协作型的人才可能更适合从事需要频繁与他人沟通协作的项目管理岗位，而内向且独立工作型的人才可能在专注于数据分析或研究工作的岗位上更能发挥自己的优势。最后，价值观是个体更深层的职业驱动，是职业选择的"底层逻辑"，决定着个体的职业发展方向和职业的稳定性。

（二）组织与岗位研究

除对自我的认识，个体还需要对职业世界进行充分研究。选择感兴趣的国际组织进行深入研究，了解其组织架构、组织文化等。另外，还要进一步分析该组织内的具体岗位设置，包括岗位职责、晋升机制等，找出与自己能力和兴趣匹配的潜在岗位。

（三）职业目标设定

根据自我评估和组织岗位研究的结果，设定短期、中期和长期职业目标。短期目标可能是在一定时间内获得某个国际组织的实习机会；中期目标可能是在组织内晋升到一定岗位层级；长期目标则比如成为国际组织某个部门的负责人，甚至是领军人物等。

（四）职业发展策略制定

职业目标确定后，个体为实现设定的目标，需要进一步制定具体的职业发展策略。根据国际组织职业生涯特点，具体包括学习与发展策略、跨文化沟通策略以及人脉拓展策略。例如，若目标是提升语言能力以满足国际组织工作要求时，策略可以是参加专业语言培训课程、与外教交流练习等。此外，进入组织后，还要针对职业发展中的不同阶段，制定相应的策略，如在初期如何积累工作经验，在中期如何拓展人脉资源等。

（五）行动计划制订

一旦确定了职业策略，就要将确定好的规划付诸实施，按照策略积极行动，包括时间安排、资源利用、风险评估与应对等。首先，将发展策略细化到具体的时间节点上，明确在什么时间做什么事情；其次，确定在实现职业目标过程中需要利用的各种资源，如培训课程资源、学术研究资源、人脉资源等；最后，对可能影响职业发展规划实施的风险进行评估，并采取相应的应对措施。

（六）评估与调整

首先，对职业生涯规划进行定期评估，设定定期评估的时间间隔，如每半年或每一年对职业发展规划进行一次评估。评估的内容包括职业目标的完成情况、发展策略的有效性、行动计划的执行情况等。通过定期评估，能够及时发现规划实施过程中存在的问题。其次。根据定期评估的结果，对职业发展规划进行动态调整。如果发现职业目标设定过高或过低、发展策略效果不佳、行动计划执行不力等问题，要及时调整职业目标、优化发展策略、更新行动计划，以确保职业发展规划始终有效且与实际情况相契合。

第二节 国际组织职业生涯规划流程

国际组织职业生涯规划流程是一个循环往复、不断完善的过程，涉及多个环节和步骤，旨在帮助国际组织人才在国际组织复杂多变的环境中，合理规划自己的职业生涯，实现个人职业价值与组织需求的有效匹配，从而在国际组织的舞台上发挥更大的作用。本章将详细阐述国际组织职业生涯规划的具体流程。

一 自我评估阶段

（一）剖析个人兴趣爱好

个人兴趣爱好是职业规划的重要起点。在国际组织的广阔领域中，不同岗位对应着各异的工作内容和职责。国际组织涵盖众多业务领域，如人道主义救援、经济发展合作、环境保护、文化交流等，每个人对这些领域的感兴趣程度可能各不相同。例如，有人对国际人道主义救援工作充满热情，热衷于深入灾区一线，为受灾群众提供直接帮助；而有人则可能对国际经济政策研究更感兴趣，喜欢沉浸在数据和理论分析中，为全球经济发展出谋划策。

个体可以通过回忆自己在过往学习、实习或参与相关活动中的体验来探索自己的兴趣点，也可以通过职业测评工具（如霍兰德职业兴趣测试）来帮助了解自己的兴趣。通过深入剖析自己的兴趣爱好，人才能够初步筛选出在国际组织中可能感兴趣的工作领域。此外，对工作环境的偏好，如喜欢团队协作氛围浓厚的环境还是更倾向于独立完成任务的环境等，也会影响职业规划的走向。个人兴趣爱好的剖析不仅能确保个体在未来的职业生涯中保持较高的工作热情，还能让个体在面对工作挑战时更有动力去克服困难。

（二）梳理个人专业技能与优势

国际组织的工作通常要求具备多方面的技能，包括但不限于专业知识技能、语言技能、沟通技能、项目管理技能等。

在专业知识技能方面，根据不同的国际组织业务领域，可能需要国际法、国际关系、公共卫生、环境科学等诸多专业背景。例如，世界卫生组织的相关岗位可能要求具备深厚的医学、公共卫生学知识；而国际原子能机构的工作则离不开核物理、辐射防护等专业技能。

语言技能更是至关重要，国际组织作为全球合作的平台，常用多种语言进行沟通交流，如英语、法语、西班牙语等。熟练掌握这些工作语言，能够确保在国际会议、项目合作等场景中进行顺利沟通，避免因语言障碍导致工作延误或误解。

此外，沟通技能、项目管理技能等通用技能也在国际组织工作中发挥关键作用。善于沟通的人才能够更好地协调不同国家、不同文化背景的团队成员，推动项目进展；具备项目管理技能则可以高效组织资源，确保项目按时、按质完成。

梳理个人技能与优势，有助于明确自己在国际组织人才市场中的竞争力所在，进而为后续选择合适的岗位和职业发展路径奠定基础。例如，一个在国际组织中寻求职业发展的人才，若其本科专业为国际关系，研究生阶段主修国际法，那么他需要明确自己在国际关系理论、国际政治格局分析、国际法条文解读、国际条约起草等方面的具体知识水平。同时，对于在以往实习或工作中所获得的技能，比如，能够熟练运用统计软件进行国际关系数据的分析，或者具备组织国际会议项目管理的能力等，也需要进行准确评估。通过这样的盘点，能够清晰地了解自己的专业知识和技能优势与劣势，为后续的职业规划提供基础。

（三）审视个人人格特性

分析自己的人格特性是自我认知的重要部分，人格特性对职业选择和发展同样有着深远影响。在国际组织中，不同的工作岗位适配不同性格类型的人。例如，性格外向、善于社交的人可能更适合从事对外联络、公共关系等岗位，他们能够在国际交往活动中如鱼得水，迅速与各国代表建立良好关系；而性格沉稳、细心且善于分析的人，可能在研究、数据分析、政策制定等岗位上发挥更大优势，他们能够沉下心来深入研究复杂的国际问题，提供有深度的分析报告和政策建议。

个体可以通过自我观察、职业测评、询问身边熟悉的人，如朋友、同事或家人等方式，来全面了解自己的人格特性。例如，通过询问同事在团队项目合作中自己的表现，了解自己是否是一个善于倾听他人意见、能够在团队中起到协调作用的人，或者是否是一个更倾向于独立思考、深入钻研问题的人。通过审视自己的人格特性，更好地了解自己适合哪种类型的国际组织工作环境和岗位要求，从而提高职业选择的准确性和职业发展的满意度。

（四）明确个人价值观

国际组织的使命和价值观各异，有的人侧重于人道主义救援，有的人专注于推动全球经济均衡发展，还有的人致力于环境保护等。自身的价值观应与所选择的国际组织及岗位相契合，这样才能在工作中获得更深层次的满足感和成就感。

例如，一个高度重视环境保护的人，在国际组织中选择从事与可持续发展相关的工作，如参与联合国环境规划署的项目，就更容易在工作中找到意义和动力，因为其个人价值观与组织的使命高度一致，能够全身心投入到推动全球环境改善的事业中。明确个人价值观有助于在国际组织的众多选择中，筛选出那些能够真正实现自我价值的职业机会。

二　组织与岗位研究阶段

（一）深入了解组织架构

深入了解国际组织的组织架构和业务领域是进行职业生涯规划的必要步骤。国际组织种类繁多，规模大小不一，其架构也各有特点。以联合国为例，它设有多个专门机构，如联合国教科文组织、世界卫生组织、国际劳工组织等，每个机构下又细分了诸多部门和处室，均有明确的职责和分工。

个体需要通过研究国际组织的官方文件、网站信息、年度报告等资料，全面了解组织架构和业务领域。深入了解国际组织架构，能够清楚不同部门和岗位在组织整体运作中的角色和作用。这有助于在规划职业生涯时，准确找到与自己技能、兴趣相匹配的潜在岗位所在的部门或机构，避免盲目投递简历或选择不适合自己的岗位。比如，想要在联合国教科文组织发展的人，需要了解该组织在教育、科学、文化等方面的具体业务以及这些业务是如何在不同部门和项目中开展的。

（二）分析组织文化与价值观

不同国际组织有着独特的文化与价值观。例如，红十字国际委员会强调人道主义精神、无私奉献和对生命的尊重；而世界贸易组织则注重规则制定、公平竞争和贸易自由化。

了解组织文化与价值观至关重要的原因在于，它决定了一个人是否能够融入组织并在其中获得良好的发展。如果一个人的工作风格和价值观与组织文化相悖，可能会在工作中感到格格不入，影响工作效率和职业满意度。因此，在规划职业生涯时，要对目标国际组织的文化与价值观进行深入分析，确保自己能够适应并认同，从而为未来的工作奠定良好的基础。

（三）研究岗位设置与职责要求

在了解国际组织的整体架构和组织文化后，需要对其内部的岗位设置和职责要求进行剖析。国际组织的岗位设置丰富多样，每个岗位都有特定的职责、技能要求和知识需求。以国际货币基金组织为例，其内部设有经济分析岗位、金融监管岗位、项目管理岗位等。经济分析岗位可能要求具备深厚的经济学专业知识，能够熟练运用经济模型进行分析，对全球经济形势有敏锐的洞察力；金融监管岗位则需要熟悉金融监管政策法规，具备风险评估和管控能力；项目管理岗位要求具备良好的组织协调能力、项目规划能力以及团队协作能力。

个体需要通过查看国际组织的招聘信息、职位说明书、生涯人物访谈、与在职人员交流等方式，深入剖析不同岗位的设置和职责要求，以便确定自己与各岗位的匹配度，有针对性地制订学习和发展计划，提高自己在招聘竞争中的胜算，并为后续的职业规划提供依据。

（四）晋升机制与职业发展路径研究

研究国际组织的晋升机制和职业发展路径对于规划自己的职业生涯至关重要。不同的国际组织有不同的晋升机制，通常包括工作年限、业绩考核、项目完成情况、专业技能提升等方面的要求。

例如，在世界银行，晋升可能要求员工在一定工作年限内完成若干重要项目，在业绩考核中取得良好成绩，并且在专业技能如项目管理、经济分析等方面有明显提升。同时，国际组织也有相对固定的职业发展路径，如从初级专业人员逐步晋升为中级专业人员、高级专业人员，再到担任管理岗位等。

个体需要通过研究国际组织的内部规章制度、与人力资源部门沟通、参考以往晋升案例等方式，深入了解晋升机制和职业发展路径，以便制订合理的晋升计划，确保自己在国际组织中的职业发展顺利进行。

（五）关注国际组织发展战略与趋势

国际组织的发展战略和趋势会影响未来的岗位需求和职业发展机会。例如，随着全球对气候变化问题的日益重视，许多国际组织如联合国气候变化框架公约秘书处等，纷纷加大了在应对气候变化方面的投入，新增了大量相关岗位，如气候政策分析师、气候变化项目协调员等。

个体在规划职业生涯时，要密切关注国际组织的发展战略和趋势，提前预判可能出现的新岗位和职业发展机遇，以便及时调整自己的职业规划，抓住有利时机进入心仪的国际组织或晋升到更高的岗位。

三　职业目标设定阶段

（一）短期目标设定

短期目标通常设定在一年以内，主要围绕当前所在岗位的提升或者获得特定项目的参与资格等方面。对于国际组织人才来说，短期目标的设定要紧密结合自己目前的工作状况和能力水平。

例如，一个在国际组织中从事人力资源管理岗位的人，其短期目标可能是在本年内掌握国际人力资源管理的最新标准和规范，以便更好地处理日常工作中的人力资源事务。或者，对于一个在国际卫生组织从事疾病防控研究的人而言，其短期目标可能是在本年内获得参与某特定疾病防控项目研究的资格，通过参与该项目来提升自己在该领域的专业知识和研究能力。

（二）中期目标设定

中期目标一般涵盖三年到五年的时间范围，多涉及岗位晋升、承担更多的职责或者在特定业务领域取得一定的成绩等内容。

以一个在国际组织中从事国际经济合作项目管理的人为例，其中期目标可能是在三年内晋升为项目主管，负责带领团队完成重要的国际经济合作项目。或者，对于一个在国际环境组织从事环境监测工作的人而言，其中期目标可能是在五年内发表若干篇关于环境监测的高质量研究论文，以提升自己在该领域的专业地位和影响力。

（三）长期目标设定

长期目标通常考虑十年以上的时间跨度，主要目标往往是成为国际组织某核心业务领域的专家或负责人,或者在国际组织的重大决策过程中发挥重要作用。

例如,一个在国际组织中从事国际关系研究的人,其长期目标可能是在十年内成为国际组织国际关系领域的领军人物,参与制定国际政策等。或者,对于一个在国际能源组织从事能源政策研究的人而言,其长期目标可能是在十年内成为国际能源领域的专家,能够主导国际能源政策的制定和实施。

四　职业发展策略制定阶段

(一) 学习与发展策略

根据自我认知与评估以及国际组织与岗位研究的结果,制定有针对性的学习与发展策略。如果目标是提升专业知识技能,例如,从一名普通的国际关系专业人才成长为国际组织中精通国际安全事务的专家,那么学习策略可能包括参加专业课程培训、攻读相关领域的硕士或博士学位、阅读大量专业书籍和学术论文、参加国际学术研讨会等。

如果是要提升语言技能,比如,从英语基础水平提升到能够流利进行商务谈判的程度,那么可以采取参加语言培训机构的高级课程、与外教进行一对一的语言交流练习、观看英语原声电影并模仿发音等策略。通过制定科学合理的学习与发展策略,人才能够不断提升自己的能力,缩小与目标岗位要求之间的差距。

(二) 跨文化沟通策略

国际组织是一个跨文化交流的平台,良好的跨文化沟通能力对于职业发展至关重要。因此,需要通过制定跨文化沟通策略来提升自己的跨文化沟通能力。

可以通过学习不同国家的文化习俗、参加跨文化沟通培训课程、主动与不同文化背景的同事交流互动等方式来提升跨文化沟通能力。例如,在国际组织中工作的人,可以利用业余时间学习一些主要国家的文化礼仪,参加由国际组织举办的跨文化沟通培训课程,并且在日常工作中主动与不同文化背景的同事交流,了解他们的思维方式和工作习惯,从而提升自己的跨文化沟通能力。

(三) 人脉拓展策略

在国际组织中,人脉关系在职业发展中起着至关重要的作用。良好的人脉关系不仅可以为人才提供更多的职业信息和发展机会,还能在工作遇到困难时提供帮助和支持。

人脉拓展策略可以包括积极参加国际组织内部的活动,如员工聚会、项目启动仪式等,在活动中主动与同事、上级领导以及其他部门的人员进行交流互动,建立良好的人际关系。

参加国际会议、论坛等外部活动也是拓展人脉的重要途径,在这些活动中可以结识来自不同国际组织、不同国家的专业人士,通过交换名片、深入交谈等方式,拓展自己的国际人脉网络。此外,利用社交媒体平台,如领英(LinkedIn)等,与国际组织领域的专业人士建立联系,关注他们的动态,分享自己的观点和经验,也有助于拓展人脉。

(四)风险管理策略

国际组织职业生涯规划过程中也存在着各种风险,如竞争激烈导致无法获得心仪的岗位、组织战略调整可能影响个人职业发展路径、国际形势变化带来岗位需求的不确定性等。

风险管理策略可以包括制定备选方案、关注国际形势和组织动态、及时调整自己的职业规划,以应对可能出现的风险。此外,不断提升自己的综合能力、增强自身的竞争力,也是应对风险的有效手段。

例如,对于市场风险而言,可能由于全球经济形势发生变化,国际组织的业务受到影响,进而影响人才的职业发展。针对这种情况,可以通过关注全球经济形势变化、提前做好应对准备等方式来应对。对政策风险而言,可能由于国际组织内部政策出现调整,人才原本的晋升计划受到影响。针对这种情况,可以通过及时了解国际组织内部的政策调整情况、调整自己的晋升计划等方式来应对。对于项目风险而言,可能由于项目取消或变更,人才参与项目的机会流失。针对这种情况,可以通过提前关注项目动态、寻找替代项目等方式来应对。

五 行动计划制订阶段

(一)时间安排

将职业发展策略制定阶段所确定的各项策略细化到具体的时间节点上,明确在什么时间做什么事情。例如,在知识与技能提升策略中,如果要通过参加专业培训课程来提升数据分析技能,那么要明确参加哪个培训课程、在什么时间报名、什么时间上课、什么时间完成课程学习等。同样,在跨文化沟通策略中,如果要参加跨文化沟通培训课程,也要明确具体的时间安排,如在什么时间报名、什么时间上课、什么时间完成课程学习等。

（二）资源利用

确定在实现职业目标过程中需要利用的各种资源，如培训课程资源、学术研究资源、人脉资源等。例如，在学习与发展策略中，如果要通过参加专业培训课程来提升数据分析技能，那么需要利用培训课程资源。在跨文化沟通策略中，如果要参加跨文化沟通培训课程，那么需要利用培训课程资源和与不同文化背景同事交流互动所积累的人脉资源等。在人脉拓展策略中，如果要通过参加组织内部的社交活动来建立良好的人际关系，那么需要利用组织内部的社交活动资源和已有的人脉资源等。

（三）风险评估与应对

对可能影响职业发展规划实施的风险进行评估，并制定相应的应对措施。这与风险管理策略阶段有所不同，这里是将风险评估与应对措施具体落实到行动计划中。例如，可能存在培训课程取消、项目机会流失等风险，针对培训课程取消的风险，可以准备备用培训课程或者通过在线学习平台继续学习；针对项目机会流失的风险，可以提前关注其他类似的项目机会，积极争取参与。

六 评估与调整阶段

（一）定期评估

设定定期评估的时间间隔，如每半年或每一年对职业发展规划进行一次评估。评估的内容包括职业目标的完成情况、发展策略的有效性、行动计划的执行情况等。通过定期评估，能够及时发现规划实施过程中存在的问题。

例如，在每半年的评估中，发现自己的短期目标未能达到，如原本计划在本年内掌握国际人力资源管理的最新标准和规范，但实际情况是还未完全掌握，那么就需要分析原因，是因为学习方法不对，还是因为时间安排不合理等。

（二）动态调整

根据定期评估的结果，对职业发展规划进行动态调整。如果发现职业目标设定过高或过低、发展策略效果不佳、行动计划执行不力等问题，要及时调整职业目标、优化发展策略、更新行动计划，以确保职业发展规划始终有效且与实际情况相契合。

例如，在某一年的评估中，发现自己的中期目标设定过高，如原本计划在三年内晋升为项目主管,但实际情况是在两年内还未达到晋升条件,那么就需要重新评估自己的能力和晋升机会,调整中期目标为在四年内晋升为项目主管,并相应地优化发展策略和更新行动计划。

第三节 国际组织职业生涯规划方法

国际组织职业生涯规划是一个复杂且系统性的工程,需要运用多种科学有效的方法来确保规划的合理性、可行性和有效性。本书将详细阐述国际组织职业生涯规划的一些实用方法,涵盖多个方面,以帮助人才全面、系统地规划其在国际组织中的职业发展路径。其中,表5-1系统梳理了国际组织职业生涯规划的具体方法。

表5-1 国际组织职业生涯规划的具体方法

自我认知与分析方法	SWOT分析法(优势、劣势、机会、威胁分析)	
	人—职匹配法(兴趣爱好与价值观匹配)	
信息收集与分析方法	网络资源利用法	国际组织官方网站
		专业招聘网站
		社交媒体平台
		在线学习平台与学术数据库
	实地调研与生涯访谈法	参加国际组织开放日或活动
		实习与项目参与
		访谈国际组织工作人员
目标设定与路径规划方法	职业锚理论	
	SMART原则设定目标法(目标具体、可衡量、可实现、相关性、有时限)	
	职业发展路径规划法	
头脑风暴法	组建小组、明确主题、进行讨论、记录整理、分析参考	

资料来源:笔者自绘。

一 自我认知与分析方法

（一）SWOT 分析法

SWOT 分析法是一种基于内外部环境分析的战略规划工具，广泛应用于各类组织及个人的发展规划中。SWOT 分别代表 Strengths（优势）、Weaknesses（劣势）、Opportunities（机会）和 Threats（威胁）。通过对自身内部的优势和劣势以及外部环境所带来的机会和威胁进行全面、系统的分析，帮助国际组织人才清晰地梳理出自己在国际组织职业生涯发展中的各种因素，进而为职业生涯规划提供坚实的依据。

1. 优势（Strengths）分析

国际组织人才首先需要对自身所具备的优势进行深入挖掘，包括专业技能、语言能力和一些软技能优势分析。

首先，个体需要仔细梳理自己在专业领域所具备的知识和技能，如在国际关系专业，可能擅长国际政治理论分析、外交政策解读等。这些专业技能在国际组织相关岗位招聘中往往是重要考量因素，如世界卫生组织的项目执行岗位可能看中应聘者在公共卫生项目管理方面的优势。

其次，熟练掌握多种国际组织常用工作语言是一大优势。除英语，法语、西班牙语、阿拉伯语等其他语言能力也能在特定国际组织或岗位中脱颖而出。例如，在联合国教科文组织的一些文化交流项目相关岗位中，掌握法语可能会增加竞争力，因为法语在国际文化领域有重要地位。

最后，沟通能力、团队协作能力、领导力等软技能同样关键。善于沟通的人才能够在跨文化团队中有效协调各方意见，促进项目顺利进行；具备较强领导力的人员则有潜力在未来承担团队管理或项目领导职责。例如，在国际救援组织的现场协调工作中，良好的沟通和团队协作能力能确保救援行动高效开展。

2. 劣势（Weaknesses）审视

在明确优势之后，同样需要坦诚面对自身存在的劣势，这可能涉及专业知识短板、技能欠缺和性格相关劣势。以一位从事国际环保项目的人才为例，他虽具备扎实的环境科学知识，但在国际项目的财务管理技能上较为欠缺，且在面对紧急任务时容易产生焦虑情绪，这些都是其职业发展的劣势。

第一，明确自己在专业知识体系中存在的不足，比如，国际经济专业人才可能对新兴数字经济领域的相关政策了解不够深入；或者国际关系专业者对某些地区的具体政治经济情况掌握不全面。认识到这些知识短板有助于有针对性地进行学习补充，以满足国际组织不断发展变化的岗位需求。

第二，个体可能在某些实用技能方面存在劣势，如不擅长使用特定的数据分析软件，而这在一些国际组织的调研分析岗位中是必备技能；或者在公开演讲能力上有待提高，而国际组织的很多工作场景需要员工能够清晰、自信地表达观点。

第三，性格特点也可能带来一些劣势，比如，性格内向的人在需要频繁对外沟通联络的岗位上可能会感到吃力；过于谨慎保守的性格在需要快速决策、勇于创新的项目中可能会限制发展。了解这些基于性格的劣势，可以在职业规划中有意识地规避或寻求改善方法。

3. 机会（Opportunities）洞察

洞察外部机会是指对国际组织所处的大环境以及行业发展趋势等带来的有利因素进行梳理。

第一，密切关注国际组织所处行业的发展趋势，能发现诸多潜在机会。例如，随着全球对气候变化问题的高度重视，国际组织在应对气候变化领域不断加大投入，相关岗位如气候政策分析师、可再生能源项目协调员等需求大增，这就为具备相关知识背景或对该领域感兴趣的人才提供了难得的职业发展机会。

第二，深入了解所在国际组织或目标国际组织的内部动态，包括新项目启动、部门扩张、战略调整等情况。比如，某国际组织决定拓展其在非洲地区的教育援助项目，那么对于熟悉非洲教育情况且有相关教育项目经验的人才来说，就是一个参与新机会、实现职业晋升的契机。

第三，国际组织间的合作日益频繁，通过参与跨组织合作项目，人才能够拓宽视野、积累不同组织的工作经验，同时结识更多国际领域的专业人士，为自己的职业发展打开新的大门。例如，联合国相关机构与世界银行合作开展的扶贫项目，参与其中的人才可以接触到双方组织的资源和理念，提升自己在国际扶贫领域的专业素养。

4. 威胁（Threats）预警

威胁则是指外部环境中可能对国际组织人才职业发展产生不利影响的因素，包括竞争压力、组织变革风险和外部环境的不确定性。

首先，国际组织吸引了全球众多优秀人才，竞争异常激烈。同一岗位可能面临来自不同国家、不同专业背景的众多竞争者。例如，在联合国的高级翻译岗位招聘中，会有世界各地精通多种语言、具备丰富翻译经验的人才参与竞争，这对自身职业发展构成了巨大的竞争威胁，需要不断提升自身实力以应对挑战。

其次，国际组织可能会因全球形势变化、资金问题等进行战略调整或组织变革，这可能导致岗位变动甚至裁员等情况。比如，在全球经济发展放缓时期，一些国际经济组织可能会缩减业务规模，减少相关岗位，从而给这些岗位上的员工的职业发展带来威胁，所以要时刻关注组织动态并做好应对准备。

最后，国际政治、经济、社会等外部环境的不确定性也会影响国际组织人才的职业发展。例如，国际贸易摩擦加剧可能影响世界贸易组织相关岗位的业务开展和发展前景；地区冲突升级可能使从事国际人道主义援助工作的人员面临更复杂和危险的工作环境，从而影响其职业发展路径。

在完成SWOT四个方面的分析后，根据分析结果制定相应的策略。对于优势与机会（SO）组合，应采取积极进取的策略，充分利用自身优势抓住外部机会；对于劣势与机会（WO）组合，应采取弥补短板的策略，通过学习、培训等方式克服自身劣势，抓住外部机会；对于优势与威胁（ST）组合，应采取发挥优势应对威胁的策略，利用自身优势抵御外部威胁；对于劣势与威胁（WT）组合，应采取防御性策略，尽量减少劣势和威胁带来的不利影响。

（二）人—职匹配法

人—职匹配法是职业生涯规划中最常用的一种方法。国际组织涵盖众多领域和不同类型的工作，找到与自己兴趣爱好和价值观相匹配的岗位，能极大地提高职业满意度和工作动力。

1. 兴趣爱好探索

对于兴趣爱好而言，可以通过回忆与梳理方法以及尝试与体验方法去探索。

首先，静下心来回忆自己在日常生活、学习和以往工作经历中表现出的兴趣爱好。例如，喜欢阅读国际时事新闻、关注全球文化交流活动、热衷于参加志愿服务等，这些兴趣点可能暗示着适合在国际组织中从事新闻传播、文化交流或人道主义援助等相关工作。

其次，主动去尝试一些未曾接触过但可能感兴趣的领域或活动，比如，参加国际组织举办的线上研讨会、实习项目等，通过实际体验进一步明确自己的兴趣所在。例如，参加了一次国际环保组织的线上实习后，发现自己对环境政策研究和项目推广非常感兴趣，这就为职业规划提供了一个新的方向。

2. 价值观分析

价值观分析包括明确个人价值观和研究组织价值观两个方面。

一方面，思考自己内心深处所重视的价值观念，如人道主义精神、公平正义、可持续发展、知识传播等。确定这些价值观后，再去寻找与之相符的国际组织及其岗位。例如，一个秉持人道主义精神的人，可能更适合在红十字国际委员会等国际组织从事人道主义援助和保护弱势群体的工作。

另一方面，深入了解不同国际组织的使命、宗旨和价值观，判断其是否与自己的价值观相契合。比如，联合国教科文组织致力于促进教育、科学及文化领域的国际合作与发展，重视知识传播和文化多样性保护，如果一个人也认同这些价值观，那么在该组织中寻找合适的岗位进行职业发展就可能会获得更深层次的满足感。

通过将自己的兴趣爱好和价值观与国际组织及岗位进行匹配，可以确保在职业发展过程中，不仅能够发挥自己的优势，还能在工作中找到意义和动力，实现自我价值与职业发展的有机统一。

二 信息收集与分析方法

（一）网络资源利用法

互联网为国际组织人才收集职业规划相关信息提供了丰富的资源，以下是一些有效利用网络资源的途径和方法。

1. 国际组织官方网站

各国际组织的官方网站通常会详细介绍其组织架构，包括各个部门的职能、设置等信息。同时，会定期发布招聘信息，明确岗位描述、任职要求、晋升通道等内容。例如，世界银行官网会列出其经济分析、项目管理等各类岗位的具体要求，人才可以据此了解自己是否符合条件以及需要提升哪些方面的能力。

网站还会展示组织正在开展的各类项目，通过了解这些项目，人才可以洞察组织的业务重点和发展方向。比如，联合国环境规划署官网公布正在进行气候变化应对项目，能让关注该领域的人才明确组织在这方面的投入和需求，从而为自己的职业规划提供参考。

2. 专业招聘网站

一些专门针对国际组织招聘的专业招聘网站，如 Relocate Global、Idealist 等，汇集了众多国际组织的招聘信息。人才可以根据自己的专业背景、兴趣爱好等进行岗位搜索和匹配，快速找到可能适合自己的岗位。这些网站还会提供岗位的详细信息，如工作地点、薪资待遇、申请截止日期等，方便人才进一步了解和申请。

通过观察专业招聘网站上的招聘信息发布频率、岗位需求变化等情况，可以了解国际组织人才市场的动态。例如，如果发现某段时间内国际人道主义援助领域的岗位发布增多，可能意味着该领域在进行业务拓展，这对于有意从事人道主义援助工作的人才来说是一个重要的市场信号。

3. 社交媒体平台

社交媒体平台如领英（LinkedIn）、推特（Twitter）等在国际组织人才职业规划中也发挥着重要作用。在领英上，可以关注国际组织领域的专业人士、机构账号等，及时获取行业动态、组织内部消息等。例如，关注联合国相关机构的领英账号，能第一时间得知其新的项目启动、人员招聘等信息。同时，通过在社交媒体上与同行、专业人士互动交流，还可以拓展人脉关系，为职业发展提供更多机会。

4. 在线学习平台与学术数据库

在线学习平台如 Coursera、EdX 等提供了大量与国际组织相关的课程，涵盖国际关系、公共卫生、国际经济等多个领域。人才可以根据自己的职业规划需求，选择合适的课程进行学习，提升自己的专业知识。例如，想要提升在国际经济领域的专业知识，就可以在 Coursera 上选择相关的经济学课程。学术数据库如 JSTOR、Web of Science 等则收录了大量的学术论文、研究报告等，可供人才深入研究国际组织相关领域的最新研究成果，为自己的职业规划提供理论支持。

通过充分利用网络资源，国际组织人才可以全面、及时地获取与职业规划相关的各种信息，包括组织架构、岗位信息、行业动态等，从而为制定科学合理的职业规划提供有力依据。

(二) 实地调研与生涯访谈法

除网络资源，实地调研与访谈也是获取国际组织职业规划相关信息的重要方法。

1. 参加国际组织开放日或活动

许多国际组织会定期举办开放日活动，邀请公众参观了解其办公环境、组织文化等。人才可以借此机会亲身感受国际组织的氛围，了解其工作流程、人员互动等情况。例如，参加联合国教科文组织的开放日活动，能直观地看到其工作人员在促进教育、科学及文化领域合作中的工作状态以及感受到其对文化多样性保护的重视。

在活动中，还可以与工作人员交流，收集关于岗位设置、招聘要求、职业发展路径等方面的信息。比如，询问关于国际教育项目管理岗位的具体要求以及在该组织中从基层岗位晋升到管理层的大致步骤等。

2. 实习与项目参与

通过在国际组织实习或参与项目，人才能够获得实践经验，了解国际组织的实际工作内容、项目运作方式等。例如，在世界卫生组织实习期间，参与传染病防控项目，能深入了解其在疫情监测、防控措施制定等方面的工作流程以及不同部门之间的协作关系。

在实习和项目参与过程中，还可以观察其他工作人员的职业发展情况，了解其晋升机制、不同岗位之间的转换等情况。比如，发现世界卫生组织中从事公共卫生监测岗位的人员，在积累了一定的经验后，有机会转到疾病防控项目管理岗位，这就为自己的职业规划提供了一个参考案例。

3. 访谈国际组织工作人员

与国际组织工作人员进行面对面访谈，可以获得最为直接的内部视角信息。可以选择不同层级、不同部门的工作人员进行访谈，了解他们在国际组织中的工作体验、职业发展路径、面临的挑战等情况。例如，访谈联合国开发计划署的项目主管，了解其如何从一名普通项目专员晋升到主管岗位以及在这个过程中需要注意的事项。

通过访谈，还可以根据自己的具体情况向工作人员寻求个性化的建议。比如，自己想在国际组织中从事国际人道救援工作，但不确定自己目前的专业知识和技能是否足够，就可以向在该领域工作的工作人员询问需要补充哪些方面的知识和技能以及如何提升自己的竞争力。

通过实地调研与访谈，国际组织人才能够获得更为真实、具体的信息，深入了解国际组织的内部运作、职业发展等情况，从而为制定更加贴合实际的职业规划提供帮助。

三 目标设定与路径规划方法

（一）职业锚理论

职业锚理论是由美国著名职业指导专家埃德加·施恩提出的一种职业发展理论，认为个人在早期职业经历中会逐渐形成一种自我认知和职业定位，这种定位就像船锚一样，固定住个人在职业海洋中的位置，使其在面临各种职业选择时能够围绕这个定位来进行决策。在国际组织职业生涯规划中，运用职业锚理论可以帮助人才找准自己的职业定位，从而更有针对性地进行职业规划。具体应用步骤包括以下四个方面。

1. 职业经历回顾

国际组织人才需要对自己以往的职业经历进行全面回顾，包括在学校期间的实习经历、兼职经历以及在国际组织或其他相关组织中的工作经历等。例如，一名在国际组织中寻求职业发展的人才，他在大学期间曾在一家非政府间国际组织实习，参与了国际人道主义援助项目；毕业后在一家国内企业从事过国际贸易相关工作；后来又进入国际组织，从事国际合作项目的管理工作。

2. 自我认知挖掘

在回顾职业经历的基础上，人才需要深入挖掘自己在这些经历中的自我认知，包括自己最喜欢做什么、最擅长做什么、最不愿意做什么、对什么样的工作环境最满意等。例如，通过对国际人道主义援助项目实习经历的回顾，发现自己最喜欢在团队协作的环境中帮助他人解决实际问题，最擅长通过组织协调各种资源来完成任务，最不愿意做的是单调乏味的文书工作，对充满活力和挑战的国际合作项目环境最为满意。

3. 职业定位确定

根据自我认知挖掘的结果，确定自己的职业定位，也就是找到自己的职业锚。常见的职业锚类型有技术/职能型、管理型、自主/独立型、安全/稳定型、创造型、服务型等。例如，根据上述个体的自我认知挖掘结果，他可能确定自己的职业锚为服务型，因为他最喜欢在团队协作的环境中帮助他人解决实际问题，这符合服务型职业锚的特点。

4. 职业规划制定

在确定了职业锚之后，个体可以根据自己的职业锚类型来制定相应的职业规划。例如，对于确定为服务型职业锚的个体而言，他的职业规划可能侧重于寻找能够提供更多机会让他在团队协作环境中帮助他人解决实际问题的岗位和项目。在国际组织中，他可能会关注国际人道主义援助项目、国际发展援助项目等，通过参与这些项目来实现自己的职业发展目标。

（二）SMART 原则设定目标法

SMART 原则是一种科学有效的目标设定方法，在国际组织职业生涯规划中同样适用，具体要求目标的具体（Specific）、可衡量（Measurable）、可实现（Attainable）、相关性（Relevant）、有时限（Time-bound）。通过 SMART 原则设定目标，可以使国际组织人才的职业目标更加清晰、具体、可实现，同时便于跟踪进度和调整策略，从而为职业生涯规划提供有力的目标支撑。

1. 具体（Specific）

目标应该明确指向具体的国际组织岗位，而不是模糊的职业方向。例如，不是简单地说要在国际组织中从事"国际事务相关工作"，而是明确要成为联合国教科文组织的教育项目协调员岗位，这样可以更有针对性地进行准备和规划。

对于每个阶段的目标而言，要明确具体的任务。比如，在短期目标中，如果是要获得一份国际组织的实习机会，那么具体任务可能包括在一个月内完成一份高质量的简历制作、向至少五家国际组织投递简历、参加两次招聘会等。

2. 可衡量（Measurable）

通过设定可衡量的指标来判断目标是否实现。例如，在中期目标中，如果是要晋升到国际组织的某个岗位层级，那么可以设定以在两年内完成三个重要项目、发表两篇相关领域的学术论文等作为衡量指标，这样可以清楚地知道自己是否达到了目标。

通过定期检查这些量化指标的完成情况来跟踪目标的进度。比如，每个季度检查一次自己是否完成了相应项目的部分任务，是否发表了相关学术论文等，以便及时调整策略。

3. 可实现（Attainable）

目标要结合自己当前的能力、资源以及国际组织的实际情况来设定。例如，不能在自己刚毕业且专业知识和技能有限的情况下，就设定要在一年内成为国际组织的高级管理人员，这显然是不现实的。要根据自己的实际情况，如目前的专业背景、工作经验、语言能力以及国际组织的晋升机制、岗位需求等，来设定一个可实现的目标。

目标应该是逐步提升的，在实现一个较低层次的目标后，再设定更高层次的目标。比如，先获得国际组织的实习机会，在实习过程中积累经验、提升技能，然后再设定晋升到正式岗位的目标，这样逐步推进，更符合实际情况。

4. 相关性（Relevant）

目标要与自己的整个国际组织职业发展相关联。例如，在设定短期目标时，如果是为了提升语言能力，那么这应该是为了更好地适应国际组织的工作环境，为后续的岗位申请、职业晋升等做准备，而不是孤立的语言学习目标。

同时，目标也要与国际组织的需求相关联。比如，国际组织当前正在大力开展应对气候变化项目，那么如果自己想在该组织中发展，需设定与气候变化相关的目标，如成为气候政策分析师，这更符合组织的需求。

5. 有时限（Time-bound）

每个目标都要设定明确的期限，以便有紧迫感和计划性。例如，短期目标在三个月内完成，中期目标在两年内完成，长期目标在五年内完成等。这样可以促使自己按照计划行事，避免拖延。

在实施过程中，如果发现原来设定的期限不合理，如因为外部环境变化或自身能力提升速度不同等，可以根据实际情况调整期限，但要保持目标的合理性和可实现性。

（三）职业发展路径规划法

在设定了明确的职业目标后，还需要规划出合理的职业发展路径，以实现这些目标。

1. 确定起点与终点

首先要明确自己当前的职业起点，包括自己目前的学历、专业背景、工作经验、语言能力等情况。例如，一名刚毕业的国际关系专业本科生，有一定的英语基础和实习经验，这就是他的职业起点。

然后确定自己的职业终点，也就是最终想要达到的职业目标。比如，想成为国际组织某一部门的负责人，或者在国际组织中成为某一领域的专家等，这就是明确的职业终点。

2. 分析中间阶段

在起点和终点之间，通常会有多个中间阶段，这些阶段往往涉及岗位层级的递进。例如，从一名普通项目专员晋升到项目主管，再晋升到部门经理等。分析这些中间阶段需要了解国际组织的晋升机制、岗位要求等情况。比如，要知道从项目专员晋升到项目主管可能需要在特定项目中展现出卓越的项目管理能力，包括合理规划项目进度、有效调配资源、妥善应对项目中的各种风险和挑战，并且在团队协作方面起到积极的引领作用，能够带领团队按时、高质量地完成项目任务。而从项目主管晋升到部门经理，则可能要求具备更宏观的视野，除继续把控项目的执行细节，还需对整个部门的业务布局、资源分配、人员发展等有全面的规划和协调能力，能够根据组织的战略目标制订部门的工作计划，并推动各项工作在部门内顺利开展。

随着岗位层级的提升，所需的技能和知识也会不断拓展和深化。在基层岗位时，可能更侧重于掌握专业领域的基础技能和知识，比如，作为一名国际组织的初级数据分析员，主要精力会放在熟练运用数据分析工具、准确收集和整理数据等方面。但当晋升到更高层级，如数据分析部门的主管，就需要具备数据解读和分析的高级能力，能够从海量数据中提炼出有价值的信息，为组织的决策提供有力支持，同时还需了解相关领域的前沿动态和发展趋势，以便在部门内引领技术创新和业务发展方向。此外，还可能需要掌握一定的管理知识，如团队激励、绩效管理等，以更好地管理团队成员、提升团队整体绩效。

在职业发展路径的中间阶段，构建广泛且有效的人际关系网络也至关重要。从基层岗位开始，就要注重与同事、上级部门以及其他部门人员建立良好的合作关系。例如，在参与项目过程中，积极与不同专业背景的同事互动交流，互相学习，不仅有助于项目的顺利推进，还能拓宽自己的人际视野。随着岗位的晋升，与组织内高层管理人员以及外部合作伙伴建立关系也变得越发重要。比如，作为部门经理，需要与其他部门负责人密切协作，共同推动组织整体目标的实现，同时还要与国际组织的其他成员机构、相关行业的重要合作伙伴等保持良好的沟通与合作，这对于获取资源、拓展业务领域以及提升个人在行业内的影响力都有着不可忽视的作用。

国际组织的文化和发展战略可能会随着时间的推移而发生变化，在中间阶段的职业发展过程中，需要不断适应这些变化。在不同的岗位层级，对组织文化的理解和践行要求也有所不同。基层员工可能主要是遵循现有的工作流程和规范，融入团队文化。而到了中层管理岗位，如项目主管或部门经理，就需要在传承和弘扬组织文化的基础上，根据团队或部门的特点进行适度的文化创新和引导，以激发团队成员的工作积极性和创造力。同时，面对组织的战略调整或变革，要能够迅速理解并积极响应，调整自己的工作重点和方式，确保自身的职业发展与组织的发展方向一致。例如，当国际组织决定加大在某一新兴领域的投入时，相关岗位人员要及时学习该领域的知识和技能，调整业务规划，以便更好地参与到新的发展机遇中。

通过对这些中间阶段的全面分析，国际组织人才能够清晰地规划出每个阶段的具体发展路径，明确在不同阶段需要重点提升的能力、拓展的知识以及构建的人际关系等，从而有条不紊地朝着最终的职业目标迈进。

四 头脑风暴法

头脑风暴法是一种激发创意和解决问题的群体讨论方法，通常由一群人围绕一个特定的主题进行无拘无束的讨论，在讨论过程中鼓励大家提出各种想法、建议和观点，不进行批评和指责，以达到集思广益的效果。在国际组织职业生涯规划中，运用头脑风暴法可以帮助人才拓宽思路，获取更多关于职业规划的想法和建议。

第一，组建小组。需要组建一个合适的小组来进行头脑风暴。小组的成员可以包括国际组织人才自己、他的同事、上级、朋友、家人等，这些成员来自不同的背景和角度，能够提供多元化的观点和建议。例如，一名在国际组织中从事国际卫生项目的人才，可以组建一个包括他的同事、上级、一位从事医疗行业的朋友和他的家人在内的小组。

第二，明确主题。明确头脑风暴的主题，即国际组织人才的职业生涯规划。让小组成员都清楚知道此次讨论的目的是帮助该人才制定更完善的职业规划。

第三，进行讨论。在小组讨论过程中，鼓励成员提出各种想法、建议和观点，不进行批评和指责。例如，小组的成员可能会提出这样的想法："你可以考虑去参加一些国际组织举办的专业培训课程，提升自己的专业知识和技能"，"你不妨去申请参与一些跨国项目，拓宽自己的人脉资源和视野"，"你是不是可以尝试去和国际组织的高层领导进行交流，了解他们对未来业务发展的看法，以便更好地规划自己的职业发展"等。

第四，记录整理。在讨论过程中，要有专人负责记录所有成员提出的想法、建议和观点。讨论结束后，对记录下来的内容进行整理，去除重复的部分，将相关的想法进行归类，以便后续进行分析和参考。

第五，分析参考。对整理后的内容进行分析，从中选取有价值的想法、建议和观点，纳入国际组织人才的职业生涯规划中。例如，通过分析发现，参加国际组织举办的专业培训课程和申请参与跨国项目这两个建议对于提升该人才的职业发展很有帮助，那么就可以将这两个建议纳入他的职业规划中，制订相应的行动计划。

第四节 国际组织分阶段职业生涯规划

国际组织的工作环境复杂且多元化，其业务涉及各个领域，因此，国际组织人才的职业生涯发展需要进行分阶段规划，以更好地适应组织需求、实现个人职业目标。根据个体特征、对工作的需求以及职业生涯规划要点，本节将国际组织职业生涯规划分为五个阶段：入职准备阶段、初进组织阶段（适应期）、职业生涯早期（成长发展阶段）、职业生涯中期（成熟稳定阶段）和职业生涯后期（退休、转型或再发展阶段）。表5-2总结了不同职业生涯发展阶段的个体特征、对工作的需求以及职业生涯规划要点。

表 5-2　　　　　　　国际组织分阶段职业生涯规划及其特点

职业生涯发展阶段	个体特征	对工作的需求	职业生涯规划要点
入职准备阶段	对自我和职业环境处于探索阶段,尚未明确职业目标	确定职业目标,明确具体工作的国际组织、工作岗位与职责	1. 明确职业目标与兴趣方向; 2. 了解国际组织架构与招聘要求; 3. 提升相关知识与技能; 4. 建立人际关系网络
初进组织阶段（适应期）	对新环境还不适应,处于探索阶段	快速融入新环境,熟悉新工作	1. 适应组织文化与工作环境; 2. 明确工作职责与目标; 3. 学习岗位知识与技能; 4. 建立良好的同事关系
职业生涯早期（成长发展阶段）	对职业发展进行长远规划,渴望能胜任自己的工作	能够做好本职工作,并得到快速的成长。同时希望对自己的职业发展进行科学长远的规划	1. 提升专业技能; 2. 争取机会承担更多责任; 3. 拓宽国际视野
职业生涯中期（成熟稳定阶段）	具有较为丰富的工作经验和成熟的思想,容易自我满足和遇到职业瓶颈	希望突破职业发展瓶颈,同时能做好工作与家庭之间的平衡,获得组织的承诺	1. 主动承担更多职责与领导重要项目; 2. 寻求晋升机会; 3. 建立国际人脉关系
职业生涯后期（退休、转型或再发展阶段）	获得了一定的成就和地位。奋斗期望减弱,希望能维持现有的地位和成就。由于这部分人才非常宝贵,很多人退休后会继续工作,如当顾问、教师等	计划退休安排,寻找继任,学会接受和发展新角色	1. 成为领域专家; 2. 参与高层决策与战略规划; 3. 指导培养新人; 4. 转型或退休规划

资料来源:参见李楠《国际组织人力资源管理概论》,人民出版社 2020 年版。

一　入职准备阶段

（一）个体特征与对工作的需求

职业生涯发展的入职准备阶段是一个从校园或非工作状态转向职场过渡的关键时期,即通常所说的 STW（School to Work）阶段,其中包括漫长的确定职业目标前的职业探索期。

从个体特征来看,此阶段的个体正处于对自我和职业环境的深度探索过程中。一方面,对于自我的认知还不够清晰,并不确定自己的核心优势究竟在哪些领域能够得到最大限度的发挥,也不清楚自身的劣势可能会对未来职业发展造成何种阻碍。另一方面，对职业环境的了解也比较有限，对不同行业、不同类型国际组织的运作模式、文化氛围以及发展趋势缺乏深入的洞察。他们可能只是大致知晓国际组织在全球事务中扮演着重要角色，但对于各个国际组织内部的部门设置、工作流程以及相互之间的协作关系却知之甚少。在这种情况下，他们尚未明确自己的职业目标，往往在多个可能的职业方向之间徘徊不定，内心充满了对未来职业道路的迷茫与困惑。

在对工作的需求方面，此阶段的个体迫切需要确定职业目标，这是他们开启职业生涯的关键一步。他们可以通过各种途径，如参加职业规划讲座、进行职业测评、与行业前辈交流等方式，来定位自己的职业方向。一旦职业目标有了初步的轮廓，就需要明确具体工作的国际组织。个体需要根据自己的职业目标、专业背景以及兴趣爱好，筛选出与之匹配的国际组织。在确定了国际组织后，进一步明确具体的工作岗位与职责，详细了解不同岗位的工作内容、所需技能、职业发展路径以及日常工作中的职责范围。只有明确了这些，他们才能有针对性地进行准备，提升自己的竞争力，为成功入职国际组织并开启职业生涯奠定坚实的基础。

（二）职业生涯规划要点

1. 明确职业目标与兴趣方向

在踏入国际组织工作领域之前，个体首先需要明确自己的职业目标和兴趣所在。例如，拥有国际关系专业背景且对解决国际冲突感兴趣的人才，可能将目标设定为在国际组织中从事与维护国际和平、调解冲突相关的工作；而具备环境科学知识且热衷于推动全球可持续发展的人才，或许会希望参与国际组织的环境保护项目。

2. 了解国际组织架构与招聘要求

深入研究国际组织的整体架构是至关重要的。不同国际组织有着各自独特的组织架构，包括总部与分支机构的设置、各部门的职能划分等。例如，联合国设有多个专门机构，如联合国教科文组织、世界卫生组织等，每个机构又有其细分的部门和业务领域。

同时，要仔细剖析国际组织的招聘要求。招聘要求通常涵盖专业知识、技能水平、语言能力、工作经验等方面。比如，世界银行招聘经济分析岗位可能要求应聘者具备深厚的经济学专业知识、熟练掌握经济分析软件、拥有流利的英语听说读写能力以及一定的国际项目工作经验。个体需对照这些要求，评估自身的匹配度，并有针对性地进行准备。

3. 提升相关知识与技能

根据所确定的职业目标和了解到的招聘要求，有针对性地提升自身相关知识与技能。这可能包括进一步深化专业知识学习，如研读专业领域的前沿著作、参加学术研讨会等；强化语言能力，尤其是国际组织常用的工作语言，如英语、法语等；提升实践技能，通过实习、项目参与等方式积累实际工作经验。

例如，若想进入国际组织从事项目管理工作，除具备项目管理专业知识，还需通过参与实际项目来锻炼项目规划、组织协调、风险管理等技能，并确保自己能够熟练运用英语等工作语言与国际团队进行有效沟通。

4. 建立人际关系网络

在入职准备阶段，建立人际关系网络也能为未来的职业发展提供助力。可以通过参加国际组织举办的各类讲座、研讨会、青年论坛等活动，结识在国际组织工作的人士、相关领域专家以及同行。

与他们建立联系后，可深入交流关于国际组织工作的经验、招聘信息等内容。比如，通过与一位在联合国某机构工作的前辈交流，能提前了解到该机构内部的工作氛围、晋升机制等宝贵信息，这对于后续的职业规划和入职准备都有着重要的意义。

二　初进组织阶段（适应期）

（一）个体特征与对工作的需求

当职员新加入一个国际组织时，往往会不可避免地陷入一个不适应的阶段。这一阶段的职员，其心理和行为表现具有多方面的特点。

首先，在招聘录用环节，新职员会依据所收集到的各类信息，初步在脑海中形成对未来工作的期望和判断。然而，一旦真正踏入组织开始工作，他们会发现自己对任务角色以及人际关系等诸多方面都处于试探和适应的过程中。毕竟，对于组织的一切，从工作流程、组织文化到同事性格等，都还相当陌生，这种陌生感自然而然地会给职员带来一定的压力。

随着对工作及环境的逐渐熟悉，新职员可能会察觉到自己之前形成的期望与现实情况之间存在着差距。倘若期望远远高于现实，比如，原本以为工作会充满挑战性且能迅速施展自己的专业技能，但实际却发现工作内容较为琐碎、施展空间有限，那么新职员极有可能会产生失落、不满的情绪，严重情况下甚至会萌生出离职的想法。

由于国际组织通常具有较高的进入门槛，能够进入其中成为国际公务员的人员，其综合素质普遍较高。相应地，他们对工作也抱有较高的要求。他们怀揣着凭借自身的知识和技能为组织贡献力量的期望，同时也希望能从组织中获得如职业成长、技能提升、合理报酬等多方面的收获。因此，当国际组织的实际工作状况无法满足他们的期望时，这些国际公务员可能会面临巨大的心理冲击，进而影响到他们在组织中的工作状态和职业发展意愿。

（二）职业生涯规划要点

1. 适应组织文化与工作环境

刚进入国际组织，个体首先面临的挑战是适应组织文化和工作环境。国际组织通常会聚了来自不同国家、不同文化背景的人员，其工作文化可能强调团队合作、跨文化沟通、尊重多元性等。比如，联合国系统的组织强调多边合作、尊重不同国家的文化背景等。新入职人员需要积极融入，通过参加新员工培训、与同事多交流互动等方式，尽快适应这种多元文化交织的工作氛围。

同时，要适应新的工作环境，包括办公设施的使用、了解组织内部的规章制度等。这可能涉及熟悉复杂的文件流转程序、掌握特定的项目管理系统等，确保自己能够顺利开展日常工作。

2. 明确工作职责与目标

入职初期会被分配具体的工作任务，要清晰理解自己的工作职责范围。这可能是协助开展某个大型项目的部分调研工作，或者负责组织内部日常行政事务的某一环节。在此基础上，要与上级主管沟通确定短期工作目标。例如，在3个月内完成一份关于特定地区发展情况的调研报告初稿，或者在1个月内优化所在部门的文件归档流程，提高工作效率百分之多少等。

3. 学习岗位知识与技能

入职初期是学习岗位知识与技能的关键时期。以国际货币基金组织的经济分析岗位为例，新入职员工需要学习该组织特定的经济分析模型和方法，熟悉全球经济数据的获取与分析渠道，掌握撰写经济分析报告的规范格式等。通过向同事请教、参加组织内部的培训课程、阅读相关资料等方式，尽快提升自己在岗位上的专业能力，为后续承担更多职责奠定基础。

4. 建立良好的同事关系

在国际组织中，与同事建立良好的关系对于职业发展至关重要。同事之间不仅是工作上的伙伴，更是在跨文化环境下相互支持、相互学习的重要资源。良好的同事关系有助于在工作中获得更多的支持和帮助，比如，在遇到项目难题时，同事可能会提供宝贵的建议和解决方案。

主动与同事进行沟通交流，了解他们的文化背景、工作经验和专业知识。例如，在午餐时间或团队活动中，与不同国家的同事聊天，分享彼此的故事和见解，既能增进彼此的感情，又能拓宽自己的视野。

三 职业生涯早期（成长发展阶段）

随着在国际组织工作时间的增加，个体进入成长发展的职业早期阶段，面临着新的任务与提升需求。

（一）个体特征与对工作的需求

当职员顺利完成对自身期望的调整、逐渐熟悉并掌握了工作要求、慢慢适应了新的环境以及与同事之间的关系后，便踏入了职业生涯早期阶段。

在这一阶段，职员的心态和职业诉求发生了明显的转变。他们不再仅满足于适应工作，而是更加关注自己在组织中的成长、发展和晋升。此时的职员开始怀揣着更大的抱负，渴望承担更大的职责与拥有更多的权力，进而会主动设定自己的职业目标，依据实际情况调整自己的职业规划，一心渴望在职场中获得成功，实现自身的职业价值。

（二）职业生涯规划要点

1. 提升专业技能

依据自身工作岗位需求，不断提升专业技能。如果从事项目管理相关工作，要深入学习项目管理的先进理念与方法，如掌握敏捷项目管理技巧、考取相关专业认证如 PMP 认证（项目管理专业人员认证）等。

若是在政策研究领域，要紧跟国际政策动态，提升数据分析、政策解读等能力。通过参加专业培训课程、在线学习平台学习、阅读专业文献等多种方式实现技能的持续提升。

2. 争取机会承担更多责任

在积累了一定的经验后，会有机会承担更多重要责任，比如，领导一个小型项目团队开展特定活动。这就需要具备团队管理能力，包括合理分配任务、激励团队成员、解决团队内部矛盾等。

要学会从整体项目的角度出发，制订详细的项目计划，把控项目进度、质量和预算等关键环节，确保项目的顺利实施并达成预期目标。

3. 拓宽国际视野

进一步拓展国际视野，不仅局限于所在组织的工作内容。可以通过参与国际会议、与其他国际组织开展合作项目等方式，了解不同国际组织的运作模式、全球不同地区的发展热点问题等。

例如，参与世界经济论坛的相关分论坛活动，与来自全球各地的专家学者、企业高管等交流，从而站在更宏观的角度看待国际事务，为自身职业发展注入新的活力。

四　职业生涯中期（成熟稳定阶段）

当国际组织个体在组织内工作多年后，进入成熟稳定的职业中期阶段，此时职业发展有其特定的特点与方向。

（一）个体特征与对工作的需求

经过前两个阶段的发展和适应，职员逐渐步入职业生涯中期。在这一阶段，职员已经逐步明确了自己在组织中的职业目标，确定了对组织的长期贡献区，积累了丰富的工作经验，从某种程度上来说，已经开始走向职业发展的顶峰。

然而，与此同时，他们也会不可避免地意识到一些问题。随着年龄的增长，职业发展机会似乎渐渐变窄，晋升通道不再像职业生涯早期那样广阔，这使他们产生了职业危机感。而且，长期从事相同或相似的工作，可能会导致职业倦怠，对工作的热情和积极性有所下降。

此外，在这个阶段，家庭的负担也会凸显出来。相较于职业生涯早期的职员，此时他们需要承担更多的家庭责任，如照顾年迈的父母、抚养子女等。如何在繁忙的工作与家庭责任之间找到平衡，成为这个阶段的职员面临的一项颇具挑战性的难题。

（二）职业生涯规划要点

1. 主动承担更多职责与领导重要项目

进入职业发展中期，个体通常已经适应了国际组织的工作环境和岗位要求，此时应主动承担更多的职责和参与重要项目。例如，在国际劳工组织中，一名从事劳动权益保障研究的员工，在中期可能会主动申请参与一些大型的国际调研项目,负责项目的部分重要环节,如实地调研、数据分析等工作,通过承担这些职责,不仅能提升自己的专业能力,还能在组织内提升自己的知名度和影响力。

2. 寻求晋升机会

晋升是职业发展中期的一个重要目标。个体需要了解国际组织的晋升机制,包括晋升的条件、流程、考核标准等内容。例如,在世界银行,晋升可能要求员工在一定工作年限内完成若干重要项目,在业绩考核中取得良好成绩,并且在专业技能如项目管理、经济分析等方面有明显提升。根据晋升机制,个体要制订合理的晋升计划,通过提升自己的工作业绩、展示卓越的专业能力等方式,积极寻求晋升机会,迈向更高的职业层次。

3. 建立国际人脉关系

在职业发展中期,建立广泛的国际人脉关系对于个体的职业发展有着重要作用。通过参与国际项目、参加国际会议等方式,结识更多来自不同国家、不同组织的专业人士。

这些人脉关系不仅可以为当前的工作提供支持,如获取最新的行业信息、合作机会等,还能为未来的职业发展提供更多可能性,比如,在跳槽到其他国际组织或参与跨国合作项目时,这些人脉能起到关键作用。

五 职业生涯后期(退休、转型或再发展阶段)

(一)个体特征与对工作的需求

这个阶段,如同夕阳西下的余晖,是职员在组织中的最后阶段,他们开始逐步迈向退休生活。经过前期漫长岁月的努力和奋斗,很多职员已经在职业领域收获了一定的成就和地位,这些成就和地位如同他们职业生涯中的丰碑。在这个时期,职员大致可以分为两个部分:一部分人奋斗的期望逐渐减弱,就像长途跋涉后的旅人渴望休息,他们希望能维持现有的地位和成就,安稳地度过最后的职业生涯时光;另一部分人的斗志依然高昂,如同燃烧未尽的火焰,希望在职业生涯的尾声更进一步,为自己的职业生涯画上一个更加圆满的句号。

(二)职业生涯规划要点

1. 成为领域专家

经过长期的实践与积累,到了职业发展后期,在自身从事的专业领域成为专家级人物。能够在国际组织内部针对复杂的专业问题提供权威的解决方案，比如，在国际环境保护领域，能够就全球气候变化应对策略提出独到见解，并影响组织相关政策的制定。对外也能代表国际组织在国际学术会议、高端论坛等场合发表专业演讲，传播国际组织的理念与成果，提升国际组织在相关领域的影响力。

2. 参与高层决策与战略规划

凭借丰富的经验和专业能力，有机会参与国际组织的高层决策过程。在制定组织未来几年的发展战略规划时，能够从自身专业角度出发，提出建设性的意见和建议。

例如，在国际卫生组织制定全球公共卫生战略时，相关领域的成熟人才可以结合多年的实践经验以及对全球公共卫生形势的精准把握，为战略规划中的资源分配、项目重点设置等方面贡献重要力量。

3. 指导培养新人

发挥"传帮带"的作用，指导培养新人。将自己多年积累的工作经验、专业知识传授给新入职的员工，帮助他们更快地适应国际组织工作环境，成长为优秀的国际组织人才。

通过组织内部的导师制度，定期与新人进行交流沟通，解答他们在工作、学习中遇到的疑惑，促进国际组织人才队伍的持续健康发展。

4. 转型或退休规划

在职业发展后期，个体也需要考虑转型或退休规划。对于那些准备退休的个体，要做好退休后的生活规划，包括财务安排、兴趣爱好培养等，确保退休后的生活充实而愉快。对于一些想要继续发挥余热的个体，可以考虑跨领域转型、回归学术界或企业界、投身公益事业或社会活动等。

随着国际形势和自身兴趣的变化，有些个体可能会选择跨领域转型。比如，从国际经济领域转向国际教育领域。这就需要重新学习相关领域的基础知识、了解该领域的国际组织运作模式等。可以通过参加跨领域的培训课程、攻读相关学位等方式来实现知识和技能的更新与转换，为在新领域开展工作奠定基础。

有些个体在国际组织工作一段时间后，可能会选择回归学术界，将在国际组织积累的实践经验转化为学术研究成果，在高校或科研机构开展教学与研究工作。另一些人则可能回归企业界，利用在国际组织建立的广泛人脉资源以及对国际市场、政策等的了解，在跨国企业中担任重要职务，如国际业务拓展经理等，推动企业的国际化发展。

还有部分个体在离开国际组织后，选择投身公益事业或社会活动。凭借在国际组织培养的组织协调能力、国际视野等，在公益领域发挥重要作用，比如，组织开展国际援助项目、推动全球可持续发展相关的社会活动等。

第六章 国际组织人才的职业生涯管理

在当今全球化进程加速推进的时代背景下，国际组织在国际事务的处理、国际合作的开展以及全球问题的解决等诸多方面都发挥着举足轻重的作用。而这些国际组织的有效运作，离不开一支高素质、专业化且富有活力的国际公务员队伍。在人力资源管理的范畴内，职业生涯管理无疑是其中极为重要的一环，对国际组织而言，其意义更是非同寻常。在这个过程中，国际组织为职员提供职业发展支持，帮助职员进行自我评估、确定职业目标、实现自我价值。与此同时，国际公务员在自我实现的过程中不断为组织创造价值，帮助组织履行国际义务，从而实现双赢的目标。

本章将从国际组织职业生涯管理概述、国际组织职业生涯管理流程、国际组织职业生涯管理方法、国际组织分阶段职业生涯管理几个方面对国际组织职业生涯管理进行介绍。

第一节 国际组织职业生涯管理概述

一 国际组织职业生涯管理的含义

职业生涯管理是组织为了更好地实现员工的职业理想和职业追求，面对员工的职业发展所采取的一系列管理活动，最终达成组织利益与个人职业成功最大化的目的。[①] 对国际组织而言，职业生涯管理是一种更为精细化、针对性更强的管理活动。国际组织职业生涯管理是指国际组织为了更好地帮助国际公务员实现职业理想，而对其职业历程和职业发展

---

① 董克用主编:《人力资源管理概论》(第三版)，中国人民大学出版社2011年版，第234页。

进行的一系列管理活动，包括帮助员工进行自我分析与定位、帮助员工确定职业生涯目标、促进员工制定职业生涯策略并鼓励员工不断进行评估修正四个方面。其核心目标在于达成组织利益与国际公务员个人职业成功的最大化，从而实现一种双赢的理想局面。

（一）帮助员工进行自我分析与定位

国际组织中的每一位职员都拥有各自独特的性格特点、兴趣爱好、专业技能以及职业价值观等。在职业生涯管理的初期阶段，组织会通过提供各类专业的评估工具和指导，帮助员工深入剖析自己的优势与劣势、擅长领域与有待提升之处、个人兴趣与职业倾向等重要因素。例如，借助一些心理测评问卷来了解员工的性格类型，分析其在团队合作、决策制定等方面可能表现出的行为模式；通过职业兴趣测试，探寻员工真正感兴趣且可能在其中发挥更大潜力的职业领域。

（二）帮助员工确定职业生涯目标

当员工对自身有了较为清晰的认识和准确的定位后，接下来便需要确定职业生涯目标。这些目标应当既符合员工个人的职业抱负，又与国际组织的整体发展战略相契合。

而从国际组织的角度出发，其整体发展战略需要不同层次、不同专业领域的人才来共同推动实现。因此，在帮助员工确定职业生涯目标时，组织会充分考虑自身在国际事务中的使命和任务，确保员工的个人目标与组织的人才需求相匹配。例如，国际组织若计划在未来几年加强在环境保护领域的国际合作项目，那么对在该领域有潜力的员工而言，组织会鼓励并引导他们将相关的项目参与、专业提升等设定为自己的职业生涯目标。

（三）促进员工制定职业生涯策略

确定了职业生涯目标之后，为了确保这些目标能够得以实现，员工需要制定一套切实可行的职业生涯策略，包括技能提升策略、人脉拓展策略和机会把握策略等。这就好比是规划了目的地之后，需要确定具体的出行路线和交通方式一样。

（四）鼓励员工不断进行评估修正

职业生涯管理并非一次性的静态规划，而是一个动态的、持续的过程。在员工的职业发展过程中，由于受到内外部诸多因素的影响，如国际组织内部政策的调整、国际形势的变化、个人技能的提升或兴趣的转移等，最初设定的职业生涯目标和制定的策略可能会变得不再合适。

因此，国际组织会鼓励员工定期对自己的职业发展状况进行评估，检查是否按照预定的策略推进职业发展，是否已经实现了阶段性的目标。如果发现实际情况与预期不符，员工就需要及时分析原因，是因为外部环境的变化导致原本的策略行不通，还是因为自身执行不到位等。然后根据分析结果，对职业生涯目标进行调整，重新制定更为合适的策略。

二 国际组织职业生涯管理的特点

与一般企业的职业生涯管理相比，国际组织职业生涯管理主要有三个特点，分别为提供良好的职业发展机会；建立有效的职业支持系统；职业发展途径以横向职业发展为主，注重地域流动。

（一）提供良好的职业发展机会

国际组织通常肩负着众多重大的国际任务，其业务范围广泛，涉及政治、经济、文化、社会、环境等各个领域。为了有效履行这些国际任务，国际组织内部设置了种类繁多的职业岗位，涵盖从行政管理、专业技术到项目执行等各个方面。

国际组织能够为职员提供极为丰富的职业发展机会。一方面，职员可以在同一组织内部实现跨部门、跨职能的职业发展。例如，一位在国际组织的财务部门工作的职员，随着自身能力的提升和组织发展的需要，有可能被调到人力资源部门从事人力资源管理工作，或者调到项目管理部门负责国际合作项目的统筹协调工作。这种跨部门、跨职能的调动，能够让职员接触到不同的工作内容和工作方式，拓宽其专业视野，提升其综合能力。

另一方面，国际组织还能为职员提供跨组织的职业发展机会。许多国际组织之间存在紧密的合作关系，通过人员交流、项目合作等方式的跨组织流动。比如，国际劳工组织与联合国其他相关组织之间经常开展双向流动活动，职员可以通过参与这些活动，去其他国际组织工作一段时间，了解不同组织的文化、管理模式和工作流程，积累更为丰富的经验，为其职业发展注入新的活力。

此外，国际组织建立了全面的工作网络，涉及不同国家和地区的分支机构以及合作单位。职员在这样的工作网络中工作，能够获得在不同地域、不同文化背景下的工作经验，使自身的综合能力得到进一步提升。例如，联合国在全球各地都有办事处，其职员可能会被派往不同的国家和地区工作，在这个过程中，他们不仅要适应不同的工作环境，还要应对跨文化交流的挑战，通过这些经历，职员的跨文化沟通能力、适应能力等都会得到显著提高。

（二）建立有效的职业支持系统

国际组织深知职员在职业发展过程中面临的各种困难和挑战，因此致力于为职员建立一套有效的职业支持系统。

首先，国际组织会利用一系列科学的评估工具来帮助职员认识自己。这些评估工具包括人格测试（如迈尔斯—布里格斯类型指标测试，Myers-Briggs Type Indicator，MBTI 测试）、价值观测试、职业兴趣测试等。通过这些测试，职员能够更加深入地了解自己的性格特点、价值观念和职业兴趣，从而为自己的职业选择和发展提供依据。例如，通过 MBTI 测试，职员可以知道自己属于哪种性格类型，进而了解自己在团队合作、决策制定等方面的行为模式，以便更好地选择适合自己的工作岗位和职业发展路径。以联合国为例，当组织内出现选择职业的目标岗位空缺时，Inspire 系统将会给职员发送提醒。选择完职位后，组织会指导职员制订未来 6 个月内的职业发展目标和行动计划。[①] 同时，国际组织会在工作点设置职业发展单位，并且通过主管、职员、国际组织三方提供的职业支持不断推动职员职业发展目标的达成。

其次，国际组织会将职员通过自我评估所获得的结果，与职员的职业兴趣、个人历史资料以及已有的通用职位说明信息相结合，实现人—职匹配。通过这种方式，职员能够更加准确地找到适合自己的职位，同时也能让组织更好地安排人员到合适的岗位上工作。例如，当国际组织有一个新的项目岗位空缺时，组织会根据职员的自我评估结果和职位要求，筛选出最适合的职员来填补这个空缺，确保岗位和人员的最佳匹配。

最后，国际组织会在工作点设置职业发展单位，这些职业发展单位就像职员职业发展的"加油站"，为职员提供专业的指导和帮助。职业发展单位的工作人员会定期与职员进行沟通交流，了解他们的职业发展需求和困惑，为他们提供有针对性的建议和解决方案。例如，当职员在职业发展过程中遇到晋升瓶颈时，职业发展单位的工作人员会帮助他们分

---

① 联合国人力资源门户（UN HR Portal）：Career Workbook-Part 1：Career Planning-Ingredients for an Action Plan，https：//hr. un. org/page/career-workbook-plan—your—career。

析原因，提供突破瓶颈的方法，如建议他们参加相关的培训课程、参与跨部门项目等，以促进职员的职业发展。

（三）职业发展路径以横向职业发展为主，注重地域流动

职业生涯发展有横向与纵向两个主要途径。横向职业发展是指职员在现有级别保持不变的情况下进行工作调动，如工作轮换等；纵向职业发展则涉及职员级别的提升或降低等变化。在国际组织中，国际公务员的职业生涯发展主要以横向职业发展为主要途径，并且对职员的地域流动给予了高度重视。

对国际组织而言，横向职业发展具有诸多优势。一方面，通过工作轮换等横向调动方式，职员能够接触到不同的工作内容和部门，拓宽自己的专业视野，提升自己的综合能力。例如，一位在国际组织宣传部门从事文案撰写工作的职员，通过工作轮换到视频制作部门工作一段时间，他不仅可以学习到视频制作的相关知识和技能，还可以将自己在文案撰写方面的经验和技巧带到视频制作部门，实现知识和经验的共享。

另一方面，横向职业发展有利于组织内部的资源整合和团队协作。当职员在不同部门之间进行横向调动时，他们可以将自己所在部门的资源和优势带到新的部门，同时也可以从新的部门获取新的资源和优势，从而促进组织内部的资源整合和团队协作。例如，一位在国际组织的财务部门工作的职员调到市场部门后，可以将财务部门的成本核算和预算管理等方面的经验带到市场部门，同时也可以从市场部门获取市场调研和营销策略等方面的经验，促进两个部门之间的合作与交流。

而注重地域流动，是因为国际组织在全球各地都有分支机构或合作单位，不同地域有着不同的文化、经济、社会等背景。职员通过在不同地点工作，能够深入了解当地的实际情况，拓宽自己的文化视野，增强自己的跨文化沟通和协作能力。对于那些有升任高级职位意愿的国际公务员来说，地域流动更是必不可少的环节。只有通过在不同地点工作，他们才能对国际组织的整体工作有更广泛的了解，从而提升应对职业生涯中各种问题的能力。例如，联合国的高级管理人员通常都有在不同国家和地区工作的经历，这些经历使他们能够更好地理解不同地域的需求和差异，从而在制定国际政策和决策时更加全面和准确。

第二节　国际组织职业生涯管理流程

在国际组织的人力资源管理体系中,职业生涯管理流程犹如一套精密的导航系统,指引着员工在其职业发展的道路上稳步前行。这一流程一般细分为五个关键环节,涵盖员工评估、科学定位、制定与实施职业生涯策略、确定职业发展目标以及评估与修正(见图6-1)。国际组织在各个流程阶段都积极发挥作用,及时为员工提供全方位的职业发展帮助,精准传达各类职业发展的相关信息,并确保给予员工公平竞争的宝贵机会,从而助力员工在国际组织的广阔舞台上实现自身职业价值的最大化。

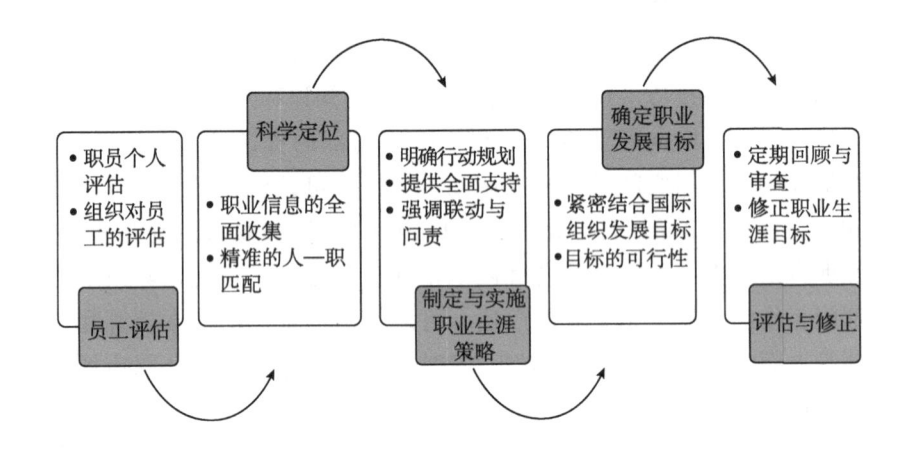

图 6-1　国际组织职业生涯管理的流程

资料来源:笔者自绘。

一　员工评估

(一)职员个人评估

国际组织职业生涯管理的首要步骤便是员工评估,而其中职员个人评估又是这一环节的基石。职员个人评估主要是指职员对自身兴趣、能力、需求及目标展开深入且全面的剖析。在员工进行自我评估的过程中,国际组织充分发挥其支持作用,为员工提供了丰富多样的评估工具,如问卷、量表、手册等。

以联合国这一极具代表性的国际组织为例，为了全力协助员工精心做好职业生涯规划，联合国特别为员工量身定制了《职业工作簿》。这本工作簿犹如一位贴心的职业导师，其中所包含的"个人评估指导手册"更是详细入微，能够有效帮助员工清晰确定自身的价值观、精准探寻职业兴趣所在、明确自身优势和已取得的成就、梳理个人技能以及了解自身偏好等重要内容。员工在完成自我评估分析后，可以将这一宝贵的分析结果及时发送给联合国职业资源中心团队。该团队随即会安排专业人员为员工提供一对一的深度指导，关于这一详细的管理方法，将在本章第三节国际组织职业生涯管理方法中展开更为详尽的阐述。

（二）组织对员工的评估

与此同时，国际组织也会从自身视角出发，对员工进行全面且系统的评估。这一评估过程通常会综合多方面的因素和资料，通过获取员工的技能清单，深入了解员工所具备的各项专业技能以及技能水平的高低；参考绩效考核报告，以此洞悉员工在过往工作中的表现和业绩情况；考量地域流动性工作经历，因为不同地域的工作经历往往能反映员工的适应能力和跨文化沟通协作能力；关注培训状况，明确员工在接受各类培训后的知识和技能提升效果；充分利用员工的个人评估结果等资料，从多个维度对员工进行全方位的审视。

此外，国际组织还会巧妙运用评估中心技术来对员工进行更为精准的评估。评估中心技术能够模拟各种实际工作场景，通过设置一系列具有挑战性的任务和情境，观察员工在其中的表现，从而更为准确地判断员工的综合素质、潜在能力以及在不同工作情境下的应对能力等。通过这种方式，国际组织能够更加全面且深入地了解每位员工的真实情况，为后续的职业生涯管理工作奠定坚实的基础。

二　科学定位

国际组织在完成对员工的全面评估之后，紧接着便会依据评估结果，与职员携手并肩，对所处的复杂环境进行深层次的剖析。这一过程不仅仅是简单的分析，更要结合员工自身的独特特点，精心设计出与之相匹配的职业发展方向，旨在帮助员工获得清晰明确的职业定位，进而能够精准选择合适的职位，实现完美的人—职匹配。

要达成准确无误的职业定位，提前做好职业信息的全面收集工作无疑是至关重要的。国际组织通常会采用通用职务简介这一有力工具来详细说明不同类型的职位。每一份通用职务简介都犹如一份详尽的职位说明书，涵盖职责说明以及职位规范等关键内容。这些清晰明确的说明能够帮助职员快速且准确地确定自身是否具备担任此类职位的资格，从而为其进行科学合理的职业定位提供有力依据，同时也有助于员工提前开展上岗前的职业准备工作，确保其能够在新的职位上迅速适应并发挥应有的作用。

以联合国为例，为了更好地帮助职员及时寻觅到适合自己的职业发展路径，目前联合国重新划分了九大职业类型。这一举措为那些通过MBTI测试初步确定了职业兴趣的员工提供了更为精准且丰富的可以适配的工作机会。并且，联合国还在Inspira系统中特意为职员设置了贴心的提醒功能。每当Inspira系统中出现与职员搜索条件相匹配的空缺职位时，系统便会自动对职员发送电子邮件作为及时的提醒，让职员能够第一时间了解到可能适合自己的职业发展机遇，不错过任何一个有可能推动自身职业发展的良机。

三　制定与实施职业生涯策略

（一）明确行动规划

帮助员工制定和实施职业生涯策略，是国际组织职业生涯管理流程中的关键环节。这一环节的核心要义在于，国际组织员工需要清晰明确为了实现职业发展目标，自己究竟需要采取哪些具体的行动规划。而国际组织在此过程中则要充分发挥其支持与引导作用，提供各项必要的支持措施，以确保员工能够顺利执行这一行动规划。简单来说，这一过程主要是要解决"应该做什么"以及"怎么做"这两个至关重要的问题。

例如，对国际公务员而言，当他们怀揣着较高的职业发展目标时，就应当积极主动地去寻求各种职业晋升机会。然而，要想真正获得这些宝贵的晋升机会，并非易事，他们需要不断地参加各类学习和培训活动，以此来持续增进自身的核心竞争力。只有这样，他们才能够在激烈的职业竞争中脱颖而出，逐步实现自己心中的职业发展目标。

（二）提供全面支持

国际组织在其分布于世界各地的主要工作地点设立的中心或特派团的职业发展单位，犹如一座座职业发展的坚强堡垒，为工作人员提供了全面且细致的职业支持建议和丰富多样的资源。这些支持和资源涵盖方方面面，从提供专业的职业工具到给予贴心的职业辅导，从创造各种学习机会到开拓晋升和工作转换的机会等。通过这些全方位的支持方式，国际组织旨在帮助职员有效克服在职业生涯中所遇到的各类难题，全力提升职员实现职业发展目标的能力，为职员搭建一个能够充分展现个人能力与价值的广阔平台。

关于国际组织为员工提供职业发展工具和职业指导的具体实现方式，将在本章第三节国际组织职业生涯管理方法中进行详细介绍。

（三）强调联动与问责

在国际组织的职业生涯管理中，格外注重组织、管理人员和工作人员之间的紧密联动关系，并且强调三者应当共同分担职业成长和发展的责任。为了进一步强化这一共同责任意识，国际组织特意加强了问责制。

联合国要为员工提供一个机会框架，这个框架中不仅包含必要的资助方案，还涵盖完善的制度体系；管理人员则要肩负起为职员职业发展提供切实帮助的重要责任，他们需要在日常工作中关注职员的职业发展需求，给予必要的指导和支持；而工作人员自身也应当积极主动地致力于自己的专业成长，不断提升自己的专业技能和综合素质。

同时，方案/各级管理人员在继任和资源规划以及提供资料、资助、辅导和教导方面都要接受严格的问责。而工作人员个人则需要负责作出自己的职业决定，精心制订个人发展计划，并努力掌握所有必要的技能，确保自己能够在职业发展的道路上稳步前行。

四　确定职业发展目标

国际组织在助力员工完成自我评估以及精准定位之后，下一个至关重要的环节便是确立员工的职业发展目标。职业发展目标的确立能够为员工的职业生涯发展提供源源不断的动力，是整个职业发展过程中的关键所在。

员工职业发展目标的确立，绝非简单随意之事，它需要综合多方面的因素进行考量。一方面，要充分考虑职员自身的职业定位情况，依据员工在之前环节中所获得的清晰职业定位，进一步明确其在职业发展道路上的方向和重点；另一方面，更要紧密结合国际组织的发展目标。国际组织由于肩负着重大的国际使命，承担着管理国际事务的重任，因此对于人才队伍有着特定的要求，需要一支具备可流动性、面向全球、高绩效、多语种、多样化等特质的国际公务员队伍。

因此，当国际组织帮助员工确定职业目标时，除要仔细斟酌目标的可行性，确保员工有能力通过自身努力实现这一目标外，还要着重考虑该目标是否与组织的人才培养目标相互匹配。只有当员工的职业目标与组织的发展目标高度契合时，才能够实现员工个人与国际组织的双赢局面。

以联合国为例，当员工进行职业选择后，联合国会依据 SMART 目标原则，悉心指导职员制订未来 6 个月的职业发展目标和行动计划。通过这种方式，员工能够更加清晰明确地知道自己在短期内需要达成的职业目标以及具体的行动步骤，从而有条不紊地推进自己的职业发展进程。

五　评估与修正

在职业生涯发展的漫长道路上，职员未来发展面临着诸多的不确定性因素，因此，职业生涯规划并非一成不变。国际组织的内外部环境处于不断变化中，如国际形势的风云变幻、组织内部政策的调整等；同时，职员个人条件也可能发生改变，如个人技能的提升、兴趣爱好的转移等，甚至职员自身所追求的职业理想也可能有所改变。这些因素的综合作用，都会使国际公务员的职业生涯规划发生相应的改变。

基于此，国际组织会定期对职员的职业生涯规划进行全面的回顾与审查。这一过程主要是要仔细审查职员的职业定位和职业发展方向是否发生了改变，同时还要深入评估职员现有的职业生涯规划是否依然合适。如果经过评估发现现有的职业生涯规划已经不再合适，国际组织将积极主动地帮助职员通过反馈和修正来调整生涯路线、变更实施计划等，以确保职员能够在不断变化的环境中继续沿着正确的职业发展道路前进。

修正的内容主要包括重新选择职位和修正职业生涯目标等方面。例如，如果职员在工作过程中发现自己原本设定的职业目标过高，难以实现，或者由于外部环境的变化，原本的职业路径已经不再可行，那么就需要重新考虑选择其他更适合自己的职位，并且相应地修正自己的职业生涯目标。通过这样的评估与修正机制，国际组织能够更好地适应员工个人发展的变化以及外部环境的动态变化，从而为员工提供更加持续、有效的职业生涯管理服务，助力员工在国际组织的职业舞台上实现长久的发展。

以联合国儿童基金会为例，它开展了一个新人才计划（New and

Emerging Talent Initiative，NETI），吸引初级到中级专业水平的外部人才，针对通过这个计划进入国际组织的职员，联合国儿童基金会会对其进行评估，该评估过程包括一个具体的绩效评价、指定教练和导师及全面审评小组总结的书面发展报告。基于反馈和书面评估报告，高级管理人员组成的全面审评小组根据评估学员的业绩并确定其是否适合常规职位，或必要时，离开联合国儿童基金会[①]。

第三节　国际组织职业生涯管理方法

在国际组织复杂且多元的人力资源管理体系中，为了给予职员强有力的职业生涯发展支持，使其能够在国际事务的广阔舞台上实现自身职业价值的最大化，国际组织采取了多种多样且行之有效的职业生涯管理方法。本书经过深入研究与归纳整理，将国际组织职业生涯管理的方法大致划分为举办职业生涯会议、编制职业生涯规划工作簿以及开展职业咨询与辅导三大类别（见表6-1）。其中，开展职业咨询与辅导这一方法贯穿于职员在国际组织的整个职业生涯过程中，因其能够针对职员在不同职业发展阶段所面临的各类具体问题提供精准帮扶，故成为使用最为频繁的方法。

表6-1　　　　国际组织职业生涯管理的方法举例

举办职业生涯会议	基于能力提升的研讨会
	"双重职业"介绍会
	退休咨询会
编制职业生涯规划工作簿	编写职业生涯规划工作簿或职业生涯规划手册
开展职业咨询与辅导	职业咨询
	职业辅导

资料来源：笔者自绘。

---

① 联合国儿童基金会网站链接：https：//www.unicef.org/careers/junior-professional-officer-programme。

一　举办职业生涯会议

职业生涯会议是国际组织人力资源管理部门精心制定的一项重要的职业生涯规划活动，其核心目的在于向职员准确传达组织内部有关职业生涯管理的各类有效信息，助力职员更好地规划自己的职业发展路径。这类会议形式多样，涵盖不同主题与侧重点的活动，其中具有代表性的包括基于能力提升的研讨会、"双重职业"介绍会以及退休咨询会等。除此之外，还会举办各种针对人力资源管理和开发问题的信息发布会，以便让职员及时了解组织在人力资源管理方面的最新动态与相关政策等信息。职员可以便捷地在纽约职业资源中心（the Career Resource Centre/New York）获取到关于各种职业生涯会议的详细信息，从而根据自身需求有针对性地参与其中。

（一）基于能力提升的研讨会

国际组织深刻认识到，在国际公务员的整个职业生涯发展历程中，保持并不断提升胜任力是至关重要的。只有具备了与岗位要求相匹配甚至超越岗位要求的胜任力，职员才能在不断变化的国际事务环境中高效履行职责，实现自身的职业成长。因此，国际组织依据科学合理的胜任力模型，为职员创造了诸多极为宝贵的学习与发展机会。

在基于能力提升的研讨会上，国际组织会综合考量多方面因素展开深入研讨。首先，会结合员工个人的职业发展轨迹进行分析，了解其在不同职业阶段的成长情况、所面临的挑战以及取得的成果等，以便从中发现可能存在的能力短板或有待进一步提升的方面。其次，会参考绩效管理的现状，通过对员工过往工作绩效的评估结果，明确其在工作中的优势与不足，进而确定哪些能力需要重点加强。此外，还会基于面试的胜任力进行探讨，即在招聘新员工时考察各项胜任力指标以及在后续职业发展过程中这些指标的变化情况等。

通过对这些方面的细致研讨，国际组织旨在为职员提供具有针对性的指导与建议，促使他们能够有目的地提升自身的能力。例如，对于在跨文化沟通方面表现稍弱的职员，研讨会可能会提供一系列关于跨文化沟通技巧的培训课程或案例分析，帮助他们更好地理解不同文化背景下的沟通方式与要点，从而提升在国际合作项目中的沟通效率与效果。

（二）"双重职业"介绍会

国际组织秉持着人性化的管理理念，充分考虑到职员及其配偶的职业发展需求。在实际工作场景中，常常会出现夫妻双方均为国际组织职员的情况，为了便于征聘职员配偶，同时也为了让夫妻双方能够在同一工作地点工作，从而更好地协调工作与生活，国际组织鼓励同一工作地点的所有国际组织之间积极分享空缺职位信息。只要配偶双方都符合相应的任职资格，国际组织将不遗余力地协助他们实现在同一工作地点执行任务的愿望。

而"双重职业"介绍会便是针对这一特殊情况制定的一种管理策略情况介绍活动。通过定期举办此类介绍会，国际组织能够有针对性地向职员的伴侣或配偶传达组织所提供的一系列有关支持的详细信息，包括但不限于在职业发展方面可获取的资源、可能享有的优惠政策以及具体的申请流程与途径等。例如，组织可能会为配偶提供特定的职业培训课程，帮助其提升与国际组织工作相关的专业技能；或者在配偶求职过程中，提供优先推荐的机会等。通过这些举措，不仅能够解决职员配偶的职业发展问题，也有助于提升职员家庭的整体生活质量，进而让职员能够更加安心地投入到国际组织的工作中。

（三）退休咨询会

随着职员在国际组织中的职业生涯逐渐步入后期阶段，如何做好退休前后的规划成为他们面临的重要课题。为了帮助这些处于职业生涯后期的职员顺利过渡到退休生活，国际组织会专门举办退休前的咨询会，并提供预退休培训等一系列支持措施。

在退休咨询会中，国际组织会首先深入了解退休职员的意向，包括他们对退休后生活方式的期望、是否有继续从事相关领域工作的打算以及对财务规划等方面的需求等。其次，根据这些了解到的情况，为职员提供具有针对性的建议与帮助。例如，对于希望在退休后继续发挥余热、从事一些与国际事务相关的志愿工作的职员，国际组织可能会为其提供相关的信息，并协助其与这些项目进行对接；对于担心退休后财务状况的职员，国际组织可能会邀请专业的财务顾问为其讲解退休理财的知识与技巧等。

以联合国为例，联合国每两年就会开展一次退休前的信息介绍会。在这次会议上，会详细介绍退休相关的各项政策、福利待遇以及可选择的退休生活方式等内容。同时，还会设置答疑环节，让职员能够就自己关心的退休问题与相关专家进行面对面的交流，从而消除他们对退休生活的疑虑与担忧。

二 编制职业生涯规划工作簿

为了能够更加系统、全面地为国际公务员提供职业发展的指导，国际组织会精心编写职业生涯规划工作簿或职业生涯规划手册。这些工作簿或手册犹如一位贴心的职业导师，陪伴在职员身边，为他们在职业发展的道路上提供清晰的指引与实用的建议。

以联合国编写的《职业工作簿》为例，这本工作簿内容丰富且结构清晰，由职业规划、职业工具、职业过渡三个部分组成，进一步细分为入门、认识自己、行动要素、职业高原、可转让技能、情商、管理声誉、建立职业联系、工作勇气、了解工作世界共十章。每一章都聚焦于职业发展的不同方面，从不同角度为职员提供深入的分析与指导。

在"认识自己"这一章中，重点介绍了认识自我的个人评估指导手册的内容（见表6-2）。通过一系列精心设计的问题与评估工具，帮助职员深入剖析自己的性格特点、兴趣爱好、优势劣势以及职业价值观等重要因素，从而让职员能够更加清晰地了解自己在职业发展方面的潜力与方向。而对于工作簿中的其他内容，读者可通过人力资源门户网站①自行学习。

表6-2　　　　　　　　　联合国职员个人评估指导手册

项目	目的	内容
职业生涯回顾	思考哪些行动对个人的事业产生积极的影响，有助于进一步推进职业发展	●如果您已经改变了工作地点和职能，是什么在过去帮助了您？ ●是否有人给您的配偶和孩子提供相关支持？
展望未来	帮助职员把短期和长期的未来可视化，帮助职员了解"我想做什么""我想去哪里""我需要什么样的技能和知识"	●在未来的几年里，您想要什么样的工作任务或职业发展？您需要做哪些准备？谁可以帮助您获得期望的工作所需的经验？ ●您需要培养哪些技能和知识才能完成这些任务和职业发展？
工作偏好和个人动机评估	工作偏好和个人动机的满足将影响职员职业生涯中的表现	●您的长处是什么？您具备哪些具体技能可用于其他职位？您的工作经验有何独特之处？ ●您的工作偏好是什么？ ●哪些价值观驱动或激励您（如成就、创造力、金钱或服务）？

---

① 联合国人力资源门户网站链接：https://hr.un.org/page/career-workbook-plan-your-career。

续表

项目	目的	内容
职业价值观评估	帮助职员将职业规划重点放在对本人有激励作用并符合价值观的领域	通过卡片排序的方式探索对员工而言最重要的价值观顺序，卡片内容由美国明尼苏达州明尼苏达大学继续教育学院提供，包括工作抗压性、学习挑战、领导力、多样性、合作、安全性、独立性、平衡度、归属感、友谊、精神满足、位置等相关项目，在完成职业价值观排序后，引导职员思考： • 为什么该价值观对您来说是重要的？ • 在您目前的工作中，这种价值观是否得到满足？
技能评估	帮助职员确定个人技能情况	通过技能卡排序的方式，指导员工根据技能兴趣程度对技能卡上显示的42项技能进行评价。该技能卡由美国明尼苏达州明尼苏达大学继续教育学院提供；在完成技能卡排序后，引导职员思考在工作中使用这项技能的频率和情况
个性评估	帮助职员确定和了解个人的个性类型，帮助找到个人的优势所在	使用迈尔斯—布里格斯类型指标（MBTI）为职员提供个性类型的详细说明，进一步引导员工思考其适合的职位类型和工作环境

资料来源：United Nations（Careers），"Work for the United Nations—Discover more about the United Nations and join us!"，https：//careers.un.org/career-development。

通过编制这样详细且全面的职业生涯规划工作簿，国际组织为职员提供了一个可随时查阅、参考的职业发展指南，帮助他们在面对复杂多变的职业环境时，能够更加从容地做出合理的职业决策，规划自己的职业发展路径。

三 开展职业咨询与辅导

即便国际组织已经为职员精心编制了完备的职业生涯工作簿，但在实际的职业生涯规划过程中，职员仍然难以避免地会出现一些困惑和问题。每个人的职业发展情况都是独特的，受到多种因素的综合影响，工作簿只能提供一般性的指导原则。因此，国际组织有必要为员工提供更加个性化、针对性更强的职业咨询与辅导服务。这些职业咨询与辅导服务主要来源于一些专家诊断和咨询，这里所说的专家并不一定是外部的高级职业顾问，也可以泛指一些组织中高层次的、经验丰富的成功人士，他们凭借自己深厚的专业知识和丰富的职业经验，能够定期或不定期地听取员工在职业生涯规划上的问题，并给予切实可行的解决方案。

（一）职业咨询

国际组织会为职员精心安排职业咨询师或职业教练。职员可以与咨询师或教练进行一对一的会议交流,这种私密且专注的交流环境能够让职员更加放松地倾诉自己在职业发展过程中遇到的各种难题与困惑。国际组织开展的职业咨询服务不仅面向组织内的在职职员,同时也为有意进入国际组织工作的人员提供线上的职业咨询,以便帮助这些应聘者在进入组织前能够充分了解国际组织内的职业发展情况,从而做出更加明智的职业选择。联合国职业咨询课程适用情形如表6-3所示。

表6-3　　　　　　　　联合国职业咨询课程适用情形

	适用情形
职业咨询	● 发展遇到瓶颈,不确定如何推进职业生涯 ● 想超越当前的职业选择,探索其他可能实现的方法 ● 需要帮助填写员工的个人历史档案(PHP)和求职信 ● 想为面试练习

资料来源:United Nations (Careers), "Work for the United Nations—Discover more about the United Nations and join us!", https://careers.un.org/career-development。

对于那些刚刚踏入国际组织,对组织内部的工作流程、职业发展路径等还不太熟悉的新职员,职业咨询课程可能会侧重于组织文化、工作规范以及初期职业规划等方面的介绍与指导;对于在职业发展过程中遇到晋升瓶颈的职员,职业咨询课程则可能会聚焦于分析晋升受阻的原因、提供突破瓶颈的策略建议等;对于考虑职业转型的职员,职业咨询课程会围绕转型的可行性分析、新职业领域的特点以及转型所需的技能准备等方面展开。通过这种有针对性的职业咨询服务,能够满足不同职员在不同职业发展阶段的需求,为他们提供切实有效的帮助。

(二)职业辅导

职业辅导是一个使职员能够识别和利用现有资源,做出与职业相关的决策并管理与职业相关问题的过程。它在帮助职员实现职业发展目标方面起着至关重要的作用。

职业辅导可以通过多种方式实现,其中专业的职业辅导平台是一种重要的实现途径。这些专业的职业辅导平台依托网络技术,能够提供及时和远程的指导,打破距离的束缚,使职员无论身处何地,只要有网络连接,就能够方便快捷地获得专业的职业辅导服务。以联合国为例,国际公务员可以通过电子邮件预约的形式报名预约专业的职业顾问或教练进行职业辅导课程。联合国职业辅导课程适用情形具体如表 6-4 所示。

表 6-4　　　　　　　　联合国职业辅导课程适用情形

	适用情形
职业辅导	● 需要有关如何与员工的团队、经理或员工的主管互动的建议 ● 希望对提供绩效反馈更有信心 ● 想知道如何更有效地处理困难的谈话 ● 想为面试练习

资料来源：United Nations（Careers），"Work for the United Nations—Discover more about the United Nations and join us!"，https：//careers.un.org/career-development。

同时，国际组织职员与其导师、主管、国际组织构建了明确的职业辅导关系。职员可以随时向他们寻求职业辅导，并且根据国际组织职业生涯管理的问责制度，任意一方都有责任为职员的职业发展提供有效的辅导。以导师计划为例，每一个国际组织的职员，都会安排一位职业生涯导师。这位导师不仅会与职员进行知识共享，为其解答工作上的难题，还会给予情感关怀，让职员在职业发展的过程中感受到支持与鼓励。对于职员来说，导师给予的工作指导能够帮助他们不断提升能力，而情感关怀则能让他们在面对职业压力时保持良好的心态，从而更好地实现职业发展目标。

通过开展职业咨询与辅导，国际组织能够更加深入地了解职员的职业发展需求，为他们提供个性化的支持与帮助，从而确保职员在国际组织的职业生涯中能够更加顺利地前行，实现个人职业价值与组织发展目标的双赢。

第四节　国际组织分阶段职业生涯管理

在国际组织这一复杂且多元化的工作环境中，职员的职业生涯发展呈现出不同阶段的特点，而与之对应的组织管理策略也需因地制宜、因时制宜。根据个体特征、对工作的需求以及组织管理策略的差异，本章将国际组织职业生涯管理划分为四个阶段：初进组织阶段（适应期）、职业生涯早期（成长发展阶段）、职业生涯中期（成熟稳定阶段）和职业生涯后期（退休、转型或再发展阶段）。在此基础上，深入探讨国际组织针对国际公务员所开展的一系列全面且具有针对性的职业生涯管理举措。表6-5总结了不同职业生涯发展阶段的个体特征、对工作的需求以及组织管理策略，并呈现了各阶段的关键要点。

表6-5　　　　　　　国际组织分阶段职业生涯管理及其特点

职业生涯发展阶段	个体特征	对工作的需求	组织管理策略
初进组织阶段（适应期）	对新环境还不适应，处于探索阶段	快速融入新环境，熟悉新工作	1. 帮助职员认识工作全貌；2. 帮助职员适应新环境
职业生涯早期（成长发展阶段）	对职业发展进行长远规划，渴望能胜任自己的工作	能够做好本职工作并得到快速的成长，同时希望对自己的职业发展进行科学长远的规划	1. 建立职员的职业档案；2. 建立主管与职员实时沟通制度；3. 发挥导师的重要作用
职业生涯中期（成熟稳定阶段）	具有较为丰富的工作经验和成熟的思想，容易自我满足和遇到职业瓶颈	希望突破职业发展瓶颈，同时能做好工作与家庭之间的平衡，获得组织的承诺	1. 强化职员的专业能力；2. 注重职员的精神激励；3. 帮助职员实现工作与家庭的平衡
职业生涯后期（退休、转型或再发展阶段）	获得了一定的成就和地位。奋斗期望减弱，希望能维持现有的地位和成就。由于这部分人才非常宝贵，很多人退休后会继续工作，如当顾问、教师等	计划退休安排，寻找继任，学会接受和发展新角色	1. 开展退休咨询，着手退休行动；2. 做好退休职员的职业工作衔接；3. 做好退休后的生活保障安排

注：个体特征与对工作的需求在第五章已经做了解释，不再赘述。
资料来源：参见李楠《国际组织人力资源管理概论》，人民出版社2020年版。

一　初进组织阶段

针对初进组织阶段的职员所面临的种种状况，国际组织会精心制定并实施一系列策略，旨在及时调整职员的职业期望，同时助力他们更为顺畅、快速地融入新的工作环境。

（一）帮助职员认识工作全貌

国际组织深知，为了避免职员在入职后因期望落差过大而产生负面情绪，在国际公务员入职前就应当提供真实且全面的工作预览。应聘者可以通过预览，提前获取关于组织使命、战略目标、工作职责及规范、工作环境等多方面的详尽信息，从而在一定程度上抵消那些不切实际的期望。

针对已经入职、初进组织的职员，国际组织会进一步采取措施帮助他们全方位认识工作全貌。例如，会组织专门的培训课程或讲座，详细解读组织使命，让职员明白自己所从事的工作在整个国际组织的宏大目标中扮演着怎样的角色；深入介绍战略目标，使职员了解组织在未来一段时间内的发展方向，以便他们能更好地将个人工作与组织发展相结合；清晰阐释工作职责及规范，确保职员清楚知晓自己的具体工作任务以及应当遵循的工作准则；对工作环境进行全面介绍，包括办公设施的使用、组织内部的沟通渠道等，让职员能尽快熟悉并适应新的工作场景。

（二）帮助职员适应新环境

为了帮助初进组织的职员更好地适应新的工作环境，国际组织会开展一系列丰富多彩且行之有效的活动。

以联合国为例，针对入门级专业人员，会开展为期一周的迎新和发展计划。在这一周的时间里，会安排各种形式的活动。比如，组织新职员参观联合国总部的各个部门，让他们直观地了解组织的架构和各部门的职能；举办专门的座谈会，邀请资深职员分享在联合国工作的经验和心得，帮助新职员更快地熟悉同事以及感受组织氛围；开展团队建设活动，通过一些有趣的游戏和合作项目，增进新职员之间以及新职员与老职员之间的沟通与协作，使他们能够迅速融入这个大家庭。

再以ITER（国际热核聚变实验堆）组织为例，ITER组织同样重视帮助新人适应环境，为此开展了一系列颇具特色的活动。这些活动不仅要求国际职员参加，还鼓励其家属一同参与，内容涵盖ITER组织背景知识的讲解，让职员和家属对该组织的科研项目、发展历程等有更加深入的了解；安排法国当地文化的学习活动，因为ITER组织位于法国，了解当地文化有助于职员和家属更好地适应法国的生活环境；设置法语学习课程，毕竟法语在当地的工作和生活场景中具有重要地位，掌握一定的法语知识能够方便职员和家属的日常交流。通过这些活动，能够帮助国际组织职员及家属尽快适应在法国的工作和生活。

二　职业生涯早期

针对职员在职业生涯早期所呈现的这些特征，国际组织会积极采取相应的管理策略，为职员提供全方位的支持与引导，助力他们实现职业目标，促进其职业成长。

（一）建立职员的职业档案

要想对职员的职业生涯发展进行科学、有效的管理，就必须全面且详细地掌握员工的各类相关信息。因此，建立职员的职业档案成为一项重要举措。

这份职业档案涵盖员工的诸多关键信息，包括学历背景，它能反映职员的基础知识储备和专业素养；培训经验，了解职员曾经接受过哪些专业培训，有助于判断其技能提升的轨迹；工作经历，知晓职员在不同岗位或组织中的工作历程，可分析其适应不同工作环境的能力；工作绩效，通过对过往工作绩效的评估，能明确职员的工作能力和工作态度；他人反馈信息，如同事、上级的评价等，可从侧面了解职员在团队协作、人际关系等方面的表现；未来发展目标，则是职员自身对未来职业发展的期望和规划，国际组织可以据此为其提供更契合的发展机会。

国际组织建立职员档案的一个重要途径是建立技能清单，并将其形成数据库。通过这一数据库，国际组织可以及时、便捷地获取职员的相关信息，从而为实施准确有效的职业指导提供有力的数据支撑，以便做好人—岗匹配，实现职业发展路径的科学、合理规划。

（二）建立主管与职员实时沟通制度

国际组织深知，主管与职员之间保持密切且适时的沟通至关重要。主管作为团队的领导者，应当主动加强与职员的沟通。

主管需要时常关注职员的工作情绪，及时察觉职员在工作中是否存在压力、焦虑等负面情绪，并给予关心和疏导；了解职员对所担任职务的期望，明确职员希望在岗位上获得怎样的发展机会和挑战；掌握职员对国际组织的期望，如对国际组织提供的培训、晋升机会等方面的期待；同时，关注职员未来的发展意愿，清楚职员的职业目标和规划方向。

只有这样，国际组织才能根据职员的实际情况，为其制定出科学有效、切实可行的职业发展规划，确保职员在职业生涯早期能够沿着正确的方向稳步前行，实现自身的职业发展目标。

（三）发挥导师的重要作用

从职员初进组织起，通常就会有一位较有经验的同事作为导师，协助新职员更好地融入组织。而当职员已经成功融入组织，进入职业生涯早期阶段后，组织更应重视发挥导师的作用。

导师在这一阶段的职责更为关键。一方面，导师应当凭借自己丰富的工作经验，针对职员在工作中遇到的难题，提出切实可行的合适建议，引导职员更为高效地完成本职工作。例如，当职员在项目执行过程中遇到技术难题时，导师可以根据自己以往的类似经历，提供解决问题的思路和方法，帮助职员突破难关。

另一方面，导师还应时刻关注职员的工作习惯和特点，结合职员的职业目标和规划，对其职业生涯规划进行有针对性的指导。比如，根据职员擅长的技能领域和职业发展方向，为其推荐合适的培训课程或项目参与机会，帮助职员规划出科学合理的职业发展路径，助力职员在职业生涯早期能够快速成长，实现职业晋升的目标。

三　职业生涯中期

对处于职业生涯中期的员工而言，主要面临着两个关键困境：一是如何成功渡过职业生涯瓶颈期；二是如何有效平衡工作和家庭之间的关系。针对这些困境，国际组织采取了相应的管理策略。

（一）强化职员的专业能力

对于处于职业生涯高原期的职员，为了帮助他们推动职业阶梯的前进，国际组织可以制定并实施一系列如工作轮换和工作丰富化等策略来强化职员的专业能力。

例如，通过工作轮换，让职员有机会从原本熟悉的岗位调到其他相关岗位工作一段时间。这样做的好处在于，职员能够接触到不同的工作内容和流程，拓宽自己的专业视野，学习到新的技能和知识，从而打破工作的单调感，重新激发对工作的热情。同时，工作丰富化也是一种有效的手段，比如，在原有工作任务的基础上，增加一些具有挑战性的子任务或赋予职员更多的自主权，让他们能够在工作中发挥更大的创造力，提升自己的专业能力，进而为突破职业瓶颈期奠定基础。

国际组织还可以根据职员的具体情况，为其提供有针对性的系列培训课程。这些培训课程可以涵盖专业技能提升、管理能力培养等多个方面，旨在满足职员在职业生涯中期提升自我的需求，帮助他们在专业领域持续深耕，保持竞争力，以应对职业发展机会变窄的挑战。国际组织还有特别针对女性的职业生涯发展计划，共有 11 个国际组织为希望建立和扩展领导技能的 P-3 等级女性设计了一项"EMERGE 新兴女性领导人计划"①。

（二）注重职员的精神激励

对于处于职业生涯中期的员工，国际组织的精神激励就像甘霖之于干涸的土地，至关重要。例如，通过表扬和授予奖状、勋章、荣誉称号或授权等方式，来缓解职员的职业危机感或职业倦怠。表扬职员和给职员授予表彰，能够满足职员内心深处的心理成就感。这种成就感如同温暖的阳光，能在一定程度上替代晋升所带来的激励效果。

以世界知识产权组织为例，2018 年依据"着眼未来""齐心协力""恪尽职守""创造卓越"核心价值观设置了四类个人奖，用于表彰那些对世界知识产权组织作出贡献的职员。这些奖项不仅是对职员工作的认可，更是一种强大的精神动力，激励着更多的职员在工作中全力以赴。

（三）帮助职员实现工作与家庭的平衡

国际组织中的职员的生活是多元的，除忙碌的职业生活外，还有温馨的家庭生活。家庭对职员而言，意义非凡，它是心灵的港湾，同时也会给职业生涯带来诸多影响。为了帮助职员在工作与家庭之间找到平衡，缓和由于工作和家庭关系失衡而给职员造成的压力，尤其是对于双职工家庭和女性职员这些特殊群体，国际组织采取了一系列积极有效的措施，如制定双重职业（Dual Career）和人员流动方案、提供灵活的工作安排等。

国际组织制定的双重职业和人员流动方案，旨在协助全球流动的国际组织职员及其家属建立紧密的联系，就像搭建一座坚固的桥梁，帮助员工解决职业生涯中工作与家庭之间的矛盾。双重职业和人员流动方案协调当地外籍配偶的工作，提供丰富的信息、求职咨询和实际现场支助，为国际公务员及其家属进入新的工作地点提供了极大的便利。

以世界卫生组织为例，它积极鼓励同一工作地点的所有国际组织分享空缺职位，这种做法为征聘职员配偶提供便利。如果配偶双方都是世界卫生组织国际公务员，只要符合任职资格，世界卫生组织将竭尽全力协助他们在同一工作地点执行任务。为确保职员在工作生活和个人生活

---

① 《EMERGE 新兴女性领导人计划》，https://learning.unog.ch/node/9019。

之间取得良好的平衡，世界卫生组织还提供了灵活的工作安排和非全时工作等一系列多样化的选择，让职员可以根据自身的实际情况进行合理安排。

四 职业生涯后期

职业生涯后期的职员主要面临的是退休这一重大人生转折问题。在这个特殊时期，国际组织应该扮演好引导者的角色，帮助职员做好退休前心理和工作方面的各项准备，确保他们能够顺利实现从工作状态到退休生活的平稳过渡。

（一）开展退休咨询，着手退休行动

为了帮助处于职业生涯后期的职员妥善规划退休前后的生活，国际组织积极行动起来。通过举办退休前的咨询会，让他们能够提前了解退休后的世界。提供预退休培训，这些培训内容涵盖从心理调适到生活规划等多个方面，帮助职员全面了解退休生活可能面临的各种情况。组织要深入了解退休职员的意向，根据他们的需求和想法，帮助职员着手具体的退休行动。在这个过程中，不能忽视职员与组织之间的情感沟通、联系和友谊，因为这是一种无形但无比珍贵的财富，它能让职员在退休之际感受到组织的关怀和温暖。

（二）做好退休职员的职业工作衔接

国际组织应该未雨绸缪，及早进行交替者的培养工作。处于退休阶段的职员通常拥有丰富的工作经验，这些经验就像一座宝藏等待着被挖掘。而且在这个阶段，他们的工作强度通常不会太大，国际组织可以充分利用这一特点，精心选好退休员工工作的接替者。让老职员指导新职员，这种传承就像火炬的传递，老职员将自己的经验和智慧传递给新职员，培养接班人，做好退休职员的职业工作衔接。这样做既可以让老职员发挥余热，又能够帮助新职员更快地适应组织环境。另外，国际组织要有计划地分期分批安排应当退休的人员退休，避免因为大规模的退休潮影响工作的正常进行，确保组织的运转如同精密的齿轮，有条不紊。

（三）做好退休后的生活保障安排

针对退休后准备享受生活的职员，国际组织需要为国际公务员提供完善的生活保障。例如，提供提前退休等相关政策和福利，让职员在退休后能够无后顾之忧地享受生活。这些保障措施就像一把坚实的"保护

伞",为退休职员遮风挡雨,让他们在人生的新阶段感受到安心和舒适。国际组织可以与相关机构合作,为退休职员提供健康管理、休闲娱乐等方面的服务,丰富他们的退休生活,让他们的晚年生活如同晚霞般绚丽多彩。

第七章 联合国职业发展策略：实践机会与资源支持

联合国是一个成立于1945年的国际组织，现拥有193个会员国。其工作始终遵循《联合国宪章》中的目标和原则。多年来，联合国不断发展，以适应瞬息万变的全球局势。始终如一的是，联合国为各国提供了一个汇聚的平台，在这里共同探讨全球性问题，寻求造福全人类的解决方案。在维护世界和平，缓和国际紧张局势，解决地区冲突，协调国际经济关系，促进世界各国经济、科学、文化合作与交流方面发挥着积极作用。

第一节 实习项目

大部分国际组织提供实习机会，尤其是联合国及其下属机构的实习项目，成为很多年轻人进入国际组织的首选途径。实习是建立关系网络、展示能力的重要方式。国际组织涵盖的领域广泛，包括人道主义援助、环境保护、国际经济合作、教育和卫生等领域。根据申请者的学术背景、职业兴趣和未来发展方向，选择适合的国际组织及岗位。

一 实习项目类别

联合国实习项目根据不同的任务和领域有多个类别，涵盖广泛的专业方向，以便吸引来自全球的学生和应届毕业生加入。不同的联合国机构设有自己的实习项目，实习类别和工作领域可能根据各机构的具体任务和工作重点有所不同，但整体上各机构的实习项目大多涵盖一些类似的核心类别，如管理、政策研究、人道主义援助等。这是因为很多联合国机构的工作职能有相似之处，但也有一些机构根据自身的独特任务和专业领域，提供更为特殊的实习类别。

第一，行政与管理实习。支持联合国的日常行政事务，包括人力资源管理、财务管理、采购与供应链管理、预算编制和办公室管理等。实习生会协助文件整理、数据录入、财务报表的制作以及会议的组织安排，确保联合国办公室的日常运营高效有序。

第二，政策与研究实习。参与政策制定与分析、数据收集、实地调研、报告撰写等工作，帮助联合国分析社会、经济、环境等全球性议题。实习生会在资深专家的指导下协助政策文件和研究报告的撰写、统计数据的收集和分析，支持联合国在制定可持续发展等方面的战略决策。

第三，人道主义援助实习。支持联合国的全球人道主义援助工作，包括紧急救援、灾难管理、难民保护、流离失所者安置和恢复项目等。实习生可以参与组织人道主义援助活动，协助进行现场评估、资源分配、提供心理支持，确保快速和有效的援助。

第四，国际关系与外交实习。参与国际关系事务，支持联合国在和平与安全、全球治理、冲突调解等方面的工作。实习生会协助会议和谈判的准备工作，参与起草会议纪要、报告和政策建议，支持国际组织间的沟通和协调。

第五，项目管理实习。帮助项目团队进行项目的计划、实施、监测和评估，包括扶贫、教育、卫生等发展领域的项目管理。实习生负责协助项目进度跟踪、财务管理、活动协调，并支持项目的定期评估和成果报告的撰写。

第六，公共信息与传播实习。帮助联合国在全球范围内宣传和推广工作成果，包括新闻发布、社交媒体运营、公共关系和出版物制作。实习生可以参与撰写新闻稿、编辑社交媒体内容、设计传播材料、协助宣传活动策划，提升公众对联合国使命的认识。

第七，法律实习。涉及国际法、国际人权法、国际刑法、海洋法等法律领域，支持联合国的法律事务和人权保护工作。实习生可以参与法律文件和报告的撰写、法庭案例分析，协助处理国际条约的解释和执行。

第八，可持续发展与环境保护实习。支持联合国在可持续发展、气候变化、生物多样性、清洁能源和水资源管理等方面的项目。实习生可以参与环境数据的收集与分析、撰写研究报告、支持活动和研讨会的组织，以促进环境保护和可持续发展目标的实现。

第九，教育与培训实习。协助开展教育项目、培训计划和课程设计，支持全球教育公平和质量教育的推广。实习生可以参与教育政策研究、培训材料的编写，支持教育推广活动的策划和实施，以改善教育资源的公平分配。

第十，卫生与营养实习。涉及公共卫生、营养学、疾病预防、流行病学和卫生政策，支持全球卫生和营养方面的项目。实习生可以参与健康数据分析、公共卫生宣传活动的策划和实施，帮助应对全球健康挑战。

二　联合国主要机构

联合国的六个主要机构及其相关部门通常都提供实习机会，让学生和年轻专业人士获取宝贵的国际经验。

第一，联合国大会（UN General Assembly）。联合国大会事务支持部门（如大会和会议管理部）提供一些实习岗位，涵盖文案支持、会议组织、记录整理等。实习生通常需具备国际关系、政治学、公共管理或相关专业背景，具有出色的沟通和写作能力，熟练掌握英语或法语。

第二，联合国安全理事会（UN Security Council）。联合国安全理事会下属的政治事务与和平建设部（DPPA）、维和行动部（DPO）提供实习机会，涵盖政治分析、冲突研究、数据支持等领域。通常要求申请者具备国际安全、冲突研究、法学或国际关系背景。实习生应具备较强的分析能力和敏锐的政治敏感度。

第三，联合国经济及社会理事会（UN Economic and Social Council, ECOSOC）。ECOSOC 的实习机会较多，特别是在其下属的专门机构和委员会（如联合国开发计划署、联合国环境规划署等），涉及经济发展、社会政策、环境研究等多个领域。申请人通常需要具备经济学、社会学、公共管理、环境科学等相关专业背景以及较强的数据分析、调研和报告撰写能力。

第四，联合国秘书处（UN Secretariat）。联合国秘书处提供大量实习机会，涵盖秘书处各个部门，包括人权事务、新闻传播、法律、翻译等。实习地点多集中在纽约总部，部分项目提供远程实习机会。要求申请人具备较高的语言能力，尤其是英语（和其他联合国官方语言）以及特定部门相关的专业背景，如法律、新闻、翻译、行政管理等。

第五，国际法院（International Court of Justice，ICJ）。国际法院为法学专业学生和毕业生提供实习机会，主要职责包括协助法官、研究法律问题、撰写法律备忘录等。国际法院要求申请者具有国际法、国际人权法等专业背景，通常需具备硕士或博士学位的候选人资格、优秀的法律研究和写作能力，工作语言为英语或法语。

第六，联合国托管理事会（UN Trusteeship Council）。联合国托管理事会在1994年最后一个托管领土独立后暂停了其主要活动，因此没有直接的实习项目。尽管如此，联合国在托管历史研究方面偶尔也会提供实习机会，相关研究工作通常由联合国历史和档案部门管理。

三　申请者范围

对于那些考虑在外交和公共政策领域工作的学生和应届毕业生来说，联合国实习是一个理想的起点。在联合国实习期间，实习生将有机会了解组织的日常工作环境，并直接与高素质的专业人士一起工作。实习生将参与高层会议、全球性活动，并有机会为联合国的分析工作和组织政策作出实际贡献。有意申请的候选人需要满足以下几点要求。

第一，正在攻读硕士或博士学位，或本科四年级在读学生；或者本科、硕士或博士毕业不超过一年。

第二，能够熟练使用英语或法语[①]。

第三，与联合国秘书处的工作人员没有直系亲属关系（不得是联合国秘书处员工的兄弟、姐妹、子女）。

联合国实习的时间至少为两个月，最长可达六个月。根据所在大学的政策，实习生可能可以将实习经历计入学分。需要注意的是，联合国实习不提供薪资。所有与交通、保险和住宿相关的费用需由实习生或其资助人自行承担。实习生还需自行负责并承担获得签证和全球医疗保险的费用。联合国实习岗位全年在联合国职业网站"United Nations Careers"页面发布。实习地点主要包括纽约、日内瓦、维也纳、内罗毕、亚的斯亚贝巴、曼谷、贝鲁特、圣地亚哥以及联合国的其他分支机构。所有申请必须通过联合国的 HR 系统 INSPIRA 提交。

联合国的许多机构、基金和项目（如联合国开发计划署 UNDP、联合国儿童基金会 UNICEF、联合国难民事务高级专员公署 UNHCR 和联合国环境规划署 UNEP）也提供实习项目，其中一些机构提供带薪实习。这些机构的申请应通过各自的人力资源系统提交。

---

① 滕珺：《国际组织需要什么样的人——联合国系统人才标准及中国教育对策研究》，上海教育出版社2018年版，第164页。

针对不同的组织和岗位，推荐关注官网上的招聘页面，定期查看是否有新的实习机会发布，因为大部分国际组织的实习职位信息会提前几个月发布，所以需要持续关注。实习可以在全年的任何时间以兼职或全职形式提供，实习时间根据实习生的可用性和学术要求以及联合国的需要而有所不同。

四　注意事项

申请国际组织的实习项目是许多学生和刚毕业的求职者获取全球视野和工作经验的绝佳机会。为了确保申请成功，需要详细了解流程、注意细节，并做好充分的准备。申请国际组织实习之前，以联合国为例，务必熟悉注意事项。需要采取预防措施，以确保在实习期间的安全和福祉，有助于避免意外情况，如法律问题、健康问题或安全威胁。此外，这些措施有助于成功完成实习并提供积极的经验。在联合国实习的注意事项包括以下五个方面。

第一，研究信息。熟悉计划的条款、要求和期望。比如，申请人应准确说明本人对空缺职位中规定语言的熟练程度，包括母语的熟练程度。申请人没有说明本人对空缺职位中规定语言的熟练程度的，将不予考虑。通常，所有空缺职位都要求流利使用英语或法语这两种联合国秘书处的工作语言。

第二，合法性检查。确保实习计划是官方的，并且在联合国网站上。申请人应该忽略任何声称宣布职位空缺的电子邮件或非联合国网站。

第三，签证和法律问题。了解必要的签证或居留和进入实习国家的规则。签证和法律问题是联合国实习项目中不可忽视的部分。实习生在出发前应了解签证的要求和申请流程，并准备好可能的支持文件。签证的有效期应覆盖整个实习的时间。实习生还需关注签证的逗留条款，确保在项目结束或离开所在国时，签证仍然有效。若项目延长，则需要按照规定及时更新签证。

第四，安全。因为联合国在许多国家提供实习机会，所以申请人需要事先了解各国的安全信息，特别是在高风险地区。申请人应了解自己在项目国家的合法权益，如健康保险、劳工保护、法律援助等。若申请者在执行任务时遇到紧急情况或法律问题，可以寻求联合国或项目提供的支持，但应有心理准备并尽量避免风险。

第五，支持。需提前准备至少一位可靠的个人紧急联系人，如家人、朋友或其他信任的联系人，以便在发生紧急情况时能够快速联系到他们。

这些措施将帮助实习生更好地做好准备并减少可能的风险。

五　申请流程

国际组织的实习申请大多通过在线系统完成。联合国职业门户网[①]提供的有关联合国各种机会和现有空缺职位的详细申请流程主要分为以下五步。

第一，注册并填写信息。访问目标国际组织的官方网站，找到"实习"栏目。大多数国际组织要求申请者先在他们的招聘平台上注册个人账户（如联合国的INSPIRA系统）。申请者在该栏目将看到实习的两个选择：按国家/城市的选择（Search by LOCATION；Where would you like to work?）和按专业知识的选择（Search by EXPERTISE；What would you like to do?），然后申请人会看到国际或国内的空缺列表。创建个人账户后，填写完整的个人信息，包括教育背景、实习经历等。[②]

第二，填写申请表格。申请表格通常要求填写详细的个人信息、教育经历、工作经历以及一些开放性问题，这些问题会评估申请者的动机和能力。英语是主要工作语言，大多数国际组织要求申请者具备出色的英语能力。掌握其他官方语言（如法语、阿拉伯语、西班牙语等）是极大的优势。此外，某些国际组织可能要求申请者回答特定的问题，以评估其对组织使命和工作的理解，所以应该确保回答简洁有力，同时要符合国际组织的核心价值观和使命。

第三，上传材料。上传事先准备好的简历、动机信和推荐信。有些系统对文件格式（如PDF或Word）和大小有限制，需确保材料符合要求。有些系统允许申请人申请多个实习岗位，因此可以多次申请不同职位，以增加成功机会。申请材料需要简洁明了，突出申请者的国际经验、专业能力和与岗位相关的素质。尤其是动机性，要强调对该组织使命的认同以及自身的特质如何与组织需求相契合。

第四，等待筛选结果。提交申请后，部分国际组织会发放确认邮件，告知申请人的申请已收到。实习职位的竞争激烈，筛选时间通常会比较长（几周到几个月不等）。

第五，面试。如果进入下一轮，通常会安排电话或视频面试。面试

[①] 联合国：《实习》，https://careers.un.org/home?language=en。
[②] 著滕珺：《国际组织需要什么样的人》，上海教育出版社2018年版，第115—116页。

问题可能涵盖专业知识、实习动机、对国际事务的了解以及行为面试问题。比如,"请谈谈你曾经如何处理团队冲突?"或"你如何应对压力和挑战?";涉及岗位相关的专业知识问题,如经济学实习生可能需要讨论某个国际经济事件的影响。在面试前,应深入研究该国际组织的使命、当前项目和活动,展示对该工作的真正兴趣。

六 国际机构常用的面试方式

第一,基于能力的面试/Competency Based Interview(CBI)。更适合有丰富经验的专业人士,因为这种方法的核心理念是过去的行为是预测未来表现的最佳指标。面试官可能会使用 STAR-factor 方法,它有四个关键要素。一是陈述情况(Situation),提供背景并解释有关你所经历的环境和情况细节;二是解释任务(Task),解释你面临的具体挑战或需要克服的障碍;三是详细说明你的行动(Action),说明采取的步骤及你在克服障碍方面所扮演的角色,突出你的特定技能和能力;四是量化结果(Result),说明所取得的成果,使用数据或百分比等具体方式呈现你的行动结果、好处、作用、影响力等。

第二,建立融洽关系的问题/Rapport Building Questions(RBQ)。主要用于面试开始时,帮助面试官和候选人建立一种轻松的氛围,减少候选人的紧张感,同时拉近面试双方的距离。RBQ 方法特别适合面试年轻的专业人士或经验较少但具有强烈动机的候选人。

第三,不同面试渠道。包括视频面试、电话面试、案例面试等。

七 实习生的经验分享

联合国的实习生和工作人员接受"经验分享"采访[①],其中有一位实习生谈过申请的过程。就读于美国东北大学的 A 同学分享了她的实习申请经历:"2017 年 3 月,我通过联合国信息发布平台提交实习申请。一星期后,我得到了面试机会。被录取后,我办理手续并在 5 月初顺利入职。以下是我的申请经验:在填写网络在线申请前,应准备好一份有侧重点的简历与一封逻辑清晰的申请信。申请信的语言要精简、有感染力。提交申请后就要开始准备面试了。申请者可能在申请提交后的任何时间点收到面试通知。在面试过程中应保持积极乐观的心态。面试通过后,办理入职手续时切忌拖拉,努力给领导与同事留下好印象。联合国的工作

---

① 联合国:《往期实习生》,https://www.un.org/zh/internship/interview。

是严谨的，在工作中遇到问题时，除自己寻求解决方案外，更要及时向领导与同事请教。通过钻研学习和与同事的沟通交流，我转变了对待学习的态度，专业技能得到了提高，我也变得更加自信。这都反映在我实习结束后的学习、工作中。我的教授看到了这些改变，让我以演讲的形式介绍这段实习经历，让同学们感受在联合国实习的独特魅力。"

B实习生：在联合国秘书长办公室工作。毕业于牛津大学的她通过竞聘入职联合国秘书长办公室。在加入秘书长团队之前，她已在高压力、快节奏的联合国安理会、联合国人道主义事务协调厅和联合国新闻部外联司有过很好的实习和工作体验。在联合国秘书长办公室，她每天早上8:00开始收从前线发来的第一批密函和成员国信件，每日4批。她的任务之一就是负责按照事务领域和区域分派函件给各位专家，协调完成《每日秘书长内参》。她表示，在协调整理内参的过程中，要知道哪些事务需要秘书长优先关注和联合国尽快发表立场。她的任务还包括每日会议安排，协调处理诸多行政事务。秘书长办公室的工作既要职员快速反应、高度保密和政治敏锐，还要临危不乱、随机应变，十分具有挑战性。但她强调的是要感恩，因为在这里工作，"能与一群有理想有情怀的前辈一起书写和见证历史，一起谋求人类福祉，让生命得到更多尊重"。

C实习生：在多元文化中共建人类命运共同体。C实习生在《联合国新闻》中文组实习，每天接触报道全球各地的新闻故事，把握世界的脉搏，传递联合国的声音。与新闻科十个语文组的同事共事，她感受到了多元文化的碰撞与融合；亲历联合国大会，她看到了各国领导人对和平与发展的渴求；以全球视野讲述常人故事，面向世界发声，她深刻地体会到了构建人类命运共同体的重大意义。她说："在新闻科实习，需要紧跟全球各地的实事，实时关注联合国大会和联合国安理会会议进展，争分夺秒进行实况报道，这是一件挑战性强且充满意义的事情，希望继续发挥中国青年的力量，推动实现世界大同的愿景，为世界和平和人类发展贡献绵薄之力。"

来自爱尔兰的实习生D[1]讲述了他的日常工作内容和最大的挑战之一："作为一名合规实习生，我在总部合同委员会工作，负责确保所有超

---

[1] Eimhin McEvoy,"*My Internship Experience with the UN*", https://gradireland.com/careers-advice/my-internship-experience-un-eimhin-mcevoy, 2023.

过 100 万美元的联合国采购符合监管规定，并具备稳健的商业依据。我的最大挑战是适应联合国极其复杂的结构。但现在我已具备相关经验，准备进入私营部门，进一步拓宽我的技能。"

实习生的实习不会自动导致其在联合国工作，但实习生在实习期间获得的经验可能会使其对申请一般事务或咨询职位感兴趣。如果实习生想申请专业及以上或外勤服务级别的职位，联合国机构要求实习生在实习结束后至少六个月后才能递交申请，并确保他不仅符合教育水平，而且符合每个空缺职位所列出的工作经验要求。申请人可以点击 INSPIRA 页面顶部的"联系我们"（Contact Us）寻求帮助或发送任何问询。在此页面上，申请人可找到每个类别和子类别的常问问题，申请人还可以查看联合国提供的详细流程。①

第二节 志愿者服务

一 什么是联合国志愿者（UNV）

联合国将志愿者（Volunteer）一词定义为"自愿进行社会公共利益服务而不获取任何利益、金钱、名利的活动者"。具体指的是在没有任何物质报酬的前提下，自愿承担社会责任，奉献个人时间并乐于助人的人群。而联合国志愿者项目的核心宗旨在于为发展中国家提供积极、有效的援助，从而支持全球人类的可持续发展。联合国志愿人员方案通过世界各地的志愿服务为和平与发展作出贡献。该方案由联合国开发计划署管理，将合格、积极进取和得到良好支持的专业人员纳入联合国各办事处和机构的工作中，并促进志愿精神的价值和全球承认。2018 年，全球部署了 7201 名联合国志愿者，其中 81% 来自全球南方国家。志愿人员方案直接负责实际征聘和指派志愿人员，他们以其才能和技能支持联合国在外地、区域办事处和总部的工作，同时在联合国获得实际的专业经验。志愿服务是学生和专业人士参与关键问题的一种方式，同时培养他们的全球公民身份和发展有用的技能。联合国志愿人员以他们的知识和热情，为推进联合国的任务和原则作出贡献，并通过实际的工作促进多边主义

---

① 联合国：《申请人指南》，https：//careers.un.org/how-to-apply?language=en。

和可持续性。

　　当前，出国留学的热潮依旧高涨。海外顶尖院校在审核申请者时，除基本的语言能力和学术成绩外，还会对实践能力、研究经历、兴趣爱好、跨文化适应力等多方面进行全面评估。① 常见的综合素质提升项目包括学术科研、社区服务、学术竞赛、文化交流等活动。在这些实践活动中，联合国志愿者项目尤为独特。它不仅让参与者有机会为社会贡献力量、帮助有需要的人，更为全球可持续发展目标的实现提供支持。作为联合国志愿者，学生能够收获宝贵的国际交流经验，提升沟通和组织技能，拓展全球化人脉网络，还能大大增强自信心。这些收获对于个人未来的发展和职业能力的提升起到显著的促进作用。此外，不仅在院校申请前可以参与联合国志愿者项目，许多人在求学期间甚至毕业后也会继续申请成为志愿者，持续为社会进步贡献自己的力量。

　　加入联合国志愿者（UNV）项目，是学生和年轻人拓宽国际视野、积累实践经验的宝贵机会。UNV 项目不仅提供直接参与全球性工作或实习的机会，还帮助志愿者在国际合作环境中提升专业能力和责任意识。联合国志愿者是至少志愿工作六个月、主要部署至外地提供帮助的人员。他们中有许多人已经具备相关专业知识并具有若干年的工作经验。联合国志愿者享有生活津贴和相关福利，如医疗和人寿保险。联合国志愿者的项目涵盖多个领域，包括教育、环境保护、公共卫生、灾后重建、难民救助等，为志愿者提供宝贵的国际工作体验。通过参与这些项目，志愿者可以深入了解全球性问题的复杂性，并了解这些问题在不同地区的具体表现及其应对方法。本书详细介绍了参与 UNV 项目的具体优势、申请流程和注意事项，鼓励学生或读者积极参与。

二　志愿者项目

　　有两种基本类型的志愿者机会：在国外做志愿者和在自己的国家做志愿者。申请过程类似，有意成为联合国志愿者的人必须首先在联合国志愿者管理申请网站②上注册，并填写一份个人资料，列入"Global Talent Pool"，这是一份对该方案感兴趣的人的名册。应尽可能提供有关资格、技能和专业经验的详细资料。对英语的书面和口语能力要求很高，

---

① 刘煜：《如何成为一名联合国志愿者》，Study Abroad Agency 留学事务所，2023 年。
② 联合国志愿者官网，https://www.unv.org/。

流利的法语或西班牙语也是重要的加分项。如果志愿者会阿拉伯语、俄语或葡萄牙语，则会更加适合某些特殊任务。

第一，UN Expert Volunteers（联合国专家志愿者）。年龄需在35岁及以上，拥有15年以上的专业经验。尤其是在特定的专业领域，如管理、技术、医疗、教育等。这些专家志愿者通常在自己的职业生涯中积累了深厚的专业技能。

第二，UN Specialist Volunteers（联合国专业志愿者）。年龄须在27岁及以上，具备相关技能和3—15年的经验。一般要求申请人持有与其工作领域相关的学士或硕士学位，以确保他们具备足够的专业知识。

第三，UN Youth Volunteers（联合国青年志愿者）。联合国青年志愿者计划还寻找18—26岁的积极和有才华的青年。联合国青年志愿者和大学生志愿者需具备0—3年的经验。所需的教育背景和经验因任务而异，但通常不希望有2年以上的工作经验。

第四，Junior Professional Officer and Specialist Development Programme（初级专业人员和高级专业人员）[1]。初级专业人员（JPO）和专业人员发展计划（SDP）是针对年轻人才的项目，具有特定的申请要求，涉及国籍、年龄、学历类型和工作经验年限。JPO职位的申请者通常应在32岁以下，SDP职位的申请者应在38岁以下；拥有发展相关学科的硕士学位（同等学力）；至少具备2年相关领域的有偿工作经验（SDP职位需5年），最好在发展中国家；优秀的信息技术技能，包括文字处理、数据库应用和演示软件；展示出战略思维能力。

第五，UNV Online（网上志愿服务）。联合国志愿人员组织（UNV）还管理一个特殊项目，适合那些希望在家中通过个人电脑或笔记本电脑为联合国系统贡献力量的人。该项目为UNV线上志愿服务计划，每年有超过12000人通过远程志愿服务参与其中，利用自己的技能为联合国的不同机构以及非政府组织开展研究、图形设计、校对、翻译等工作。感兴趣的候选人可以注册账户，加入全球线上志愿者社区，并浏览所有可用的机会。

---

[1] UNDP 联合国开发计划署：《初级项目官员》，https：//www.undp.org/jposc/who-can-apply。

联合国志愿者有各种各样的项目，包括人道主义援助、可持续发展、和平建设等方面的工作。选择合适的志愿者项目，可以根据自己的兴趣和专业背景以及申请人想为哪个领域作出贡献来决定。同时，申请者还需要了解项目的工作内容、地点、时间等方面的信息。联合国志愿者必须展现出对志愿服务的价值观和原则的强烈承诺，并尊重多样性。他们应具备良好的人际交往和组织能力。联合国志愿者应具备在多元文化环境中工作的能力和意愿，并能够结合提出的解决方案和当地专业知识的协同作用。他们还必须能够适应不断变化的、有时是艰难的生活和工作条件。

三 申请程序

申请成为联合国志愿者需要提交一系列申请材料，包括个人简历、推荐信、语言证书等。在准备申请材料时，需要注意材料的准确性、完整性和规范性。此外，还需要准备面试和评估等环节。申请者可以登录联合国志愿者组织官方网站提交材料。通过考试的候选人将被留在人才库，并收到有条件的录用通知书。但此时候选人还须获得政府、医疗和安全许可以及通过档案信息核查，尤其是学历（包括大学文凭）和推荐信的核查。如满足以上所有要求，须签订录用通知书，才能开始入职流程。

一旦候选人完成个人资料，有两种方式可以让他们被选中。第一种方式是当任务发送至联合国志愿者时，将在申请人库中搜索符合该任务要求的个人资料，符合条件的候选人将被联系。第二种方式是候选人可以直接申请"特别招募"，该招募通常需要志愿者更快速地到岗。所有特别招募都可以在联合国志愿者官网[1]找到。每个职位都有"任务描述"，其中详细说明了任务内容和要求。

成为一名联合国志愿者将有机会参与多样化的项目，为全球社区贡献自己的力量。在参与志愿活动时，需要积极学习、适应新环境并与他人合作，以实现项目的预期目标。同时，联合国志愿者的工作也面临着诸多挑战。首先，需要适应不同的文化和生活方式，解决各种问题和困难，并应对各种压力和挑战。其次，志愿者还需要具备良好的适应性、灵活性、耐心以及坚定的勇气，才能胜任这份充满意义的工作。

---

[1] 联合国志愿者官网，"Descriptions of Assignment"，https://app.unv.org/.

四 评估程序

每当联合国志愿者（UNV）组织考虑某人进行潜在的国内或国际任务时，候选人会收到"任务提案"，并需要通过电子邮件提交确认意向。随后，候选人姓名将被纳入 UNV 组织并发送给东道机构的名单中，东道机构会根据不同候选人资料的审核结果，决定哪些候选人进入下一阶段，即详细评估，或被列入候选人名单。评估通常包括书面和口头两个环节。书面考试不是强制性的，但若有书面考试，将在线上进行，并基于与任务相关的技术性问题。无论是否进行书面考试，评估过程中最关键的部分是基于能力的面试，时长为 30 分钟至 1 个小时，由包括 UNV 组织和东道机构工作人员在内的面试小组进行。书面考试和面试通常会用至少两种语言进行。

五 招聘及工作

成功的候选人将保留在候选库中，并会收到一份"录用意向书"。该意向书的正式生效需满足政府、医疗和安全方面的审查要求以及对候选人资料（尤其是学历证书如大学文凭和工作推荐信）的验证。当所有要求都满足后，候选人必须签署意向书以启动入职流程。最后一步是签署正式合同。志愿者需遵守国际联合国志愿者和国家联合国志愿者的服务条件。被派遣后，志愿者将接受联合国志愿者（UNV）组织和东道机构提供的线上和现场培训。联合国志愿者享有执行其职责所需的特权与豁免，类似于联合国官员的待遇。尽管招聘流程由 UNV 组织管理，但在日常工作中，联合国志愿者由东道机构或合作伙伴直接管理和监督。

六 志愿者经验分享

联合国学术影响力倡议（UNAI）还进行了一系列访谈，邀请联合国员工分享在联合国工作的更多信息，同时提供员工对职业和个人的见解。该访谈详细介绍了在联合国的志愿服务如何成为在国际组织内建立职业生涯的起点。以来自政治事务与和平建设部（DPPA）的菲奥雷拉·特里斯克里蒂（Fiorella Triscritti）和全球传播部（DGC）的奥马尔·埃尔南德斯（Omar Hernández）为例，他们讲述了自己从联合国志愿者到当前职位的经历，并解释了所获得的技能和经验如何帮助他们进一步发展。

菲奥雷拉描述了志愿服务让她了解政治过程并参与与维护和平、安全相关的项目，这使她获得了宝贵的专业技能。奥马尔则分享了他在全球传播领域的工作经验，解释了志愿服务如何帮助他更好地理解联合国的工作原则并增强自信，这成为他职业发展的关键因素。他们还向对在联合国工作感兴趣的人提供了建议，谈论了在国际组织工作所需的重要素质以及志愿服务如何帮助实现这一目标。

七 志愿者的收获与成长

参加联合国志愿者项目可以带来丰富的收获与成长，为个人职业和个人生活增添宝贵的经验。

第一，职业技能提升。志愿者项目通常涉及国际团队和多元化的工作环境，能够显著提升跨文化沟通的能力，理解和适应不同文化背景的工作方式。志愿者可以在具体的项目中应用和提升专业技能。例如，从事公共卫生的志愿者可能会在实际项目中学习疾病防控的方法；法律背景的志愿者则可能会参与到人权保护或国际法项目中去。参与联合国的各类项目让志愿者有机会学习项目的策划、执行和评估流程，培养管理、协调和解决问题的能力。

第二，对国际事务深入了解。在联合国的志愿服务中，志愿者有机会亲身体验联合国在国际事务中的作用，深入理解其在和平、安全、人道主义援助和可持续发展方面的工作。联合国志愿者的工作与可持续发展目标密切相关，志愿者能够更好地理解全球性议题，如贫困、气候变化、教育和平等议题，并学习到实际的解决措施。

第三，个人成长。联合国志愿服务的经历会加深志愿者对社会问题的理解，并培养其全球视野和社会责任感，激励他们关注世界各地的平等与公正。许多联合国志愿者项目需要在复杂甚至艰苦的环境中工作，志愿者在这样的环境中能够培养出强大的适应力、韧性和应对挑战的能力，而且在多语言环境中工作可以帮助志愿者提高语言技能，尤其是在英语、法语、西班牙语或阿拉伯语等联合国官方语言的实际运用上。

第四，开阔全球视野。在不同国家和文化中工作，志愿者会接触到多样化的工作思路和解决问题的方法，培养创新的解决思维。

联合国志愿者项目不仅为个人带来职业上的提升和全球视野的开阔，还会带来深刻的个人成长。志愿者在服务过程中，不仅为受援社区带来积极影响，同时也不断提升自我能力，收获宝贵的人生经验。

第三节 网络资源

联合国是一个大型组织，应该涵盖所有通信和传递信息的手段，以便告知尽可能多的人。除了电视新闻，报纸和杂志、互联网和社交网络也占了巨大的资源。以下是一些联合国网络资源以及其他国际组织人才培养的相关网站、论坛和社交媒体平台，以供读者参考。

一 联合国及其相关网站

第一，联合国志愿者（UNV）。UNV 官方网站①提供关于联合国志愿者机会的信息以及有关志愿者的培训和发展资源。

第二，联合国培训与研究所（UNITAR）。UNITAR 官方网站②提供各种在线课程和培训项目，旨在提升全球专业人士的能力。

第三，联合国开发计划署（UNDP）。UNDP 官方网站③提供与可持续发展、人才发展和能力建设相关的资源和项目。

第四，联合国教育、科学及文化组织（UNESCO）。UNESCO 官方网站④提供教育和文化领域的专业培训和发展机会。

二 国际组织

第一，红十字国际委员会（ICRC）。ICRC 官方网站⑤提供培训和志愿者机会，专注于人道主义援助和应急响应。

第二，世界卫生组织（WHO）。WHO 官方网站⑥提供与公共卫生相关的培训和职业发展资源。

三 在线平台和论坛

第一，ReliefWeb。ReliefWeb 提供人道主义援助和灾害响应的信息，适合关注相关领域的人才。

第二，Devex。Devex 连接国际发展界的专业人士，提供职位、培训

---

① 联合国志愿者官网，https://www.unv.org/。
② 联合国培训与研究所官网，https://www.unv.org/。
③ 联合国开发计划署官网，https://www.undp.org/。
④ 联合国教育、科学及文化组织官网，https://en.unesco.org/。
⑤ 国际红十字与红新月运动官网，https://www.icrc.org/en。
⑥ 世界卫生组织官网，https://www.who.int/。

和网络机会。

第三，UNJobs。UNJobs 提供联合国及其他国际组织的招聘信息和职业发展资源。

四　社交媒体平台

第一，LinkedIn。在 LinkedIn 上关注联合国及其他国际组织的官方账号，以获取最新职位和培训信息。

第二，X（Twitter）。许多国际组织在 X（Twitter）上发布更新，可以关注联合国及其相关机构的官方账号。

第三，Facebook。一些国际组织在 Facebook 上运营页面，分享志愿者机会和相关活动。

第四，Wechat。联合国在微信上有官方账号，专门用于分享有关联合国工作的最新动态、活动以及全球热点议题的资讯。有些机构也有自己的公众号，如联合国开发计划署、联合国儿童基金会等。

五　其他资源

第一，Coursera 和 edX。提供与国际关系、可持续发展等主题相关的在线课程。

第二，TED Talks。观看与全球问题、社会发展和人道主义相关的 TED 演讲，获取灵感和知识。

第三，国家留学基金委/China Scholarship Council（CSC）。国家留学基金委对赴联合国实习的学生提供了切实可行的经济支持和职业发展帮助，减轻了他们的经济压力，使他们能够专注于在国际组织中的工作任务。

这些资源可以帮助了解国际组织的人才培养和发展机会。

联合国的职业发展策略通过多样化的实践机会和完善的资源支持，帮助员工和志愿者在国际工作环境中成长和提升。这些措施不仅为他们提供了宝贵的实践经验，也通过职业培训、指导、学习资源、心理健康支持等多层次的帮助，确保他们能够在联合国的职业生涯中不断进步。这种全面的支持体系有助于联合国培养具备全球视野和专业技能的人才，同时也吸引更多年轻人投身于国际事务，为全球和平与发展作出贡献。

第八章 国际组织人才培养与职业生涯管理发展趋势

第一节 全球治理变化下国际组织人才培养与职业生涯管理发展趋势

一 全球治理变化的新趋势

当前,世界百年未有之大变局仍不断演进,动荡变革的国际格局使中国的外部发展环境、国际治理体系充满不确定性。[①] 本章拟以国内外的政治环境、经济发展、生产交换以及治理体系等为出发点,介绍当前国际格局的现状,并进一步分析全球治理变化的趋势。

在政治环境方面,全球政治环境正在经历深刻变革,特别是在多极化趋势日益显著的背景下,传统的全球治理体系面临着巨大压力。冷战结束后,由美欧主导的全球治理模式逐渐受到了来自新兴市场和发展中国家的挑战,如中国、印度和巴西等。中国通过共建"一带一路"倡议和亚洲基础设施投资银行(AIIB)等方式,深度参与并影响全球政治和经济治理。这一趋势表明,国际关系中的权力格局正在从单极或双极体系向多极化方向发展,各国对全球事务的治理诉求越发复杂。此外,区域性组织如欧盟、非盟和东盟在全球治理中的作用日益凸显,它们在特定领域或地区事务中发挥了更加独立和自主的治理能力。

在经济发展方面,经济全球化和区域经济一体化推动了全球治理的经济议题扩展,全球治理逐渐从以国家为主的治理转向全球多元主体共

---

① 李博一、黄德凯:《新形势下的国际治理:区域转向与中国方略》,《印度洋经济体研究》2021年第6期;秦亚青等:《全球治理新形势下大国的竞争与合作》,《国际论坛》2022年第2期。

同治理。数字经济和新兴技术的发展如人工智能、区块链等对全球治理提出了新的要求。这些技术不仅改变了全球经济生产和交换的模式，还引发了诸多全球性挑战，如数据安全、隐私保护和技术鸿沟问题。随着全球经济联系更加紧密，跨国企业、非政府组织等非国家主体在国际经济治理中的话语权逐渐上升，成为全球经济治理的重要参与者之一。经济发展的不平衡和贸易保护主义抬头，给现有全球经济秩序带来冲击，表现为全球范围内的贸易争端和资本流动管制。

生产交换的全球化与地区化，全球供应链的复杂性和相互依赖性，使全球生产与交换的模式日益交织。这种高度互联的全球经济带来了前所未有的效率提升，但也暴露了治理体系中的脆弱性。新冠疫情暴露了全球供应链的弱点，促使许多国家重新思考自身在全球化中的定位，推动了生产和交换的区域化趋势。国家和地区经济体开始更多地依赖区域内部的贸易、投资和生产网络，尤其是在亚太地区和欧盟内部。此外，区域贸易协定如《区域全面经济伙伴关系协定》（RCEP）和《跨太平洋伙伴关系协定》（TPP）进一步推动了全球治理的地区化进程，这一趋势可能会削弱全球性的治理框架。

在治理体系的演化方面，全球治理体系正在经历由传统的国家间治理向全球多主体参与的治理结构转型。国家、国际组织、跨国公司、非政府组织和公民社会共同参与治理的复杂性增加，治理的多层次性日益明显。例如，气候变化、公共卫生、网络安全等问题跨越了国家主权的界限，迫使各国必须通过全球协调来应对。这种多边主义的回归与新的治理模式探索并存，体现了全球性问题的跨界特性。同时，治理规则的演化与合法性问题逐渐成为全球治理的重要议题。在全球治理中，越来越多的国际规则和协议涉及非传统的国际法主体，如国际企业和非政府组织。这些规则的形成不仅依靠国家的共识，还取决于其他利益相关者的参与，这对传统的治理结构提出了新的挑战。在全球范围内，如何在合法性、有效性和公平性之间找到平衡，成为全球治理的重要课题。

考虑以上不同方面的变化及其对全球治理的影响，未来全球治理变化的趋势可总结为以下几个方向，如图8-1所示。

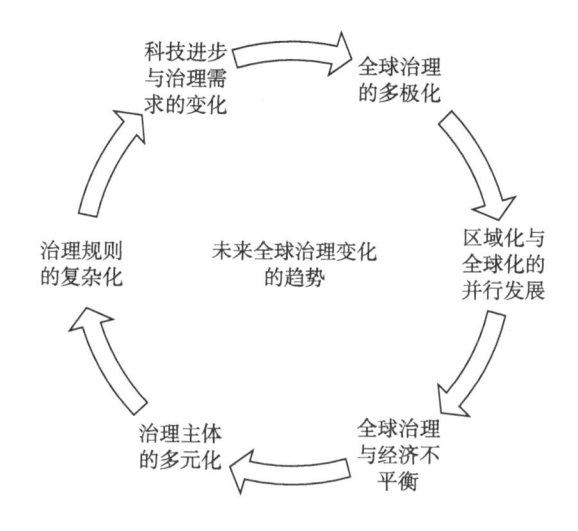

图 8-1　未来全球治理变化的趋势

资料来源：笔者自绘。

（一）全球治理的多极化

全球治理正从传统的西方主导格局向多极化演变，尤其是在新兴国家（如中国、印度、巴西）的崛起背景下。这些国家通过更积极地参与国际事务，促使全球治理结构更加多元，推动南方国家在全球决策中发挥更大作用。这种多极化不仅体现在国家层面，也反映在国际组织、区域组织和其他非国家行为体的崛起中。

（二）区域化与全球化的并行发展

尽管全球化继续深化，区域化趋势也在逐渐加强。[1] 特别是在面对全球供应链脆弱性以及地缘政治不确定性加剧的背景下，越来越多的国家和地区倾向于加强区域内部合作，如《区域全面经济伙伴关系协定》（RCEP）、非洲大陆自由贸易区（AfCFTA）等区域贸易协定显示出区域经济合作在全球治理中的重要性。

（三）全球治理与经济不平衡

全球化虽提升了全球财富，但同时也加剧了经济不平等。这种不平衡在全球南北国家之间尤为明显，要求全球治理机制更多地关注贫富差

---

[1] 王栋、李安迪：《论百年变局下全球化与区域化的新发展趋势》，《当代世界与社会主义》2022 年第 4 期。

距、资源分配不均等问题。此外，随着知识经济和数字经济的发展，技术标准、网络安全等问题也成为全球治理的新焦点，全球需要在这些新兴领域制定共同规则。

（四）治理主体的多元化

全球治理的主体不再仅限于国家，跨国公司、非政府组织、国际组织、公民社会等非国家行为体的参与也日益重要。在某些领域，如气候变化、网络安全、公共卫生等，非国家行为体的影响力甚至超过了某些国家。这种多元化趋势使全球治理机制更加复杂，也迫使全球规则的制定从单一的国家间协议向多方参与模式转变。

（五）治理规则的复杂化

随着全球议题的复杂化，全球治理规则的制定与执行也变得更加复杂。在应对气候变化、公共卫生危机等跨国问题时，全球治理需要更具适应性的规则。多边主义仍然是全球治理的主流，但同时双边或小范围多边合作机制也逐渐被各国广泛采用，以应对特定领域的挑战。

（六）科技进步与治理需求的变化

全球化的数字经济和技术革命改变了全球生产和交换的方式。[①] 这一现实要求国际社会共同应对如网络安全、隐私保护和技术标准等问题。同时，新兴技术的广泛应用使全球治理体系需要对科技发展中的权力分配、资源利用和公平性问题进行新的调整。

因此，全球治理的变化趋势表现在政治格局转型、生产交换结构的重组以及治理体系的复杂化。未来的全球治理将更依赖跨国合作与多边机制，但也面临着全球不平衡发展、国家间利益冲突以及全球公共问题治理能力不足等挑战，全球治理需要更加包容和适应性强的机制，以应对快速变化的全球挑战，需进一步深化全球治理中的创新与合作。

二 治理新趋势下国际组织人才培养与职业生涯管理的发展新方向

全球治理的新趋势将对国际组织的人才培养和职业生涯管理产生深远的影响。这些变化不仅要求国际组织提升自身的灵活性和适应性，还对人才培养和职业生涯管理提出了新的要求。本章从以下几个核心方面讨论治理新趋势对国际组织人才培养与职业生涯管理的影响，并指出未

[①] 马飒、黄建锋：《数字技术冲击下的全球经济治理与中国的战略选择》，《经济学家》2022年第5期。

来的发展新方向。

（一）全球化与多极化政治格局需要多元化、包容性的人才培养体系

随着全球政治从单极向多极转变，新兴国家在全球治理中扮演着更重要的角色。中国、印度、巴西等国家逐渐在国际组织中获得更多的话语权。这一变化使国际组织需要培养更多来自全球不同区域，尤其是新兴市场国家的专业人才。未来的国际组织人才不仅需要具有跨文化的沟通能力，还要具备应对复杂国际局势的政治敏锐性。因此，国际组织在人才培养中应更多关注多元化和包容性，增加对全球化背景下多极政治体系的理解力和适应能力的培训。

（二）经济发展与数字化转型要求国际组织人才培养的转型

随着全球数字经济和绿色经济的快速崛起，国际组织对科技、数据分析、环境管理等新兴领域的人才需求不断增长。国际组织的职业生涯管理需要更多关注技术更新和行业动态的变化，确保员工具备应对数字化和创新需求的能力。例如，世界银行、联合国开发计划署等机构在招聘中越来越重视具备科技背景和环境可持续发展经验的人才。未来的国际组织职业生涯发展可能更加注重技能更新和终身学习，以应对新兴行业的挑战。

（三）跨领域问题对人才多元化背景的要求

全球治理中的气候变化、公共卫生、网络安全等跨领域问题需要多学科背景的人才。传统的专业领域界限逐渐模糊，要求国际组织人才具备跨领域知识和灵活应对复杂问题的能力。因此，国际组织的人才培养战略需要更加注重培养复合型人才，能够跨越多个领域提供综合解决方案。例如，联合国系统在气候变化、疫情防控、和平与安全领域的工作中，需要兼具技术、法律、政策分析等多重背景的专家。职业生涯管理也需要鼓励员工在多个领域之间进行轮岗，积累多方面的工作经验。

（四）职业生涯的国际化和多元化管理

随着全球治理中的区域性和全球性组织之间的合作不断加强，国际组织的人才职业生涯路径变得更加国际化。人才的流动性和多元化是未来发展的趋势之一。国际组织应为人才提供更多的跨国工作机会和多元化的职业发展路径。例如，联合国系统近年来加大了对发展中国家专业人才的选拔与任用，推动更多来自不同国家的专家进入决策层。职业生涯管理中需要更多的国际轮岗机制，以帮助员工了解不同地区的治理需

求和国际政策的执行情况。

（五）治理体系中全球领导力的培养

全球治理的变化要求国际组织人才具备更强的领导力，尤其是在应对跨国问题和全球危机时，领导力显得尤为重要。[①] 人才培养应更多关注培养未来的国际领导者，能够在复杂的多边环境中领导国际团队、协调各方利益，并推动全球议程的落实。比如，联合国训练研究所（UNITAR）已经开始加强针对高级管理人员的领导力和谈判能力的培训。

（六）更加灵活和个性化的人才培养与职业管理机制

全球治理需求的多样化和快速变化要求国际组织在人才培养与职业生涯管理方面更加灵活、个性化。人才培养不仅要适应组织的战略目标，还应根据个人的职业发展需求制定个性化的职业规划。通过定制化的职业发展路径，国际组织能够更好地激励和保留核心人才。例如，国际货币基金组织和世界卫生组织正在推行更加灵活的职业发展政策，允许员工在不同部门或国家之间轮换，并为员工提供职业导师计划和个性化的技能提升培训。

全球治理的新趋势对国际组织的人才培养和职业生涯管理提出了新的要求，未来的国际组织将更加注重人才的多元化、技能的跨领域性以及职业发展的国际化。国际组织需要加强对新兴市场国家、技术创新领域、全球公共问题的复合型人才的培养，同时也需要在职业生涯管理上引入更加灵活的机制，以应对快速变化的全球治理需求。

第二节　新兴技术变革下国际组织人才培养与职业生涯管理发展趋势

一　新兴技术的冲击与影响

当前，人工智能（AI）、大数据、区块链、5G、物联网（IoT）、量子计算等新兴技术正不断重塑我们的生活方式，并对政治、经济、社会产生了深远的影响。本章从当下的新兴技术发展趋势入手，介绍不同技术

[①] 蒂娜·乔金、王启超：《全球领导力研究的回顾与讨论》，《中国领导科学》2019年第6期。

在不同领域的作用与影响。

（一）人工智能（AI）

人工智能的发展趋势表现在算法的提升、数据处理能力的增强、深度学习和神经网络的进步等方面。AI技术在自然语言处理、计算机视觉、自动化决策等领域取得了显著突破。这种技术的广泛应用正在改变全球的生产力模式。

在政治方面，AI已经成为全球政治竞争的重要工具。各国政府都在积极推动AI技术发展，将其应用于国防、公共服务和社会管理等领域。尤其是在国防安全和网络战中的无人机自动驾驶和智能武器系统的研发，AI正发挥着越来越重要的作用。

在经济方面，AI的自动化能力提高了生产效率，推动了新兴产业的发展，同时也带来了劳动力市场的转型。传统岗位的减少和新技能需求的增加，使经济结构发生变化，同时，AI技术也促使"平台经济"快速发展，进一步加强了共享经济和数字经济的作用。

在社会方面，AI的普及带来了就业结构的转型，大量传统岗位被AI取代，尤其是在制造、客服、物流等领域。然而，新的工作机会也在产生，尤其是在AI开发、数据分析和AI产品管理等技术领域。此外，AI的发展引发了对数据隐私、算法偏见等社会问题的广泛讨论，未来的治理体系必须平衡技术进步与伦理规范。

（二）大数据

大数据技术的发展趋势体现在数据量的爆炸式增长、数据存储和分析技术的进步以及数据驱动的决策能力上。全球各行各业都在利用大数据进行深入的分析和预测。

一方面，大数据正在增强政府的治理能力，尤其是在预测选举结果、分析公众舆论以及提高政策制定的精确性方面具有重要作用。政府通过大数据进行国家安全监控，优化公共资源分配和社会服务。这种数据集中化趋势使数据主权和数据安全问题逐渐成为国际政治议题的焦点。

另一方面，从企业角度来看，大数据驱动的精准营销和客户定制化服务正在成为企业竞争的重要手段。物流和供应链管理的优化进一步推动了全球贸易和跨国公司生产效率的提升。

此外，大数据还推动了智慧城市的建设，其在医疗领域的应用极大地提高了疾病预测和治疗的精准度，尤其是在疫情防控和公共健康监测方面。

（三）区块链

区块链技术的特点是去中心化、透明性和不可篡改性，它的应用已经从比特币等加密货币扩展到供应链管理、智能合约和身份验证等领域。

在政治影响方面，区块链被视为解决政府透明度问题的潜在工具。它有可能用于投票系统、公共记录保存等方面，增强公民信任度和政府治理效率。部分国家正在探索区块链技术在金融监管和行政管理中的应用。

在经济影响方面，区块链的广泛应用改变了金融行业的运作模式，如去中心化金融（DeFi）的兴起以及跨境支付系统的加速优化。它通过减少中介成本，增加了交易的安全性和效率。

在社会影响方面，区块链的应用延伸到公益、身份认证、产权保护等社会领域，有助于解决信息不对称和资源分配不公的问题。例如，区块链在数字艺术品交易中的应用（如 NFTs）正在为艺术创作提供新的经济模式，同时也带来了关于知识产权的讨论。

（四）5G 与物联网（IoT）

5G 网络和物联网技术的结合带来了全新的互联互通方式。5G 的高带宽和低延迟使物联网设备能够大规模协同工作，推动智能交通、智能制造和智能家居等领域的发展。

一方面，5G 技术的国际竞争日益激烈，成为大国技术争夺的焦点之一。掌握 5G 技术的国家将在全球技术竞争中占据优势地位，特别是在军事、经济情报和通信安全方面。此外，5G 与物联网技术的结合推动了智能制造、智能家居、智慧交通的发展。例如，制造业中的智能工厂和自动化生产线极大地提高了生产效率和灵活性。在零售和物流领域，5G 技术加速了数字化转型，提升了供应链的实时性和准确性。另一方面，5G 和物联网的普及将大幅提升生活质量、改变人们的生活方式。同时，它也带来了关于数据安全、隐私保护以及网络犯罪的新挑战。

（五）量子计算

量子计算的研究正在迅速推进，虽然离大规模商用仍有一定距离，但其巨大的计算潜力在密码学、药物研发、气候模拟等复杂计算领域已经显示出革命性变化的潜力与可能性。例如，量子计算在国家安全和战略决策中的应用具有重要意义。其在密码破解和网络安全防御中的潜力可能颠覆现有的全球网络安全体系，使国家之间的技术竞争更加激烈。量子计算的突破可能重新定义国家安全战略。在经济方面，量子计算将推动金融市场模拟、复杂系统优化等领域的发展。它将能够处理当前超级计算机无法解决的复杂问题，从而带来技术与产业的革新。在社会层面，量子计算在医疗、材料科学等领域的突破可能带来极大的社会变革。其应用有潜力加速新药的发现、优化能源资源的利用，最终提升社会福祉。

新兴技术的发展趋势表明，全球正处于一个技术快速迭代的时代。政治上，新兴技术影响了国家间的权力平衡和战略竞争；经济上，推动了生产力和产业结构的深刻变革；社会上，新技术在提升服务和生活质量的同时，也带来了新的伦理和安全问题。未来，如何平衡技术创新与社会发展，将成为全球治理的重要议题。

二 技术变革背景下国际组织人才培养与职业生涯管理的发展新方向

基于新兴技术的快速发展，国际组织人才的培养及其职业生涯管理正在面临新的挑战与机遇。这些变革不仅推动了国际组织对人才技能的需求发生变化，还对职业生涯管理的路径、人才培养策略、国际合作机制等多个方面产生了深远的影响。

新兴技术如人工智能、大数据、区块链和量子计算等，正在改变国际组织的运作方式和职能需求。联合国秘书长古特雷斯在"联合国2.0"中也提出将通过数据、创新、数字化、前瞻性和行为科学方面的强力融合，打造更灵活、多样、高效且更具影响力的实体。[1] 这意味着国际组织对人才数据思维、技术创新能力、战略前瞻力等复合型知识要求的显著提高，例如，人工智能和大数据的应用使国际组织更需要具备数据处理、算法开发、网络安全等技能的人才。例如，联合国、国际货币基金组织（IMF）等组织在应对全球性问题时，越来越依赖数据驱动的决策支持系统。同时要求国际组织人才拥有跨学科的能力，随着新兴技术的复杂性与影响不断扩展，人才的专业背景不再局限于单一领域，跨学科的专业技能成为新趋势。例如，世界卫生组织（WHO）在应对全球疫情时，不仅需要传统医学背景的人才，还需要具备数据分析、AI应用等多元技能

---

[1] United Nations, "Our Common Agenda Policy Brief 11-UN 2.0-Forward-thinking culture and cutting-edge skills for better United Nations system impact", https://www.un.org/two-zero/sites/default/files/2023-09/UN-2.0_Policy-Brief_EN.pdf, 2023.

的专家。未来国际组织人才还需具备全球视野与跨文化能力。技术的全球化推动了国际组织对具备跨文化沟通、全球治理知识和多语言能力的复合型人才的需求。掌握多种语言、熟悉不同文化和法律体系的人员在国际组织中具有更高的竞争力。

为了应对技术变革带来的挑战，国际组织人才应更具多元性与包容性，将数字素养作为核心竞争力并注重全球协作与本地化能力的协同。具体来看，随着技术的发展，国际组织越发重视培养多元化背景的人才。包容性治理与全球化视野的结合将成为未来国际组织人才发展的核心方向。未来，数字素养将成为国际组织人才的基本要求，而不仅仅是技术岗位的必备技能。了解技术对全球治理的影响以及如何运用技术工具来提高效率和透明度，已成为国际组织所有成员的关键能力。国际组织的人才培养将不仅着眼于全球化背景下的国际事务处理能力，还会加强本地化实践的能力。具备在不同区域文化中运作的能力将成为国际组织人才的核心优势。

相应地，国际组织人才培养体系应从以下几个方面进行调整和改善。

第一，技术与治理相结合的教育体系。国际组织在培养未来领导者时，更加注重将技术与全球治理能力相结合。国际组织人才培养项目中增加了更多的技术课程，尤其是数据科学、网络安全、区块链、行为科学等领域的技术培训。例如，在联合国开发计划署（UNDP）的人才发展框架中，开始将数字化技能和可持续发展目标（SDGs）的实施结合起来，培养具备技术治理能力的人才。

第二，跨部门合作与全球网络构建。国际组织通过与各国政府、私营部门和学术机构建立更为紧密的合作来促进人才的跨领域培养。例如，世界银行与全球知名大学合作开展了多个联合研究项目，培养具备全球经济和技术洞察力的跨领域人才。

第三，政策与资金的进一步支持。各国政府开始加强对国际组织人才培养的支持，如通过设立专项基金、提供学术交流机会和职业发展资助项目等。中国、美国、欧盟等大国通过增加对国际组织的人才培养投资，旨在提升公民在国际组织中的参与度和影响力。

同时，新兴技术带来的快速变化促使国际组织在职业生涯管理方面做出战略性调整，以适应新的人才需求。例如，在终身学习与技能更新方面，随着技术发展速度的加快，国际组织员工面临着技能快速过时的风险。因此，终身学习和职业培训成为职业生涯管理中的重要组成部分。许多国际组织已开始提供技术培训、领导力发展课程，以确保员工能够跟上技术发展的步伐。例如，联合国通过其在线学习平台提供多种专业发展课程，帮助职员保持其专业竞争力。此外，还需拥有灵活职业路径，由于技术变革的速度加快，职业路径的传统线性发展模式被打破。国际组织逐渐引入更为灵活的职业生涯管理方法，允许员工在不同岗位、部门或职能之间进行轮换，以积累多样化的技能和经验。例如，世界贸易组织（WTO）等已经开始鼓励员工跨部门调动，以应对更复杂的全球治理问题。远程工作与数字化管理等方面的能力也值得关注。全球新兴技术的发展也推动了国际组织管理模式的变革，特别是在数字化和远程工作方面。新冠疫情期间的经验表明，远程办公将成为常态化趋势，这使职业生涯管理需要考虑到数字化工作环境中的绩效评估、职业发展支持等方面的变化。

综上所述，随着新兴技术的快速发展，国际组织对人才的需求在数量、质量和技能结构上发生了显著变化。未来的人才培养需要更注重技术与治理的结合，职业生涯管理将向灵活化、多元化和数字化方向发展，从而顺应日新月异的技术趋势与不断变化的治理体系，为国际组织培养、输送肩负新时代使命的国际组织人才。

附　　录

一　联合国系统简介

1. 成立背景

联合国的成立背景可以追溯到两次世界大战的重大影响，尤其是第二次世界大战。第一次世界大战（1914—1918 年）导致了巨大的人员伤亡和社会动荡，为了避免类似冲突再次发生，国际联盟（League of Nations）于 1919 年成立，旨在通过多边合作和集体安全机制来维护世界和平。但国际联盟缺乏执行力，无法有效约束成员国，尤其是在面对大国利益冲突时无能为力。此外，国际联盟没有强制执行的能力，成员国的合作意愿不强，尤其是美国等大国未加入或退离，严重削弱了其权威性和全球影响力。因此，尽管国际联盟提出了多边主义和集体安全的理念，但其机制设计和实际运作不足以维持世界和平。因此，国际联盟未能有效制止世界范围内的军事扩张，尤其是在面对德国、意大利和日本的侵略时表现无力，最终导致第二次世界大战爆发。第二次世界大战（1939—1945 年）的破坏性规模远超第一次，世界范围内的冲突蔓延，使各国迫切意识到需要建立一个更加有效的国际组织，避免大规模战争的再次爆发。在此背景下，盟国之间的合作和共识推动了新国际组织的构思和发展。

1941 年 8 月，美、英两国领导人罗斯福和丘吉尔共同签署了《大西洋宪章》（Atlantic Charter），该文件提出了战后国际关系的基本原则，包括国家主权平等、领土不扩张、自由贸易、裁军以及建立有效的国际合作机制等。这些理念为战后国际秩序奠定了基础，也是联合国成立的重要思想来源。1942 年 1 月，26 个国家在《联合国家宣言》（Declaration by

United Nations）中首次使用了"联合国"这一名称，宣誓在战争中共同抗击法西斯势力。这一宣言标志着世界多边合作的初步形成，也为战后国际合作提供了组织框架。

联合国的正式构想和框架是在战争的最后阶段逐步形成的。1944年，美、英、中、苏四大盟国在美国的敦巴顿橡树园会议（Dumbarton Oaks Conference）上讨论了战后国际组织的结构和职能，提出了建立联合国的初步框架。在这次会议中，各国就联合国的核心结构达成一致，包括设立联合国大会、联合国安全理事会、国际法院、联合国经济及社会理事会和联合国秘书处等主要机构。随后，1945年4月，50个国家的代表在美国旧金山召开了联合国国际组织会议，进一步就联合国的具体条款和职能进行磋商，最终起草了《联合国宪章》。《联合国宪章》规定了联合国的宗旨、结构和成员国的权利与义务，旨在通过集体安全、多边合作和国际法的执行来维护世界和平。1945年6月26日，《联合国宪章》正式签署，并于同年10月24日生效，标志着联合国的正式成立。

2. 主要机构

根据1945年签署的《联合国宪章》，联合国设有六大核心机构：联合国大会、联合国安全理事会、联合国经济及社会理事会、联合国托管理事会、国际法院和联合国秘书处。

（1）联合国大会

联合国大会（UNGA）是联合国的主要审议、立法和代表性机构。它为所有会员国提供了一个平等发声的国际论坛，各国能够在联合国大会上讨论世界重要问题，并通过决议和建议来影响国际事务。联合国大会是唯一一个193个会员国都有平等表决权的机构，反映了多边主义和国际合作的核心理念。联合国大会的决议虽没有强制约束力，但在国际道德和法律上具有重大象征意义，并推动国际社会在和平、安全、经济发展、人权等领域的共同行动。

（2）联合国安全理事会

联合国安全理事会（UNSC）是联合国的核心决策机构，负责维护国际和平与安全。作为联合国系统中唯一有权采取强制性措施的机构，联合国安全理事会的决议对所有联合国会员国都具有法律约束力。其作用不仅限于应对和解决冲突，还包括通过预防性外交、维和行动和裁军等手段，避免战争和国际危机的爆发，维护全球秩序的稳定。

(3) 联合国经济及社会理事会

联合国经济及社会理事会（ECOSOC）是联合国的主要机构之一，负责协调和促进全球经济、社会、文化及环境事务。它作为一个全球性的论坛，汇集政府、国际组织和非政府组织，共同讨论和推进与可持续发展、社会进步、人权及国际合作相关的议题。联合国经济及社会理事会的主要作用是制定全球政策框架，推动国际社会在经济和社会领域的合作与发展，特别是在消除贫困、不平等以及可持续发展等方面。

(4) 联合国托管理事会

联合国托管理事会（UNTC）是根据《联合国宪章》设立的六大主要机构之一，成立的主要目的是监督托管领土的管理，确保这些领土及其居民在联合国的指导下逐步走向自治或独立。联合国托管理事会的作用在于保障托管领土居民的福祉，促进其政治、经济和社会的发展，确保他们在不受外部干预的情况下，享有自决权并逐步实现独立。

(5) 国际法院

国际法院（ICJ）是联合国的主要司法机关，成立于1945年，其总部位于荷兰海牙。国际法院的主要作用是通过裁定国际争端，推动国际法的发展和执行，促进国际和平与安全。它在全球法治的构建中发挥着关键作用，通过法律手段和平解决国家间的争端，并为各国政府、国际组织提供法律意见。

(6) 联合国秘书处

联合国秘书处（UN Secretariat）是联合国的行政机关，负责执行联合国大会、联合国安全理事会、联合国经济及社会理事会、联合国托管理事会等机构的决议和政策，确保联合国的日常运作顺利进行。联合国秘书处在全球事务中起到协调、管理和支持的关键作用，帮助实现联合国的和平、安全、发展及人权等核心目标。联合国秘书处不仅是联合国的行政中枢，也是联合国系统内部协调各机构、组织国际会议、实施决策的关键力量。

除六大核心机构外，联合国还设有各类方案和基金组织机构、专门机构以及其他实体机构，共同负责执行联合国的具体项目与计划，促进环境保护、儿童妇女权益保障、人道主义救济、发展援助等领域，主要包括联合国开发计划署，联合国人口基金会，联合国儿童基金会，联合国环境规划署，联合国人类住区规划署，世界粮食计划署，联合国教育、科学及文化组织，联合国工业发展组织，国际货币基金组织，国际劳工组织，世界卫生组织，世界知识产权组织，世界银行集团，联合国项目事务署，联合国大学，联合国难民事务高级专员公署等，如附表1所示。

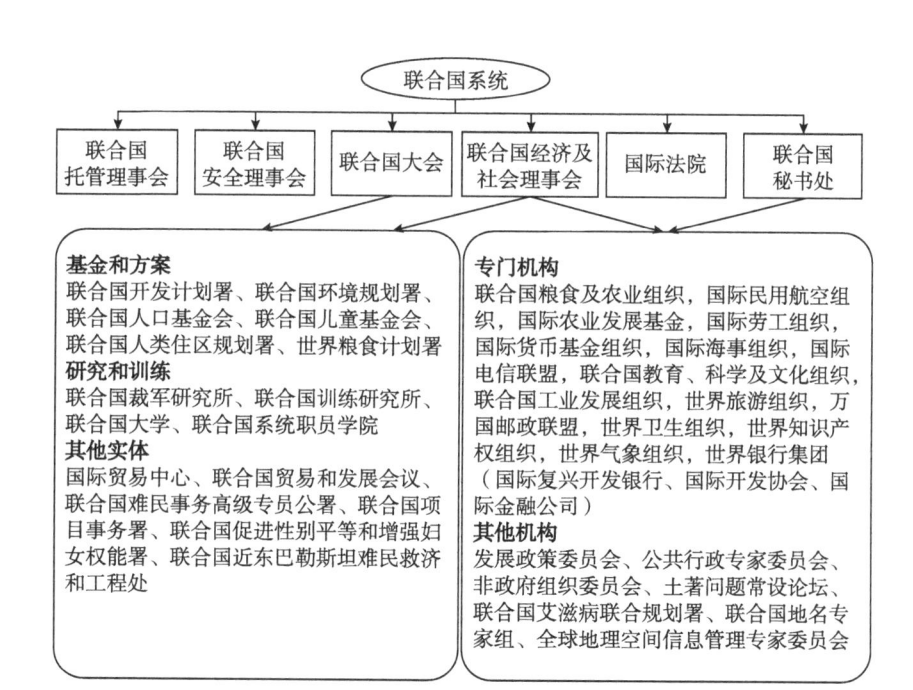

```
                          联合国系统
    ┌──────┬──────┬──────┼──────┬──────┬──────┐
  联合国  联合国  联合国  联合国经济及  国际法院  联合国
  托管理  安全理  大会    社会理事会            秘书处
  事会    事会
```

基金和方案
联合国开发计划署、联合国环境规划署、联合国人口基金会、联合国儿童基金会、联合国人类住区规划署、世界粮食计划署

研究和训练
联合国裁军研究所、联合国训练研究所、联合国大学、联合国系统职员学院

其他实体
国际贸易中心、联合国贸易和发展会议、联合国难民事务高级专员公署、联合国项目事务署、联合国促进性别平等和增强妇女权能署、联合国近东巴勒斯坦难民救济和工程处

专门机构
联合国粮食及农业组织，国际民用航空组织，国际农业发展基金，国际劳工组织，国际货币基金组织，国际海事组织，国际电信联盟，联合国教育、科学及文化组织，联合国工业发展组织，世界旅游组织，万国邮政联盟，世界卫生组织，世界知识产权组织，世界气象组织，世界银行集团（国际复兴开发银行、国际开发协会、国际金融公司）

其他机构
发展政策委员会、公共行政专家委员会、非政府组织委员会、土著问题常设论坛、联合国艾滋病联合规划署、联合国地名专家组、全球地理空间信息管理专家委员会

附表1 联合国组织架构

注：附表1反映了联合系统的组织架构，仅作情况介绍之用，未包含联合国系统所有的办事处或实体。

资料来源：《联合国系统》，https://www.un.org/zh/inc/chart2019.pdf。

二　全球胜任力测评①

在测试中，你将想象自己处在不同的场景中，承担着不同的角色。在每一个场景下，都有几种不同的应对处理方式。请在阅读完毕所有选项后，选择你最可能采纳的选项。毫无疑问，在这些情境测试中，每个人采纳的选项都会有所不同。在全部测试完成之后，我们将根据全球胜任力的内涵与核心素养，分析解读各个情境下的不同选项。

场景一：你在美国参加海外交流项目期间，学校组织了感恩节晚宴的招待活动。感恩节当晚你被带入一家热情好客的美国当地家庭里，与他们共进晚餐。在与他们见面的时候，你使用你的中文名进行自我介绍，由于你的中文拼音在英语中十分拗口，他们每次称呼你的时候发音都非常别扭。你最后可能的做法是（　　）

A. 不去纠正，反正名字只是一个代号，可以随他们怎么叫

B. 为了方便大家称呼，让他们改用你的英文名字称呼你

C. 每次他们发音不准时都去纠正

D. 热情地教他们你名字的中文发音，并告诉他们你名字的含义

场景二：你在美国求学的过程中参加了一个兼职实习工作，组内是来自不同国家和地区的同事，但主要是美国人，平时你们私下接触并不多。有一次，一个来自加拿大的女生热情地邀请大家去她家参加potluck聚会（每个人自带一个菜的家庭聚会），此前你并没有参加过这类活动，不知道该怎么做。你最可能的做法是（　　）

A. 不知道该带什么，于是干脆找个理由委婉地推辞不去

B. 迎合西方人口味，带pizza或pasta一类的菜

C. 为了保险一点，去中餐厅点一些更适合美国人口味的中餐，如左宗棠鸡

D. 热情地向大家推荐正宗中餐，但同时也带了大家都喜欢的pie

场景三：你在某跨国企业中国区下一个商业智能相关部门实习，目

---

① 引用自清华大学全球胜任力发展指导中心网站（https://goglobal.tsinghua.edu.cn/cn/competence）。

前由你和其他部门一位资历较老的同事完成一个报告。在这个项目中，你负责撰写报告，他负责提供数据。在写报告的过程中，你发现他提供的部分数据存在错误，而且在你指出他的错误之后，他还极力掩盖不承认。你从其他同事那里了解到他在处理这方面数据上其实经验并没有你多，而且他最近正在接受公司的业务能力考核。但是提交报告的期限就要到了，你最可能做的是（　　）

　　A. 与他私下交流，并限期要求他修改错误

　　B. 寻求他的主管上级的帮助，请他出面解决这个问题

　　C. 和他私下交流，并表示你愿意完成他负责的数据工作

　　D. 寻求你的主管上级的帮助，请他出面来解决这个问题

　　场景四：学校委派你去某国际性企业参加为期 3 个月的暑期实践，若是你的表现得到企业的好评，毕业后会有很大概率可以留在该企业工作，并且你也很希望能在该企业工作，因此在实习期间你非常努力，希望得到公司的好评。近期，公司让你和同事合作为一位重要客户做项目方案，你们为了这个方案努力准备了很久，明天你们就要为客户进行方案汇报了，与你合作的同事突发疾病，明天无法与你一起汇报。他负责的内容你并不是很熟悉，你最可能做的是（　　）

　　A. 按照约定向客户汇报方案，汇报时略过同事负责的部分

　　B. 与客户进行沟通，申请将汇报时间延期，以便你有更多的准备时间

　　C. 与同事进行沟通，看他能否进行电话汇报

　　D. 按照约定向客户汇报方案，汇报前尽量学习同事负责的部分

　　场景五：通过学校组织的交换项目，你来到瑞典，下飞机后为了赶紧赶到学校，你选择了公共交通方式。当到达公交车站后，你发现已经有 2 个人站成了一列，但是他们之间隔了很远，中间完全可以再站 1—2 个人。你应该（　　）

　　A. 站到第一个人之后

　　B. 询问第二个人是否也在排队，然后再决定自己的站位

　　C. 站到第二个人身后不远处排队

　　D. 站到第二个人身后并保持一定的距离排队

　　场景六：你在法国参加短期交流项目，你是实验室里唯一一个华人，平时大家都很喜欢和你探讨中国文化。最近与你同一个实验室的法国同

学由于公寓的租约到期了，搬到了新的公寓。邀请你去参加她的乔迁聚会。你去的时候同学的家人已经到了，几个人围绕在餐桌旁。你的同学热情地向她们介绍了你，并表示你是她最好的中国朋友，同时向你一一介绍她们。这时，你最得体的表现是（　　）

  A. 走上前去与每个人行吻手礼，并进行问候和自我介绍

  B. 微笑着与在座的客人点头致意，并问候"晚上好"

  C. 走上前去与每个人分别握手，并进行问候和自我介绍

  D. 走上前去与每个人行贴面礼，并进行问候和自我介绍

场景七：你刚刚通过学校的海外交换项目来到法国。学校在新的学期都会组织迎新活动，帮助学生互相熟悉。为了融入集体，你也报名参加了学生会组织的迎新活动。活动中，遵循传统，学长和老师会捉弄新生，并剪他们的头发。在老师要剪你头发的时候，你会（　　）

  A. 不愿意让老师剪你的头发，悄悄逃跑

  B. 明确地拒绝，表示你不喜欢这样

  C. 勉强同意后，在之后的活动中表现得闷闷不乐

  D. 无所谓，认为这是一次有趣的经历，积极融入这一"校园传统"中

场景八：你参加了去美国的交换项目，在学习小组开始讨论之前，你注意到一个化着浓妆、行为举止十分女性化的男生，在进行小组讨论的时候，你会（　　）

  A. 通过模仿对方的肢体语言和行为拉近和对方的距离

  B. 好奇地问对方是否是变性人

  C. 假装没注意到他的不同，直接进入正常讨论环节

  D. 在讨论前询问该如何称呼对方

场景九：你在美国读书期间参与了一个社团并申请进入了社团的管理层。感恩节期间社团要组织一项面向全校的宣传活动，于是大家组织了一场会议来讨论未来的工作进程和重要目标。会议中，你感觉社长并没有直接处理在活动组织过程中哪个部门需要被重视的问题，也没有提及宣传什么方面对他们来说才是最重要的，你认为这才是会议的重点。你最有可能做出哪种反应？（　　）

  A. 会议结束之后再去私下问社长

  B. 开会时私下询问旁边的社员

C. 在会议中保持安静，在会议结束前请社长再次总结重点

D. 在会议中直接提出自己的疑问，请社长解答

场景十：你在纽约联合国总部做实习生，工作内容十分繁重，此时你要安排一个全球范围的会议，你的领导给你施加了极大的压力，要求你尽快确定会议演讲者的名单和演讲题目。而你并不擅长用英语进行复杂的交流，然而一位新来的美国同事在这方面有着较为丰富的经验，并且暂且没有其他工作安排。你会怎么做？（　　）

A. 请领导将你的部分工作交给同事，以便尽快完成任务

B. 请同事在他擅长的领域给你一点帮助

C. 尽快完成任务，如果需要就加班完成

D. 请领导抽点时间讨论一下会议的进展，并询问你是否可以得到同事的支持

场景十一：你在美国读书期间经常会做一些 presentation，但有时候你会觉得你不知道如何用英文准确表达自己的意思，你的同学也告诉你，有时候他们觉得你讲话有点漫无边际，他们不知道你在说什么。有时你发现，他们在与你沟通时，经常变得不耐烦，甚至告诉你"直接说重点"，你觉得很有压力。你会怎样解决这个问题？（　　）

A. 你觉得很窘迫，决定以后尽量减少发言的机会

B. 在发言之前，先对自己的语言问题道歉再发表观点

C. 每次发言之前把想说的要点列在纸上，尽量使自己的发言逻辑清晰、容易理解

D. 观察同学是如何组织他们的语言的，在课后反复练习，学习在当地的文化背景下使用语言

场景十二：你参加了学校组织的为期一年的柏林某大学的交换项目。虽然你在出国前参加了语言培训班，通过了德福考试，但这是你第一次进入纯粹的德语环境中，你的口语表达能力还很薄弱。在你参加的一门研讨课上，同学们都积极踊跃地发言，这时你最可能的做法是（　　）

A. 埋头做笔记，完全不参与讨论

B. 选择用英语参与讨论

C. 课后单独和老师讨论

D. 充分预习，提前准备，争取积极参与课堂讨论

参考文献

一 中文文献

（一）著作

陈宝剑：《高校毕业生到国际组织实习任职入门》，北京大学出版社2019年版。

董克用：《人力资源管理概论》（第三版），中国人民大学出版社2011年版。

葛静静：《全球治理视野下的国际组织》，时事出版社2019年版。

何昌垂：《国际公务员实务概论》，北京大学出版社2021年版。

李楠：《国际组织人力资源管理概论》，人民出版社2020年版。

刘昕：《人力资源管理》（第4版），中国人民大学出版社2020年版。

饶戈平：《全球化进程中的国际组织》，北京大学出版社2005年版。

宋岩：《岩讲全球胜任力——来自清华—伯克利深圳学院的实践》，经济管理出版社2021年版。

宋允孚：《国际公务员与国际组织任职》，中国人民大学出版社2016年版。

滕珺：《国际组织需要什么样的人——联合国系统人才标准及中国教育对策研究》，上海教育出版社2018年版。

颜声毅：《当代国际关系》，复旦大学出版社1996年版。

张民选等：《国际组织人才培养与选送》，上海教育出版社2022年版。

国际组织编写组编：《国际组织》，高等教育出版社2017年版。

（二）期刊

陈海明、仲霞：《国际组织的投票表决与协商一致决策机制》，《长安大学学报》（社会科学版）2012年第1期。

陈海燕：《"一带一路"战略实施与新型国际化人才培养》，《中国高教研究》2017年第6期。

代郑重、安力彬：《胜任力理论在人力资源管理中的应用》，《软科学》2013年第7期。

蒂娜·乔金、王启超：《全球领导力研究的回顾与讨论》，《中国领导科学》2019年第6期。

段世飞、娜迪拉·阿不拉江：《国际组织人才为何？国际组织人才何为？——国际组织人才研究的回顾与前瞻》，《区域与全球发展》2022年第5期。

古荣荣：《新时代全球治理多元主体分析》，《国际公关》2023年第4期。

郭婧：《英国高校国际组织人才培养与输送研究》，《比较教育研究》2019年第2期。

何昌垂：《加强国际胜任力培养 应对全球治理变局》，《神州学人》2023年第1期。

胡正良：《〈海牙规则〉之回顾与启示》，《中国海商法研究》2024年第3期。

黄超、吴飞：《全球治理中政府间组织和非政府组织的软实力传播：发展现状与战略选择》，《中国地质大学学报》（社会科学版）2013年第3期。

贾文键：《助力中华民族走向世界 舞台大力培养和输出国际组织人才》，《中国大学教学》2017年第6期。

景璟：《中国参与全球治理的施动性分析——基于双向互动的逻辑》，《社会科学战线》2024年第10期。

阚阅、王瑜婷：《以国际组织捍卫法国利益——法国国际组织人才发展支持体系研究》，《清华大学教育研究》2023年第6期。

李博一、黄德凯：《新形势下的国际治理：区域转向与中国方略》，《印度洋经济体研究》2021年第6期。

李成明、张磊、王晓阳：《对国际化人才培养过程中若干问题的思考》，《中国高等教育》2013年第6期。

李加军、顾力行：《国际跨文化能力研究：现状与展望》，《外语界》2024年第4期。

郦莉：《国际组织人才培养的国际经验及中国的培养机制》，《比较教育研究》2018年第4期。

李途、谭树林：《戴维·赫尔德的全球社会民主理论：价值取向与路径选择》，《当代世界与社会主义》2014年第2期。

李伊：《国际组织薪酬体系设计研究——以世界银行和经合组织为例》，《现代营销》（经营版）2021年第31期。

刘浩宇：《日本国际组织人才培养与输送体系建构研究》，《中国人事科学》2023年第8期。

刘洪东：《新文科理念下高校国际组织人才培养的思考》，《中国大学教学》2020年第9期。

刘慧：《跨国网络治理分析》，《中州学刊》2011年第6期。

刘俊彦、何土凤：《我国全球治理人才培养的境况、问题与对策》，《中国青年社会科学》2021年第2期。

刘孟婷、卢滢伊、王聪慧：《高校国际组织人才培养路径比较研究》，《教育教学论坛》2021年第19期。

刘煜：《如何成为一名联合国志愿者》，《留学》2023年第14期。

陆娇娇、贾文键：《德国国际组织人才培养与输送的"螺旋模式"研究》，《比较教育研究》2021年第12期。

罗德隆、陈映桥、朱雅兰：《国际组织人才培养推送经验与启示——以ITER组织为例》，《中国科技人才》2022年第2期。

马蔡琛、赵笛：《国际组织预算绩效评价的比较及启示》，《河北大学学报》（哲学社会科学版）2019年第4期。

马飒、黄建锋：《数字技术冲击下的全球经济治理与中国的战略选择》，《经济学家》2022年第5期。

苗绿、郑金连：《全球视野下中国学生国际流动现状与趋势》，《世界教育信息》2024年第6期。

牛宝荣、宋岭：《未来课程改革的路径：美国"2030课程"的经验与启示》，《课程教学研究》2021年第6期。

钮松：《韩国的中东经济外交：国际组织与论坛的视角》，《亚太经济》2012年第3期。

朴光海：《韩国培养和输送国际组织人才的策略及启示》，《对外传播》2019年第3期。

秦亚青：《现代国际关系理论的沿革》，《教学与研究》2004年第7期。

秦亚青等：《全球治理新形势下大国的竞争与合作》，《国际论坛》

2022年第2期。

覃云云、李蓥妍、吴岳欣：《2006—2020年国际组织人才培养与输送研究述评》，《世界教育信息》2022年第9期。

王弛：《美国南部支持美国加入国际联盟的原因》，《西部学刊》2022年第3期。

王栋、李安迪：《论百年变局下全球化与区域化的新发展趋势》，《当代世界与社会主义》2022年第4期。

王俊菊：《新时代背景下的国际组织人才培养研究》，《中国外语》2024年第5期。

王玲：《日本在国际组织中的人事布局分析》，《全球科技经济瞭望》2015年第12期。

吴易唯、倪好：《构建基于联合国价值观和行为框架的人才培养新模式》，《神州学人》2023年第11期。

谢卉：《中国近年来国际组织人才培养工作的成绩与建议》，《国际公关》2022年第13期。

熊缨、王伊、王秋蕾：《国际职员选拔和输送的国际经验——美、法、瑞、日、韩五国经验借鉴》，《中国人事科学》2022年第4期。

徐梦杰、张民选：《美国大学国际组织高层次人才培养研究——以哈佛大学肯尼迪政府学院为例》，《比较教育研究》2018年第5期。

闫温乐、张民选：《美国高校国际组织人才培养经验及启示——以美国10所大学国际关系专业硕士课程为例》，《比较教育研究》2016年第10期。

杨泽伟：《欧洲协作及其对国际组织形成与发展的影响》，《湖南社会科学》1996年第2期。

张海滨、刘莲莲：《服务国家战略，积极推进中国国际组织人才培养——2019年北京大学国际组织人才培养论坛综述》，《国际政治研究》2019年第6期。

张海滨、郑如青、张园园：《为中国参与全球治理提供人才支撑》，《神州学人》2021年第10期。

张慧玉、柯瑶：《全球治理背景下国际组织的人才需求特征分析及其启示》，《外语界》2024年第2期。

张丽华：《国际组织的历史演进》，《东北师大学报》2003年第5期。

张双鼓、张力玮：《联合国系统人力资源管理改革动向与全球治理人才培养》，《世界教育信息》2023年第4期。

赵富强、肖洁、陈耘：《高校人力资源管理国际化人才培养模式优化研究》，《当代经济管理》2018年第2期。

赵源：《国际公务员应具备哪些素质》，《人民论坛》2018年第32期。

赵源、李博轩：《国际组织人才需求与履职能力研究》，《中国行政管理》2024年第7期。

钟龙彪：《相互依赖理论的变迁及批判》，《天津行政学院学报》2009年第5期。

周华荣：《论国际组织的类型——以政府间国际组织和非政府间国际组织类型为视角》，《重庆科技学院学报》（社会科学版）2008年第11期。

朱景凡、王玮、王戈：《高质量就业视域下高校国际组织人才培养路径与机制研究——以同济大学工作实践为例》，《成才与就业》2024年第S1期。

（三）学术论文

景璟：《全球治理理论的批判及其重塑》，博士学位论文，吉林大学，2022年。

张思思：《美国高校国际组织人才推送研究——基于社会资本理论的视角》，硕士学位论文，上海师范大学，2023年。

（四）中译本

［德］迪特马尔·赫茨等：《面向国际组织的专业教育》，贾文键等译，外语教学与研究出版社2023年版。

［美］韦罗尼卡·博伊克斯·曼西利亚、［美］安东尼·杰克逊：《全球胜任力：融入世界的技能》，赵中建、王政吉、吴敏译，华东师范大学出版社2020年版。

（五）报纸

苗绿、郑金连：《国际组织人才的智库培养路径》，《中国社会科学报》2023年7月13日第7版。

张贵洪：《国际组织人才培养的模式与方法》，《中国社会科学报》2023年7月13日第7版。

二 外文文献

Baumgratz G., "Language, Culture and Global Competence: An Essay on Ambiguity", *European Journal of Education*, Vol. 30, No. 4, 1995.

Boyatzis, R. E., *The Competent Manager: A Model for Effective Performance*, New York: Wiley, 1982.

Eimhin McEvoy, "My Internship Experience with the UN", https://gradireland.com/careers-advice/my-internship-experience-un-eimhin-mcevoy, 2023.

Gary Dessler, *Human Resource Management*, 15 Edition, Pearson Publisher, 2013.

Hall P. A., Taylor R. C. R.. "Political Science and the Three New Institutionalisms", *Political Studies*, Vol. 44, No. 5, 1996.

ICSC, *Standards of Conduct for the International Civil Servants*, New York: UN Press, 2013.

Lohmann J. R., Rollins H. A., Hoey J. J., "Defining, Developing and Assessing Global Competence in Engineers", *European Journal of Engineering Education*, Vol. 31, No. 1, 2006.

McClelland D. C. "Testing for Competence Rather than for Intelligence", *American Psychologist*, No. 28, 1973.

North D. C., *Institutions, Institutional Change and Economic Performance*, Cambridge: Cambridge University Press, 1990.

OECD, "Core Competency Framework", https://www.oecd.org/content/dam/oecd/en/about/careers/apply/OECD-Core-Competency-Framework.pdf, 2018.

OECD, "PISA 2018 Global Competence Framework", http://www.oecd.org/pisa/pisa2018global-competence.htm, 2018.

OECD, *Staff Regulations, Rules and Instructions Applicable to Officials of the Organization*, Paris: OECD, 2018.

UN, "UN Values and Behaviours Framework", https://hr.un.org/page/un-values-and-behaviours-framework-0, 2021.

UN, "Overview of Management Reform", https://reform.un.org/content/overview-management-reform, 2024.

UNDP, *UNDP Core Competency*, New York: UNDP, 2008.

UNESCO, *Standards of Conduct for the International Service*, Paris: UNESCO, 2014.

UNESCO, *UNESCO Competency Framework*, Paris: UNESCO, 2016.

UNESCO, *Staff Regulations and Staff Rules*, Paris: UNESCO, 2019.

UNICEF, *UNICEF Competencies Definitions*, New York: UNICEF, 2017.

United Nations. "Our Common Agenda Policy Brief 11 – UN 2.0 – Forward-thinking culture and cutting-edge skills for better United Nations system impact", https://www.un.org/two-zero/sites/default/files/2023-09/UN-2.0_Policy-Brief_EN.pdf. 2023.

United Nations, "International Day of UN Peacekeepers 29 May – Fit for the future, building better together", https://www.un.org/en/observances/peacekeepers-day. 2024.

United Nations Careers, "United Nations: Competencies for the Future", https://hr.un.org/sites/hr.un.org/files/Competencies%20for%20the%20Future_0.pdf, 2011.

UN System Chief Executives Board for Coordination, "UN System HR Statistics Report-2022", https://unsceb.org/un-system-hr-statistics-report-2022, 2023.

UN System Chief Executives Board for Coordination. "Human Resources Statistics—Personnel By Nationality", https://unsceb.org/hr-nationality, 2023.

Wanner, R. *UNESCO's Origins, Achievements, Problems and Promise: An Inside/Outside Perspective from the US*, Hong Kong: University of Hong Kong, 2015.

WHO, *WHO Code of Ethics and Professional Conduct*, Geneva: WHO, 2016.

WHO, *Enhanced WHO Global Competency Model*, Geneva: WHO, 2016.

后　记

　　面临百年未有之大变局，中国在全球治理体系中的重要角色越发突出，并积极构建人类命运共同体的价值理念。然而，长期以来，中国在联合国等国际组织中的任职人员数量较少、职位偏低。国际组织人才培养已成为中国急需解决的重大战略性问题。针对该问题，本教材编写团队创新性地从胜任力模型、过程路径以及职业生涯发展全过程视角展开对国际组织人才培养的介绍。期待本教材能进一步巩固国际组织人才培养的相关理论体系，并支撑国家高水平对外开放和参与全球治理的战略性需求。

　　本教材的完成是多方努力的结晶，在本教材付梓之际，我谨代表编写团队向编写过程中提供无私帮助的各位致以真诚的谢意。

　　感谢葛云燕女士对本教材编写的无私帮助。葛云燕女士为中国最早一批在华工作的联合国公务员之一，曾任联合国开发计划署驻华代表处助理代表，对联合国人力资源管理模式、国际公务员职业发展机会、联合国可持续采购规则有全面的认识和独特的见解。退休之余仍积极推进中国可持续采购、国际组织人才培养等相关事业。葛云燕女士以其四十余年的工作经历与经验为我们提供了可靠的一手资料来源，也开启了我们编写此教材的动力。

　　感谢 Fabrizio Hochschild 先生对本教材内容提出的真知灼见并为本教材作序。Fabrizio Hochschild 先生曾任联合国副秘书长兼秘书长特别顾问，拥有丰富的多边外交和国际合作经验，在联合国系统内也担任过多个高级职务。在本教材撰写中，Fabrizio Hochschild 先生也给出了诸多建设性的改进意见，帮助本教材的完善与提升。

　　感谢北京理工大学冯长根教授对国际组织人才培养的大力支持，感谢冯教授为本教材题序。我们相信后续会有越来越多的年轻一代接触并就职于国际组织，中国的国际组织人才培养也将取得更好的成绩。

感谢中国社会科学出版社李斯佳编辑为本教材出版付出的时间和精力。为保障本教材的顺利出版，李编辑提供了许多宝贵且细致的建议。感谢马政、胡诚隆、赵梦凡、詹娜（CHIMITDORZHIEVA ZHANNA）等同学在资料收集等方面的努力，希望各位同学能更多参与国际组织人才培养等相关研究中。

感谢编写团队对本教材的付出。本教材编写团队有"70后""80后"，也有"90后""95后"。尽管处于不同的年龄阶段，但不约而同地认可国际组织人才培养是国家的需要、时代的需要。因此，在过去的一年时间里，我们投入到本教材的写作中，一次次的讨论与修改皆是我们对国际组织中出现更多中国身影的殷切期盼。愿本教材能对大家有所裨益。欢迎各位专家学者斧正。感谢马政、胡诚隆、赵梦凡、詹娜（CHIMITDORZHIEVA ZHANNA）等同学在资料收集等方面的努力，希望各位同学能更多参与国际组织人才培养等相关研究中。

本教材编写团队
2025年2月于上海